JN440771

작은 거인에 대한 추억

在日辯護士 金敬得 追慕集

정인섭 엮음

景仁文化社

서 - 金敬得 변호사 추모집을 내면서

재작년(2005년) 말 일간지에서 金敬得 변호사 타계라는 비보를 접하는 순간 둔기에 머리를 세게 얻어 맞은 듯 일순 멍하여졌었다. 가슴 속으로부터는 뭉클하는 감정이 북 받쳐 올라 한동안 눈을 감고 마음을 추스려야만 했다. 과거 재일한국인의 법적 지위에 대한 개인적 관심을 계기로 김 변호사와 교유를 갖게 된 필자로서는 평소 그의 삶의 자세 자체를 존경하고 있었다. 더욱이 타계 얼마 전까지도 재일한국인 지방참정권 획득을 위하여 활발한 활동을 전개하였기 때문에 그렇게 홀연 떠날 줄은 정말 몰랐었다. 金敬得은 1949년 日本 和歌山縣 출생이니 타계시의 나이는 불과 56세. 요즘의 평균수명에 비하면 요절이라고 할 수 있는 나이였다.

金敬得은 일본 최초로 외국인 사법연수생이 된 것으로 국내에서도 유명하다. 그가 1976년 일본 사법시험에 합격하자 일본 최고재판소는 일본 국적으로 귀화하여야만 사법연수소 입소를 허용하겠다고 통지하였다. 金敬得 이전에도 외국적으로 일본 사법시험에 합격한 예가 있었으나, 모두 사전에 귀화절차를 밟고 일본인 자격으로 입소하였다. 그러나 金敬得은 귀화신청서 대신 왜 자신은 귀화할 수 없는가를 밝히는 청원서를 제출하였다. 일본 최고재판소에 대하여 그는 자신의 인생을 걸고 도전하였다. 金敬得은 결국 이겼고, 이후 재일한국인을 포함한 외국인의 일본 사법연수소 입소의 길이 열리었다.

변호사 자격을 취득한 후 약 4 반세기 동안 재일한국인 인권운동이 전개되는 현장에는 항상 金敬得이 자리잡고 있었다. 평균 키보다 훨씬 작은 왜소한 체구에서 어찌 그런 투지가 나오는지 불가사의할 정도였다.

金敬得의 가치는 단순한 인권변호사로서의 역할에 그치지 않았다. 그는 재일한국인 사회와 일본 지식인 지지자들, 그리고 한국내 여러 인사들 – 이들 3각 축을 지난 20 여년간 원활히 연결시키고 조정할 수 있었던 최고의 인물이었다는 점에서 독보적 가치를 지니었다. 나는 그런 인물을 개인적으로 알고 지냈다는 것이 얼마나 행운이었는가? 내 인생에 그런 인물을 만날 행운을 또 다시 잡을 수 있을 것인가?

金敬得이 떠난 후 늘 마음 한 구석에 그에 대한 부채를 지고 사는 느낌이었다. 그의 행적과 추억을 반추하는 자그마한 추모행사라도 하여야 되지 않을까? 우리들 마음 속에 그에 대한 기억을 지속시키고, 그를 모르는 세대에 대하여 그를 알리는 작은 책자라도 펴내야 되지 않을까? 지난 봄 재외동포재단 이구홍 이사장에게 이 문제를 상의하였고, 이사장께서는 흔쾌히 지원을 약속하셨다.

이 책은 크게 5 부분으로 구성되었다. 맨 앞에는 金敬得 변호사 자신의 글을 수록하였다. 이 짧은 글은 거의 모든 재일한국인이 겪는 정체성의 고민이 무엇이고, 金敬得은 왜 그 같은 인생을 선택하였는가 하는 점을 잘 보여 주고 있다. 우리들이야 그들 내면의 고민을 과연 1/10이라도 이해할 수 있을 것인가? 두 번째는 金敬得 활동평전이다. 여기에는 지난 세월동안 金敬得이 참여하였던 인권운동 속에서의 그의 모습을 함께 활동하였던 지인들의 눈을 통하여 그리고 있다. 이 부분은 지난 2월 東京에서 간행된 『辯護士 金敬得 追悼集』(新幹社, 2007)의 해당 항목을 편집위원회의 동의를 얻어 번역 수록한 것이다. 세 번째는 金敬得의 변호사로서의 법정활동을 직접적으로 보여주는 부분이다. 당초 金敬得이 관여하였던 대표적 재일한국인 관련 인권소송에서 그가 작성한 소장이나 변론서를 번역 수록하려고 의도하였다. 그러나 그 같은 서류들이 제대로 보관되어 있지 않아 일부는 해당 사건의 최종심 판결문으로 대체하였다. 판결문 중에는 金敬得의 주장이 수용된 경우도 있으나, 수용되지 못한 경우도 있다. 네 번째 부분에는 金敬得이 재일한인사회의 미래를 어떻게 구상하고 있는가를 보여주는 글을 모아 수록하였다. 다소 오래 된 글은 요즘 상황과 차이가 있는 부분도 있으나, 그의 고민과 목표를 직접 보여 준다는 점에 의의가 있다고 판단하였다. 다섯째 부분에는 金敬得을 그리며, 그의 요절을 아쉬워 하는 지인들의 추억담이 모여 있다. 연초 일본에서 발간된 추도집에는 주로 일본 내 지인들의 목소리가 담겨져 있었으므로, 이 책은 국내 인사들의 글을 중심으로 하였으나 평소 남달리 가까웠던 재일한국인 몇 분도 참여를 하였다.

마지막으로 이 책자 발간에 도움을 주신 몇몇 분에 대한 감사를 표한다. 이 책의 발간과 추모행사를 가능하게 지원하여 주신 재외동포재단의 이구홍 이사장에게 우선 감사를 드린다. 또한 재외동포재단 강윤모 씨는 자기 일처럼 여러 모로 지원을 아끼지 않았다. 바쁘신 가운데 기고를 하여 주신 필자분들에게도 감사를 드린다. 상업성 없는 이 책자를 간행하여 주신 경인문화사 여러 분과 교정을 도와 준 임진원, 라확진 두 분에게도 지면을 통하여 고마움을 표한다. 발간작업을 마무리 하려니 새삼 金敬得 – 그의 얼굴이 다시 떠오른다. 아! 그는 이승의 삶을 왜 그리 빨리 마무리하고 우리 곁을 떠났는가?

2007년 11월 15일

정 인 섭

김경득을 그리며

김경득 변호사는 700만 재외동포 중 불 꽃 같은 존재였다. 필자는 사회의 첫 발을 디딘 이후 평생을 재외동포와 함께 생활하여 오며, 숱한 해외교포와 교류하여 왔다. 본인보다 한인동포를 더 많이 만난 사람은 아마 없을 것이라고 자부한다. 그 많은 재외동포 중 김경득 변호사는 누구보다도 눈에 띠는 존재였다. 일본 사법시험에 합격하고도 귀화하라고 하면 차라리 변호사의 길을 포기하겠다고 일본 최고재판소에 대들은 그 배짱과 용기, 늘 온화한 표정과 겸손한 자세, 자신의 목표는 결코 포기하지 않는 끈기와 집념, 누구와도 잘 어울리며 자기 사람을 만드는 친화력 - 이러한 능력들이 김경득 변호사가 재일한인사회의 중심 인물로 성장할 수 있었던 배경이었다.

이런 그가 아직 한창 활약할 나이인 56세에 홀연 타계를 하였다니 재일한국인 사회는 물론이고, 700만 재외동포 전체로서도 커다란 손실이라 아닐 할 수 없다. 새삼 1976년 사법시험에 합격하고도 일본 귀화를 거부하여 일본 사법연수소 입소를 못하게 된다는 소식을 접하고 국내에서 지원운동을 조직하려고 애쓰던 기억이 떠오른다. 아직 일면식도 없던 상태였지만 당시 그는 얼마나 자랑스러운 동포였던가. 그와 같은 해외동포가 나올 때마다 해외교포문제연구소를 운영하던 필자로서는 동포문제와 평생을 같이 하고자 하였던 스스로의 결정이 올바른 것이었다는 확신을 가질 수 있었다. 현재 재외동포재단의 운영을 맡고 있으면서도 김경득 변호사가 30년 전의 투쟁으로 오늘의 무수한 재일한국인 변호사를 배출하는 물꼬를 터준 사실에 새삼 감사하고 있다.

김경득은 그 답게 자신의 죽음을 널리 알리지 말라고 당부하여 매우 조촐한 장례를 치루었다고 한다. 그러나 김경득을 아는 이들로서는 그를 그렇게 허무하게 보낼 수가 있겠는가? 타계 직후인 2006년 2월 25일 동경의 추모집회에는 일본 전국에서 모인 재일한국인과 일본인 지지자들은 물론 한국 내에서 적지 않은 사람들이 그를 추모하기 위해 모여 그 수가 무려 600명을 넘었다고 한다. 필자 역시 참가하였다. 금년 2월 24일에는 다시 1주기 추모집회가 동경에서 열렸고, 우리 정부는 그에게 국민훈장 무궁화장을 추증하였다. 국내에서 김경득 변호사를 위한 추모행사가 없어 아쉬워 하던 차에 서울대학교 정인섭 교수로부터 연말 2주기에 즈음하여 추모집을 발간하고 그를 그리는 행사를 갖자는 제안을 받고, 필요한 지원은 재외동포재단이 담당하겠으니 꼭 추진하라고 당부하였다. 이번에 추모집이 발간되게 되어 필자 역시 김경득 변호사에 대한 마음의 부담을 조금은 덜게 되었다.

이제 김경득 변호사는 떠났지만 그의 맏 아들 창호가 동경대 법대 재학 중 일본 사법시험에 합격, 현재 사법연수소에 다니고 있다는 사실에 새삼 마음 든든하다. 또한 그의 장녀 역시 예비 법조인의 길을 가고 있으므로 이제 몇 년 후부터는 김경득 2세 변호사들이 부친의 길을 이어갈 것으로 기대한다. 갑작스러운 가장의 타계로 아직 어려움이 적지 않을 손영란 여사에게도 심심한 위로의 말을 전한다. 이승에서 그리 바쁘던 김변호사가 저승에서나마 편히 쉬고 있기를 바라며 그의 명복을 빈다.

2007년 11월 10일

재외동포재단 이사장 **이 구 홍**

〈목 차〉

V. 김경득에 대한 추억 → 149

Ⅵ. 김경득 연보 → 277

Ⅰ. 나의 한국인의 길

金敬得

1. 한국인으로서의 깊은 열등감

나는 지금 36세이지만, 한국인으로는 13살이라고 부를 때가 자주 있다. 그 이유는 내가 23세까지 가명(일본명)을 사용하며 일본인으로 살아왔기 때문이다. 내가 金敬得이라는 이름을 사용하며 한국인으로 살아가려고 다짐하였을 때가 대학 졸업시이다. 그 때까지의 나는 심각한 한국인 콤플렉스에 빠져 있었다.

나는 1949년 와까야마시(和歌山市)에서 태어났다. 나의 아버지는 1927년 단신으로 도일하셔 오사까 天滿의 도금공장에서 숙식을 하는 견습생으로 계시다가 몇 년 후에 도금공이 되셨다. 식민지 경제 하에서 농토를 잃은 농가의 3남으로 태어나신 아버지는 일본에 가면 하수도에 쌀이 떠내려간다는 이야기를 들으시고 경상북도 군위군의 한 농촌에서 일본인 경찰부장으로부터 도항증명서를 발급 받아서 일본으로 건너오셨다.

5년 후 친척이 정해주신 이웃 마을에 살고 있는 어머니와 결혼하기 위해 귀향하셨고 결혼식 후 곧 바로 오사카로 돌아오셨다. 오사카 시내의 한국인 밀집지역을 전전하시면서 생활하셨지만 공습으로 인해 옛 집이 모두 타버려 전쟁 이후 아는 분을 찾아 와까야마시(和歌山市)로 오셨다. 전쟁 직후 몇 번이나 고향으로 돌아가려 하셨지만 일전 한 푼 없는 부모님은 삼남매를 데리고 고향으로 돌아가면 겪을 생활고를 고민하던 와중에 6·25 동란이 시작되었다. 가난한 사람이 아이를 많이 낳는다고 하는데 와까야마시(和歌山市)에 온 후에도 아이가 셋이 태어나 여섯이 되었다. 그 중의 한명이 바로 나다. 아버지께서는 전쟁 이후의 혼란이 가라앉자 오사까 天滿의 전에 다니시던 도금공장에 다시 출근하셨다.

와까야마시(和歌山市)는 紀川 하류의 남쪽에 있는 넓은 도시로 하천변에 수십 채의 한국인 세대가 살면서 양돈업에 종사하고 있었다. 그곳에서 약 300m 남쪽에 기차 역이 있었으며, 역 뒤 쪽에도 수십 채의 한국인 세대가 살고 있었다. 내가 태어난 집은 그 곳으로부터 약 100m 떨어진 곳이었는데, 길 반대 쪽에 한국인 가족 한 세대와 일본인 여성과 결혼해서 후일 일본에 귀화한 한국인 남성이 살고 있었으며 그 외에는 모두 일본인이었다.

유소년 시기 나에게 있어서 한국이란 우리 가족과 맞은 편의 두 한국인 가족, 그리고 紀川 뒤쪽에 살고 있는 한국인 가족이 전부였다. 우리 가족을 포함해서 내가 알고 있는 한국인은 모두 하나 같이 가난하고 일용직 노무자나 영세 양돈업으로 생활하기에 힘겨워 자녀의 민족교육에 주의를 기울일 여유가 없었다. 그 무렵의 한국인 사회의 광경으로 다음과 같은 장면이 뇌리에 떠오른다.

2. 동포집단으로부터의 도피

날품팔이꾼 아저씨가 일을 얻지 못한 날은 아침부터 술에 취해 누워 있고, 돼지 밥을 구하기 위해 여러 가정에서 버린 음식물 쓰레기를 모으기 위해 수레를 끌던 아주머니가 새까만 손으로 땀을 닦으며 거리를 지나간다. 부부 사이에는 한국말로 싸움이 시작되고 화가 난 아저씨는 수레를 뒤집어 엎는다. 쌓아 올린 드럼통이 굴러 떨어지고, 그 속의 음식물이 길거리에 쏟아진다. 그런 가운데 큰 소리를 지르며 뒤엉켜 부부싸움을 벌인다. 그 모습을 멀리서 바라보고 있는 일본인의 차가운 시선. 나는 양쪽을 응시할 뿐, 싸움을 하는 쪽에도 끼지 못하고 그 모습을 차갑게 바라보는 쪽에도 설수 없는 한국인 어린이였다.

유소년 시기 나에게는 한국인의 빈곤과 소란의 배경, 일본인의 차별의 부당함을 이해하지 못하고 단지 일본인으로부터 냉대 받는 한국인적인 모든 것으로부터 도망치고 싶다는 생각 밖에 없었다. 그러한 나의 감정은 초등학교를 입학하면서부터 점점 강해졌다. 단지 한국인이라는 이유만으로 나를 보면 마구 폭력을 휘두르는 상급생이 있었다. 웬일인지 내 얼굴을 적의 얼굴처럼 마구 쥐어뜯었다. 지금은 그 사람의 얼굴도 이름도 잊어버렸지만 할퀸 수 많은 흉터자국은 지금도 없어지지 않고 남아있다.

한국인 학생에게 악의를 가지고 있는 교사는 논외로 치더라도 매우 평범한 교사조차도 임진왜란을 桃太郎의 鬼退治의 이야기와 함께 조선 정벌로 이야기 하였다. 이것은 당시의 교과서가 그러했기 때문에 교사 개개인의 책임이라고는 할 수 없지만 "하늘은 사람 위에 사람을 만들지 않고, 사람 아래에 사람을 만들지 않는다"라는 후꾸자와 유키치(福澤諭吉)의 말을 입버릇처럼 인용하는 교사가 전쟁 직후의 사회 혼란기에 한국인의 횡포가 얼마나 심하였는지를 전차 안에서 자리를 양보하지 않았다며 겪은 자신의 체험담을 예로 들어가면서 말하는 모습을 지금도 잊을 수 없다. 그 교사는 전쟁 전에는 한국인도 일본인으로 평등하게 대하였는데 전쟁 후에는 전쟁에서 패한 상대국도 아닌데 일본인의 은혜를 잊어버리고 전쟁에 승리한 국민처럼 으스댄다면서 수업이 끝날 때까지 비난을 계속하였다.

3. 졸업 후 본명 사용

장인 기질의 아버지 입버릇은 남자는 남자답게 몸을 던져 살아야만 한다는 것이었지만, 차남인 나는 한국인 콤플렉스에 빠져 일본인의 시선을 엿보는 위축된 어린이로 자라고 있었다. 마이너스의 한국인 이미지를 만들어 내는 일본인 사회의 차별구조, 일본인의 차별의식을 통찰할 수 있는 능력이 부족하였던 나는 자신을 둘러싼 한국인 사회로부터 도망치려 하였던 것과 자기 내면에 내재해 있는 한국적인 모든 것을 배제하려 하였었던 것이 언젠가부터 습관이 되어버렸다.

나에게 있어 4년간의 대학시절은 습관이 되어버린 한국 도피성향과 한국인으로 태어났으면서 한국인으로 살아갈 수 없는 모순을 생각하는 갈등기였다. 선천적으로 둔한 나는 한국인 도피성향을 극복하는데 4년을 허비하였고, 대학 졸업 후 한국인으로서의 생활을 시작하였다. 이미 23살이었지만 한국인 0살인 나에게는 金敬得이라는 이름과 한국국적, 한국인으로서 차별받은 체험 외에는 자기 내면에 어떠한 민족적 소양도 없었다.

4. 사법시험을 지향하면서 묻다

나의 민족성 회복과 자신을 되돌리는 첫 걸음은 한국인의 피차별 체험을 양식으로 하여 23년간의 공백을 의미 있게 만드는 것이었다. 나는 그 때부터 사법시험을 목표로 하였다. 목적은 시험에 합격하여 왜 한국인은 사법연수생, 변호사가 될 수 없는지를 묻는 것이었다. 차별의 벽에 최선을 다해 부딪쳐 본다면 결과는 어떻든 문제가 되지는 않았다. 차별에 굴종하였던 내 자신이 반성해야 할 부분은 많았지만, 그 책임은 차별을 하는 쪽에 있으며 차별을 만들어 내는 사회에 있는 것이었다. 그 차별구조를 극복하지 못한다면 지난 23년간을 떠올릴 수가 없다.

많은 사람들의 지원을 받아 나는 사법연수생 과정을 거쳐 변호사가 되었다. 자기 탈환이라는 목적이 직업으로 되었으며 재일동포에게 변호사가 될 수 있는 길이 열렸다. 하지만 나의 자기탈환은 근본적으로 해결된 것은 아니었다. 재일동포 2, 3세에게는 일본의 차별구조와 싸워서 빼앗긴(또는 잃어버린) 인간성을 회복하는 작업을 계속하는 것이 꼭 필요하며, 인간으로서 차별받지 않는 그 자체는 본래 인간으로서 기본적인 출발점에 지나지 않는다. 보다 중요한 것은 차별을 극복함과 동시에 민족적 소양을 함양하는 것이며 일본사회 뿐만 아니라 조국과 더불어 세계 어디에 가서도 한민족으로 살아갈 수 있는 내실을 만들어 내는 것이다, 이렇게 생각한 나는 민족성 탈환의 다음 단계로 한국으로 가서 1985년 4월 3년 만에 도쿄로 돌아왔다.

요즈음 차별에 지지 않는 인간 만들기라는 말을 자주한다. 나는 여기에 차별에 지지 않는 한국인이 무엇을 해야만 하는지를 추가해 앞으로 더 논의되어야 한다고 생각한다. 전자가 주로 일본인과의 관계를 논한 것이라면 후자의 경우는 끊어지지 않는 조국과의 관계를 염두에 두어야할 필요가 있을 것이다. 재일동포의 역할 중의 하나가 조국과 일본과의 가교라고 한다면 적어도 일본사회와의 차별투쟁에 나타내는 정도의 관심을 조국과 재일동포와의 관계를 어떻게 구축해야 할 것인가에도 기울여야 하지 않겠는가.

(출처: 『統一日報』 1985.5.8)

Ⅱ. 김경득 활동 평전

1. 변호사로서의 길의 개척 ▱ 田中宏
2. 지문날인 거부운동과 변호활동 ▱ 裵重度
3. 在日韓國人 法的地位 91년 재협상 ▱ 鄭印燮
4. 전후보상과 평화 ▱ 小椋千鶴子
5. 재일위안부 재판과 김경득 변호사 ▱ 梁澄子
6. 지방참정권 운동과 김경득 ▱ 佐藤信行
7. 도청 임용 국적차별 철폐재판 ▱ 水野精之

1. 변호사로서의 길의 개척

田 中 宏(龍谷大學 敎授)

1976년 가을 와세다 대학의 싱가포르 유학생 쬒난썽(卓南生, 현 龍谷大 교수)로부터 재일한국인에 관하여 좀 도와달라는 요청이 있었다. 그의 친구 金容權의 동창후배가 사법고시에 합격하였지만 '귀화'하지 않으면 변호사가 될 수 없다고 하는데, 한국인으로서 변호사가 될 수 있는 길은 없는가라는 것이었다. 그 사람이 바로 金敬得이었다.

김경득은 10월 18일 최고재판소에서 사법연수생 채용신청수리원(채용까지 귀화할 것을 조건으로)을 전달받았는데 이를 수락할 수 없었다. 그래서 하라고산지(原後山治) 변호사, 김경득과 함께 나는 생전 처음으로 최고재판소의 건물에 들어가 인사국 임용과를 방문하였다. 그 곳에서 다음과 같은 대화가 있었다.

- 泉德治 課長: "지금까지 합격한 사람은 모두 귀화하고 사법연수원에 입소하였습니다. 귀화하면 아무런 문제도 없습니다."
- 김경득: "저는 평생 귀화하지 않겠다는 신념을 가진 사람은 아닙니다만, 왠지 밟힌 듯한 귀화는 원하지 않습니다."

□과장: "이전에 합격한 재일 G씨(실명을 밝힘)도 귀화해서 사법연수를 마치고 지금은 부검사로 되었습니다."

그러나 김경득은 동요할 마음이 전혀 없었다.

김경득은 이러한 제안을 거절할 생각이었다. 편법의 하나로 최고재판소의 제안을 받아들여 귀화를 신청하더라도 그 때는 민족명 金敬得으로 신청하고 '일본식 이름'을 요구하더라도 그것을 거부한다. 그럴 경우 법무성이 피고석에 서게 된다. 귀화 후에는 '金敬得法律事務所'라는 간판을 건 '在日' 변호사가 탄생하는 것은 아닐까라고 생각하였다.

최고재판소의 사법연수생 채용선발요강중 선발 결격사유의 제1호에는 '일본국적을 소지하지 않은 자'라고 명기되어 있다. 따라서 잘 풀려도 내년 이후, 이 요강이 변경된 다음 사법연수생 채용신청을 하게 됨으로 최소한 1년은 늦어지는 것이다. 한번 더 생각할 여지는 없는가라는 제안을 하였다. 그러나 김경득은 지금까지 막일을 하면서 시험공부를 하였으므로 1년 정도 늦어져도 별 문제 아니라고 하였다. 결심은 요지부동이었다.

11월 20일 김경득은 최고재판소에 외국국적인 상태로 사법연수가 가능하도록 요구하는 '청원서'를 제출하였다. 이 글은 김경득의 「재일코리안의 아이덴티티와 법적지위(在日コリアンのアイデンティティと法的地位)」와 '김경득을 생각하는 모임'의 팸플렛에도 수록된 기념적인 문장이다.

11월 30일 사태를 알리기 위한 기자회견이 사법기자 클럽 및 일본변호사연합회 강당에서 열렸다. 이 날과 그 다음 날에 걸쳐 사법연수생 입소 예정자의 건강진단이 실시되었지만, 김경득은 검진을 받지 못했으므로 이 날 공표를 단행하였다. 그 전날 기자회견을 협의하는 자리에서 일이다. 그 때까지 金澤이라는 通名을 사용하던 김경득은 '本名'으로 기자회견을 하기로 하였다. 그 때 김경득이라고 올바른 발음을 하도록 주문 받았던 일이 떠오른다.

김경득은 原後山治 선생 등과 최고재판소에 6차에 걸쳐 '의견서'를 제출하였으며, 외국국적 그대로 사법연수생으로서 채용해야 하는 근거를 자세하게 설명하였다. 김경득의 '청원서'를 비롯하여 6차에 걸친 '의견서'와 첨부자료 등의 관련자료들은 『司法修習生·辯護士と國籍』(日本評論社, 1977)에 정리되어 있다.

최고재판소는 1977년3월 김경득을 사법연수생으로 채용한다고 발표하였다. '선발요강'의 결격사유가 있음에도 불구하고 '일본국적을 소유하지 않은 자'를 채용한다는 것은 '요강'을 위반하여 채용한다는 것을 의미한다. 최고재판소를 '헌법의 수호자'라고 하지만 그곳이 얼마나 안이하게 '국적'에 따른 차별을 하고 있으며, 또 비판을 받자 쉽게 이를 철회한 것이다. 그러나 김경득의 결심이 있어서 처음으로 그 문을 열었다는 것은 특기할 만하다. 따라서 그 다음 해부터 선발요강상의 결격사유는 "일본국적을 소유하지 않은 자(최고재판소가 인정한자는 제외함)"라고 ( )안의 내용이 첨부됐을 뿐이다.

김경득이 담당한 사건의 마지막 판결은 아마 2005년 1월의 鄭香均 사건에서 최고재판소 대법정에서의 역전 패소판결이었다고 생각한다. 그러나 다수의견에 대하여 분명한 '반대의견', 즉 鄭香均의 승소의견을 쓴 泉德治 재판관은 다른 사람도 아닌 김경득의 사법연수생 채용이 결정 하였을 당시 최고재판소의 임용과장이었다.

김경득의 결단과 그것을 간결하게 정리한 '청원서'가 갖고 있던 '위력'이 한층 더 생각이 난다.

2. 지문날인 거부운동과 변호활동

裵 重 度(日本 山崎市 후레아이館 館長)

외국인등록법에 정해져 있던 지문날인제도에 반대하는 움직임은 제도가 도입되었던 1952년 당시부터 1980년대 이후까지 계속되었던 투쟁이었다.

외국인등록령으로서 1947년 5월 2일 일본국 헌법이 시행되기 바로 전날에 그 날짜로 공포 시행된 이 법령은 1952년 '일본 독립'당시 법으로 승격되었는데, 재일한국인과 대만인을 치안관리대상으로 하기 위하여 지문날인제도를 도입한 법제도로 된 것이었다. 당시에도 반대투쟁이 벌어져 지문제도의 실시는 3년 늦게 실시되었던 사연이 있었다. 그 이후에도 외국인등록증을 갱신할 때에 지문날인을 거부하는 사람들이 계속 있었지만 사회문제화 되지는 않았다.

차별과 억압의 한 가운데서 재일한국인은 '추방과 동화'의 양자택일 아래에 놓여 있었다. 민족차별의 불만을 품은 결과 법에 저항하는 자는 해외로 추방되었으며, 일본에서 살려면 동화되어 귀화하라는 정책이 강력하게 실시되었다.

납세의 의무를 다하면서도 법적 사회보장제도로부터는 '국적조항'에 의하여 모두 배제되었다. 일본사회의 민족차별은 재일한국인의 일상생활에 만연해 있다. 민족교육의 보장은 물론 직업선택의 자유조차 없었다.

재일한국인의 세대교체가 이뤄짐에 따라 일본에서 태어난 세대의 과반수가 사회에 진출한 것이 1970년대다. 공기처럼 존재하고 있는 민족차별 속에서 살아온 대다수의 제2세대는 민족차별을 회피하기 위해 자신의 출신을 숨기고 일본인처럼 살아갈 수밖에 없는 환경에 처해 있었다. 그렇게 하면 길이 열리지 않을까 생각한 것이었다. 그러나 현실은 그렇게 달콤하지는 않았다. '在日'2세의 좌절은 반복되었으며 굴절된 생각이 쌓일 뿐이었다.

1970년대 이후 일본에서 태어난 세대에 의하여 전개된 각각의 민족차별 철폐투쟁은 일본사회의 부조리와의 투쟁을 통하여 한국인으로서의 자기 확인을 하고, 민족주체를 확립시키는 것이다. 이러한 투쟁 그것이 일상적인 동화의 흐름을 감소시키게 된다. 이것은 '인간답게 살고 싶다'는 생활에 뿌리내린 인권투쟁 그 자체인 것이다. 이 운동은 일본인을 포함한 시민운동으로 확산되었다. 이에 일상생활에 자리 잡고 있던 행정차별 철폐투쟁에 돌입하여 일정의 성과를 거두었다. 이어서 민족단체들도 폭발하듯이 재일동포 대중의 생활상의 민족차별 철폐투쟁을 시작하여 민족차별 철폐투쟁은 큰 흐름이 되었다.

변호사를 목표로 하였던 김경득도 그러한 '在日'2세대의 한 사람 이었다(앞의 『나의 한국인의 길』 참조).

귀화요청, 즉 일본국적 취득을 조건으로 하고 있던 최고재판소 소관의 사법연수소에 재일한국인으로서 한국국적을 보유한 채 싸워 이겨서 입소를 길을 열었던 김경득은 1979년 변호사 등록을 마치고 原後山治 법률사무소에 들어 갔다. 1981년 민족으로서의 자기탈환을 이루기 위해 서울에서 어학연수와 함께 변호사로서 한국 법조계를 배우고, 1985년 일본으로 돌아와서 바로 독립하여 '우리법률사무소'를 개설하였다.

마침 일본에서는 외국인등록증 갱신이 대량으로 이루어지는 시기였으며 지문날인제도 철폐를 향한 투쟁이 한창이었다.

1980년대 초두에 시작된 지문날인 거부는 민족차별 철폐운동 중에서도 어려운 과제로서 논의가 활발하였다. 법제도적 차별의 정점이라고도 할 수 있는 외국인등록법과의 투쟁은 국가권력과의 대치를 의미한다. 흔히 말하듯 入管 闘争은 잘해도 상처받는 경우가 없지 않았으며, 그 무렵 운동측이 계속 패배하고 있었다. 그래도 이 투쟁을 계속해야 한다는 의견이 강하였으며, 이제는 이 투쟁 밖에 없다고까지 하였다. 이러한 결론에 이르렀을 때, 큐우슈우 小倉의 한국인 목사가 지문을 거부하였다. 기선을 제압하는 것과 같은 움직임으로 이는 운동에 불을 붙이는 역할을 하였다. 그런데 뒤에 '단 한 사람의 반란'이라고 불리던 거부자가 도쿄 신주꾸에 존재하고 있었다. 이리하여 투쟁의 봉화가 올려졌다.

1985년 외국인등록증 대량갱신의 전년도까지 거부자가 속속 출현하였으며, 그 수는 60여명에 달하였다. 각자의 지원그룹이 결성되어 활발한 지원운동이 전개되었다. 거부자가 경찰의 출두 요청에 응하지 않고 체포되고 기소되어 재판투쟁이 개시되는 등의 사례가 증가하는 가운데, 전국적인 법정투쟁의 정보를 공유하며 법이론의 전개를 공동으로 연구해야 한다는 요청으로 1983년 11월에 조직된 것이 '지문날인거부소송 전국연락협의회'였다.

김 변호사도 이 협의회에 참여하여 당사자로서 법정투쟁의 이론화에 진력하였다. 사실은 1985년 당시에 김 변호사도 지문날인을 거부하였지만 법무성이 거부자의 재입국허가를 불허한다는 제재조치를 강구하고 있었기에, 업무상 한국과의 왕래를 빈번하여야 하기 때문에 어쩔 수 없이 재날인을 하였던 것이다.

김 변호사가 구체적으로 지문날인 거부자의 변호를 했던 것은 1985년 5월 처음으로 고발없이 체포된 川崎의 李相鎬 사건이었다. 지원그룹은 이 때 최강이라고 할 수 있는 변호인단을 구성하였다. 이미 다른 지문날인 거부자의 소송을 변호하고 있던 今村嗣夫, 新美隆 두 변호사와 당사자의 한 사람인 김경득 변호사였다. 그리고 나이가 가장 어린 김 변호사가 단장을 맡았다.

그해 10월 첫 공판이 요꼬하마 지방재판소에서 개정되어 거부자 본인의 의견진술 후 김 변호사가 불을 뿜는 변론을 시작하였다. "일본에 거주하는 외국인으로 부모가 지어준 이름을 사용하지 못하는 자가 있는가. 태어난 것을 원망하며 부모의 가슴을 두드리는 자식이 있는가 … 그가 바로 한국인이다" 라며 절규하는 그의 자세에 법정은 숙연해졌으며 그의 생각을 이해하고 공감하는 재일한국인으로 가득찬 방청석은 흐느껴 울었다. 이 재판을 담당하였던 재판장은 제2차 공판에서 "법은 지켜져야 한다"는 검찰의 주장에 대해 "재일한국·조선인이 지문날인을 거부하기에 이르기까지에는 역사적의 배경이 있다. 그 배경을 여하간 검찰측에 입증하여 주기 바란다"고 하였다. 그리고 신문기자와의 인터뷰에서 "차별받았다는 생각을 이번 기회에 충분히 듣고 논의하는 것이 좋지 않을까 생각한다. 그들은 지문을 날인하지 않았기 때문에 벌금으로 부과된 1만엔을 내기 싫어서 재판을 하는 것은 아니겠지요. 지문문제가 이 정도로 사회적인 파장을 불러일으킨 것은 근거가 있었기 때문이며, 이를 모두 깨끗이 밝히는 것이 재판입니다" 라고 대답하였다. 이는 지문날인 거부투쟁의 본질을 밝힌 발언이다. 유감스럽게도 이 재판관은 1986년 4월에 오까야마 고등재판소로 전임하였다. 그러나 그 곳에서 기이하게도 李相鎬에 앞서 거부하였던 직장선배 姜博의 재판을 담당하였다.

독립 개소한 우리법률사무소 내에 한 때 지문날인 거부자들을 위한 상담센터를 개설하기도 하고, 김 변호사는 여러 장소로 초빙되어 강연활동을 함으로써 운동을 지지하였다.

1987년에는 세 변호사에 田中宏 교수가 합류한 저서 『지문제도 철폐의 논리－외국인등록법「개정」안의 총비판』을 新幹社에서 간행하였다.

1980년대에 전개된 지문날인 거부운동은 인권투쟁으로 과거에 없었던 높은 관심을 끌었다. 일본인을 포함한 시민운동으로서 다수의 지원 그룹이 생겼으며, 민족단체, 종교단체가 거부운동을 적극적으로 전개하여 '지문날인거부예정자회의'라는 시민운동이 조직되었으며, 이에 전투적인 투쟁이 전개되었다. 재일한국인 모든 세대가 참가한 운동으로 확대되었을 뿐만 아니라, 이 문제와 운동을 통하여 재일한국인에 대한 여러 차별문제의 실상이 일본사회에 널리 밝혀진 것의 의미는 매우 크다. 학자들도 이 문제를 통하여 크게 깨우쳤음이 틀림없다. 특히 일반 일본인이 받은 충격도 컸는데, 그 후 민족차별문제에 대한 관심과 지원이 확산된 점이 이 사실을 증명하고 있다. 동시에 排外的인 움직임이나 언사가 나타난 것도 사실이다. 지문날인 거부소송은 그 후 소화 천황의 죽음으로 특사가 내려져 소송중인 모든 사건이 면소되어서 재판투쟁의 의의가 완결되지 못한 것은 참으로 안타까운 일이다. 권력으로서는 그러한 방식으로 수습할 수 밖에 없었던 것일까.

지문날인제도는 그 후 변천을 겪어 1993년 영주자로부터는 지문을 채취하지 않게 되었으며, 2000년에는 전폐되었다. 그러나 2007년부터는 테러방지를 이유로 특별영주자 이외의 외국인으로부터는 다시 채취하도록 되었다. 역사를 부정하고 인권을 존중하지 않는 어리석은 행위가 아니고 무엇이겠는가.

재일 한국인의 커다란 민족차별 철폐운동의 하나였던 지문날인 거부운동에 김 변호사는 결코 화려한 활약을 보여주지는 않았지만, 역사적 투쟁의 전열에 나란히 하였던 것은 틀림없다. 투쟁의 기억과 함께 그 이름도 영원히 남을 것이다.

3. 在日韓國人 法的地位 91년 재협상

鄭 印 燮(서울대학교 법과대학 교수)

在日韓國人 法的地位에 관한 91년 한일 합의각서는 戰後 在日韓國人의 法的地位에 관하여 가장 커다란 변화를 초래한 문서중의 하나이다. 샌프란시스코 평화조약의 발효와 동시에 '外國人化' 되어 일본에서 '당분간' 居住가 허용된 신분(法 126號者)으로 전락한 在日韓國人들은 1965년 한일 국교정상화에 따른 法的地位協定을 통하여 비로소 협정영주권이라는 법적 자격을 인정받게 되었다. 이를 통하여 在日韓國人의 법적 지위가 외견상 개선된 점도 없지는 않았으나, 그 실상은 속 빈 강정이었다. 즉 法的地位協定上의 권리들 대부분은 협정 체결 이전에도 在日韓國人들에게 사실상 인정되었던 것을 명문으로 확인한 것에 불과하였으며, 이를 통하여 在日韓國人의 법적지위문제가 근본적으로 해결되지는 못하였다. 1970년대부터 본격적으로 불거져 나왔던 취업차별 철폐, 지문날인 철폐, 국민연금의 적용, 외국인등록증 휴대의무 철폐 등 在日韓國人 사회가 요구하였던 대표적 권익옹호운동의 전개에 별다른 도움이 되지 못하였다. 무엇보다도 이른바 協定永住 3세 이하의 法的地

位에 대하여는 아무런 대비책도 포함되어 있지 않았다는 근본적인 결함을 내포하고 있었다. 즉 法的地位協定은 영주권 신청 마감일인 1971년 1월 16일까지 日本에서 출생한 者 및 그 子에까지만 협정영주권의 부여를 예정하고 있었고, 그 孫代(이른바 協定永住 3세)의 일본 체류자격에 대하여는 아무런 언급이 없었다. 이에 대하여는 오직 한일 양국은 협정 발효후 25년이 경과할 때까지 협의할 의무를 지닌다는 규정 뿐이었다. 그 시한이 1991년이었다. 한일회담 당시 협상 담당자들은 협정 영주 3세가 태어날 때쯤이면 대부분의 在日韓國人이 일본인으로 귀화하여 이 문제가 자연스럽게 해소될 것이라고 생각하였다. 이러한 자세로 인하여 국교정상화 당시부터 한국정부가 在日韓國人 社會의 장래를 포기하였다는 비판을 받았다. 그러나 20년이 지난 80년대 중반까지 在日韓國人 社會의 규모는 축소되지 않았으며, 1988년 봄 최초로 협정영주 3세가 태어나기 시작하였다. 이들은 父母와 같은 협정영주자격을 인정받을 수 없었다. 80년대 중반부터 在日韓國人 社會에서는 後孫 法的地位 再協議의 문제가 초미의 관심사로 등장하였고, 그 활동의 중심에는 언제나 金敬得 변호사가 위치하고 있었다.

당시 金敬得을 비롯한 在日韓國人 社會의 입장은 91년 시한의 後孫 法的地位 再協商이 단순히 在日韓國人에 대한 일본 영주권 부여의 연장에 그쳐서는 아니된다고 생각하였다. 새 협상을 통하여 65년 法的地位協定이 해결하지 못하였던 在日韓國人 사회의 숫한 난제들을 해결하는 계기가 마련되어야 한다고 판단하였다. 이미 당시 在日韓國人 社會에서는 지문날인 거부운동이 광범위하게 전개되고 있었고, 출입국관리제도의 변경, 외국인 등록증 휴대의무 거부, 지방공무원 채용확대 운동, 사회보장제도의 동등한 적용, 민족교육의 보장 등을 요구하는 목소리가 높았다. 지방 참정권 요구운동도 차츰 본격화되고 있었다. 後孫 法的地位 再協商을 계기로 이러한 난제들이 동시에 해결되어야 한다고 기대하였다. 점차 91년 문제라고 하면 在日韓國人 法的地位의 근본적 개선을 요구하는 상징적 용어가 되었다.

한일 양국 정부는 1985년부터의 예비회담을 시작하여, 1988년 12월 23일 동경에서 91년 문제에 관한 고위실무자회의를 개시하였다. 민단을 비롯하여 在日韓國人 社會에서는 이를 대비하는 특별위원회를 구성하여 91년 문제 해결을 위한 제안작성에 노력하였다. 金敬得 변호사는 在日韓國人의 미래상을 성안하는 위원회에서는 거의 단골 멤버였다. 한국 정부 역시 91년 재협상의 결과는 무엇보다도 당사자인 在日韓國人들의 환영받아야 한다는 자세로 협상을 시작하였다. 이에 在日韓國人 諮問委員會를 구성하여 의견수렴의 절차를 밟았다. 金敬得 변호사 역시 자문위원단의 일원이었다. 당시 金敬得 변호사를 비롯한 자문위원들은 91년 法的地位 재협의를 통하여 1) 在日韓國人 後孫에 대한 지속적인 영주권 부여 2) 퇴거강제 적용의 배제 3) 재입국허가제의 개선 4) 지문날인 및 외국인등록증 상시휴대의무 배제 5) 지방공무원 채용문호 확대 6) 일본인과 동등한 사회보장·사회복지제도의 적용 7) 민족교육의 보장 8) 지방참정권의 인정 등의 실현을 요구하였다. 金敬得은 일본 출생으로 일본에서 정규 교육을 받아 在日韓國人 社會의 실상에 익숙한 한편, 변호사 출신으로서의 법적 전문성도 지니었기 때문에 이 같은 요구조건의 성안과 이를 위한 이론적 뒷받침 작업에 누구보다도 적격인 인물이었다. 91년 문제에 대한 在日韓國人들의 인식을 한국정부에 전달 · 설득하고, 在日韓國人 社會와 일본인 지지자들간의 의견 차이를 조율하는데는 金敬得만큼의 학식, 능력, 합리성을 겸비한 사람을 찾기 어려웠다. 91년 문제에 관한 일본정부와의 협상이 진행됨에 있어서 金敬得 변호사는 언제나 한국 정부와 주일 대사관의 제1차적 상담역이었다. 在日韓國人 社會의 위와 같은 요구는 한국 정부에 의하여도 그대로 수용되어 고위실무자 회담장에서 일본 정부에 전달되었다.

91년 문제에 대한 한일 양국의 협상이 순조롭게 진행된 것은 아니었다. 제1차 회담에 이어 1989년 7월 서울에서 제2차 고위실무자 회담이, 1989년 12월 동경에서 제3차 회담이 각각 개최되었으나, 협상은 구체적인 진전을 보지 못하고 있었다. 일본 정부는 在日韓國人 後孫의 법적 지위를 先代보다 불안정하게 만들지는 않겠다는 원칙에는 동의하면서도, 구체적인 요구사항에 들어가면 수용이 곤란하다, 검토중이다라는 답변만 반복하며 회피적인 태도로 일관하였다. 이 무렵 金敬得은 바쁜 변호사 생활 속에서도 한국을 수도 없이 방문하였다. 在日韓國人 後孫 法的地位에 관한 세미나, 공청회 등이 열리면 자비를 들여서라도 참석하였다. 필자는 1989년 3월 아세아정책연구원이 주최한 심포지움에 참석한 金敬得 변호사가 "在日韓國人의 法的地位 確立과 동포사회의 전망"이란 주제 발표를 하던 모습이 아직도 생생히 기억된다. 자신은 특히 대학시절부터 일본에서의 나는 과연 어떤 존재인가를 끊임없이 고민하였다고 한다. 일본에서 출생하여 일본에서 교육을 받고 일본어 밖에 할 줄 모르는 자신이 일본사회의 일원으로 정식으로 받아들여지지 않는 상황을 합리적으로 이해하기 어려웠던 것이다. 이에 미래를 위한 도전으로 사법시험을 준비하였고, 마침내 시험에 합격하였다. 그러나 귀화하지 않으면 사법연수소를 입소할 수 없다는 통지를 받았을 때, 그는 만약 여기서 귀화를 한다면 金敬得이란 인물은 영원히 없어지는 것이라고 생각되어 결코 이에 굴복할 수 없었다고 한다. 金敬得은 그 날의 심포지움에서 在日韓國人이 일본사회의 정당한 일원으로 살 수 있도록 法的地位를 개선하는 것은 곧 在日韓國人의 인간회복을 위한 필수 요건이라고 역설하였다. 그는 또한 누차 국내 정계 요로의 여러 인물을 방문하며, 91년 문제의 중요성과 달성목표의 당위성을 설명하였다. 최초의 한국적 일본 변호사라는 상징성으로 인하여 金敬得의 이름을 모르는 국내 정관계 인사들이 거의 없을 정도였다는 점이 그의 큰 자산이기도 하였다.

후손 法的地位에 관한 협상은 1990년에 들어서도 별다른 진전이 없었다. 워낙 완강한 일본 정부의 자세로 인하여 자칫 1965년 法的地位協

定의 再版이 되지 않나 하는 불안감도 높아졌다. 그러나 91년 문제에 있어서 金敬得의 입장은 항시 일관되었다. 在日韓國人이 일본에서 인간으로서의 정당한 대우를 받고 살 수 있도록 한국정부가 원칙만 관철시켜 주면 이를 실현할 구체적인 내용은 교포사회 스스로가 달성해 나가겠다는 것이 그의 지론이었다. 또한 金敬得은 在日韓國人 法的地位의 개선이야말로 일본사회의 국제화를 위한 첫 관문이요, 在日韓國人 法的地位의 개선은 바로 일본인 자신들을 위한 길이기도 함을 강조하였다.

드디어 1991년 1월 10일 가이후 일본 수상의 방한에 즈음하여 이른바 91년 한일 외무장관 합의각서가 타결되었다. 在日韓國人 후손에 대한 기속적 영주권의 보장, 퇴거강제 사유의 축소, 재입국허가 기간의 5년 연장, 지문날인제도 폐지, 외국인등록증 휴대제도의 상식적이고 탄력적 운영, 방과후 민족교육에 대한 배려, 공립학교 교원문호의 개방, 지방자치체 공무원 채용문호의 확대 등이 합의되었다. 당초 요구의 100%는 아니라도 80%는 달성된 셈이었다. 金敬得의 말대로 민족교육의 확대, 공립학교 교원 처우에 대한 배려, 지방공무원 채용문호의 실질적 확대 등에 관하여 기본원칙은 합의되었으나, 그 구체적 실현은 향후 在日韓國人 社會가 좀더 투쟁할 항목으로 남았다. 특히 지방참정권에 관하여는 한국정부의 요망이 표명되었다고만 언급되어 일본정부로부터 아무런 약속도 받아 내지 못하였다. 결국 지방참정권 획득은 이후 金敬得이 타계하기 직전까지 가장 심혈을 기울이며 실현에 노력한 주제로 남게 되었다.

在日韓國人 問題에 관하여 金敬得은 언제나 在日韓國人 社會, 일본인 지지자 그룹, 한국사회라는 3각추의 중심점에 서 있었다. 신념과 노력 하나로 일본에서 최초의 외국인 변호사가 되었으며, 매사 성실한 자세로 임하는 그의 성품으로 인하여 金敬得은 在日韓國人 社會, 특히 젊은 세대에 있어서 광범위한 신망을 얻고 있었다. 또한 金敬得은 그 나이의 다른 어떠한 在日韓國人보다도 폭 넓은 일본인 지지자를 규합할

능력이 있었다. 변호사로서의 합리성과 전문성 그리고 올곧은 그의 성품으로 인하여 쉽게 일본인 지지자를 모을 수 있었다. 한국정부로서도 이 같은 金敬得의 존재가 큰 자산이요 자랑이 아닐 수 없었다. 金敬得은 수년간의 한국 유학으로 한국어에 능통하고 한국사회에 대한 이해와 경험도 풍부하였다. 돌이켜 보면 91년 문제의 협상과정에서도 金敬得의 이러한 독특한 장점이 多大한 역할을 하였다고 회고된다. 앞으로도 在日韓國人 社會의 단결과 발전을 위하여 많은 역할이 기대되던 金敬得의 타계가 새삼 아쉽고 그리움이 크다.

4. 전후보상과 평화

小椋 千鶴子(在日의 戰後補償을 求하는 會,
川崎市 ふれあい館)

1. 동경지방법원에서

'在日의 전후보상을 요구하는 모임'이 발족한 것은 1991년이었다. 요코하마시에 거주하였던 石成基 씨와 사이타마겐(埼玉縣)에 거주하였던 陣石一 씨가 전상병자전몰자유족등원호법(戰傷病者戰沒者遺族等援護法)(이하 「유족등원호법(遺族等援護法)」의 장해연금 각하처분의 취소를 요구하며, 국가를 상대로 동경지방법원에 제소하였던 것은 다음 해인 1992년이다. 대리인은 김경득 변호사와 新美降 변호사와 梁文洙 변호사였다.

재판이 시작되었다. 중대사항의 재판이었으므로 왠지 설렘이 있었던 느낌을 아직까지도 기억하고 있다. 전후 일본의 무엇인가를 바꿀 수 있을지도 모르겠다는 기대와 무거운 책임감을 동시에 느꼈다. 우리의 일은 당사자를 지원하고, 재판투쟁을 뒷받침하며, 운동 자체의 광고 선전활동이었다.

지방재판소에서의 재판은 1992년부터 94년까지 계속되었다. 석 선생은 1944년에 한국에서 군속으로 징용되어 남태평양의 마샬 군도에서 진지 구축 중에 부상을 입고 오른 팔을 절단하였다. 진 선생은 1945년에 해군으로 징용된 배가 미국군의 공격으로 부상당하였으며 오른쪽 다리 무릎 아래를 절단하였다. 전후 일본 병원에서 투병생활을 하였으며 1952년 '유족등원호법' 시행 이래 수없이 후생성(당시)과의 교섭을 계속하였다. '유족등원호법'에는 시행 당시부터 국적 호적조항이 있어 전쟁 이후 외국국적인 사람들은 적용대상에서 제외되었다. 석 선생과 같은 사람들은 '재일한국인상이군인회'를 결성하여 독자적으로 후생성이나 외무성과 직접 교섭을 해왔다. 1963년에 방영된 「잃어버린 황군(皇軍)」(일본 TV 제작, 大島渚 감독)은 그 무렵 그들이 싸우는 모습을 찍은 것이다.

1993년 제4회 구두변론에서 「잃어버린 황군(皇軍)」이 법정에서 상영되었다. 그 후 원고 본인 심문이 이루어졌으며, 석 선생과 진 선생의 의견진술이 있었다. 자유롭지 못한 몸으로 두 사람은 불합리한 전후 원호행정의 미비점을 호소하였다. 그 모습은 만신창이로 싸운 투사처럼 보였다.

다음 해 1994년 5월 진 선생이 세상을 떠났다. 지방재판소의 판결을 듣지도 못한채 힘을 다한 죽음이었다. 만년에 숨을 몰아쉬며 재판과 싸웠으며, 운동의 과제를 담당한 결과 무리를 하였다. 그 해 7월 15일 지방재판소 판결이 났다. 하지만 기각됐다. 국적조항은 위헌이 아니라고 판단되었다.

2. 재판투쟁과 운동의 확대

오사카에서도 같은 재판이 시작되었다. 1991년 鄭商根 씨가 오사까 지방재판소에 제소하였다. '유족등원호법'의 원호를 받을 수 있는 지위의 확인과 적용에서 배제되어온 결과 참기 어려운 고통과 차별을 받은 것에 따른 국가배상을 요구하는 것이다. 도쿄에서의 재판과 달리 원호 신청을 하지 않고 일본국을 상대로 직접 재판을 신청하였다. 정 선생은 1942년에 군속으로 징용되어 마샬 군도에서 비행장 건설 중에 미국군의 공격을 받아 부상 당하였으며, 오른쪽 팔꿈치를 절단하였다. 전쟁 이후에는 의족을 사용하여 폐품 회수업, 서점 등을 운영하였다. 또한 1993년에 시가켄(滋賀縣)에 거주하고 있던 姜富中 씨가 大津 지방재판소에 제소하였다. 정상근 씨 재판과 연계하여 '유족등원호법'의 장애연금을 수령하지 못하는 것은 위헌이라고 주장하였다. 강 선생은 1942년에 군속으로 징용되어 뉴브리텐 섬에서 항해중 미군의 공격을 받아 부상 당하였으며, 오른쪽 4번째 손가락을 절단하였다. 또한 오른쪽 눈에 부상을 당하여 거의 실명상태였다. 전후에는 토건업 등을 운영하였다. 1995년에는 도쿄에 거주하는 趙鏞壽 씨가 장해연금 수령신청을 하였다. 조 선생은 일본에 연행되어 도쿄의 해군관리공장에서 작업중 부상 당하였으며 오른 팔이 마비되었다. 전쟁 이후에는 일본에서 살았다.

재판투쟁의 전개와 함께 운동의 축이 확대되어 갔다. 각지에서 당사자들을 지원하기 위한 사람들이 모였으며, 오사카에서는 '정상근 씨의 전후보상재판을 지원하는 모임', 滋賀에서는 '在日의 전후보상을 요구하는 시민의 모임', 도쿄에서는 '在日의 전후보상을 요구하는 도쿄 모임'이 발족하였다. 합동으로 정보 선전활동을 펼쳤다. 1992년에 오사카-도쿄 간을 도보로 행진하면서 각지에서 집회와 데모를 벌였다. 그 후 두 번째의 도보행진, 1997년으로 후쿠오카-도쿄 간 캐러밴 등 적극적으로 전후 보상 문제를 호소하였다. 이와 더불어 국회대책도 논의하였다. 각 당의 중·참의원에 대한 로비활동과 원내 집회를 열었으며, '유족등원호법'의 호적·국적조항의 문제점의 이해를 구하며 국적조항의 철폐와 입법조치 등의 필요성을 호소하였다.

1998년 석성기 씨와 진석일 씨 재판은 도쿄 고등재판소 판결에서 패소하였다. 1999년에 정상근 씨 재판은 오사카 고등재판소 판결에서 패소하였다. 그리고 그 해 강부중 씨 재판에서 오사카 고등재판소로부터 화해권고가 나왔지만 국가측이 거부하였다. 10월 15일에 패소판결이 내려졌는데 판결내용에서 "국적으로 인하여 전후보상을 차별하는 것은 헌법과 국제인권규약에 반한다는 의심이 있다"고 처음으로 재판소가 위헌상태를 인정하였다. 또한 "국회가 앞으로 어떠한 시정조치를 취하지 않고, 그 시정에 필요한 기간을 경과할 경우 입법부작위가 국가배상법상의 위법행위로 평가받을 수 있다"고 판단하였다.

그 무렵 1999년 3월 9일, 중의원 내각위원회에서 당시 민주당의 佐佐木秀典 의원과 공명당의 河合正智 의원의 질문에 野中廣務 관방장관은 "현행 연금법 또는 원호법 등으로는 도저히 해결을 할 수가 없습니다만 … 새로운 세기를 맞이함에 있어 어떻게 해서라도 이 문제를 처리해야만 한다는 사명감을 갖고 있습니다"라고 대답하였다. 이러한 일련의 경과를 거쳐 어떠한 형태로든 입법조치를 수립하려는 움직임이 일어났다.

이에 각지의 운동단체 사무국에서, 그리고 합동으로 행하여진 변호인단 회의에서 여러 의견들이 나와 논의가 백출하였다. 운동의 형태로는 '유족등원호법'의 호적·국적조항 철폐에 시종일관 전념해야만 하나, 또한 당사자들이 고령인 점을 감안하면 무슨 내용의 입법조치라도 강구해야 한다는 등의 여러 생각들이 교차하였다.

이미 1994년에 정상근 선생이 돌아가셨으며, 석성기 씨와 조용수 씨도 몸이 아파서 집회나 로비활동에 참가할 수 없는 상태였다.

3. 「조위금 등의 지급에 관한 법률」이란 종착점

2000년 5월 31일에 「평화조약국적이탈자 등인 전몰자 유족등에 대한 조위금지급에 관한 법률」이 성립되었다. 그 달 12일에 법안 제출, 17일부터 중의원 내각위원회에서 심의가 이루어졌다. 당초 참고인으로 당사자인 강부중 씨를 요청하였지만 수락되지 않고, 다나까 히로시(田中宏) 대표가 참고인으로 섰다. 또한 30일의 참의원 총무위원회에서는 김경득 변호사가 참고인이 되었다. 운동단체는 노나까 관방장관의 발언과 강부중 씨 재판의 오사카 고등재판소 판결 내용을 근거로 로비활동에 전력을 다하였다. 오랜 기간 강력히 대항한 보람이 나타났는지 각 정당에서 이해를 표하는 자가 늘어났으며, 법안 성립을 위하여 의원들은 진지하게 활동해 주었다.

그러나 완성된 법률은 2002년 4월 1일부터 2004년 3월 31일까지 3년간을 청구기간으로 하여 당사자에게는 위로금으로 400만엔, 유족에게는 260만엔의 조위금 지급에 머물렀다. 또한 한국에 거주하고 있는 유족에게는 조위금이 지급되지 않았다. 새로운 국적차별이었다. 석성기 씨의 경우 '유족등원호법'에서 장해의 정도가 제3항증에 해당하므로 일본인의 경우라면 누계가 8000만엔에 육박한다. 석씨는 "20분 1의 해결밖에 되지 않는군요. 어디까지 차별을 할 것인가" 라며 조용히 노여움을 표시하였다.

2001년 4월 5일 석성기 씨와 진석일 씨의 최고재판소 판결이 선고되었다. 결과는 기각이었다. 같은 달 13일의 정상근 씨 재판과 강부중 씨 재판의 최고재판소 판결 결과는 역시 기각이었다. "원고의 주장을 각하한다." 재판관의 한 마디로 10년의 재판투쟁이 종결되었다. 석성기 씨는 20분의 1 밖에 되지 않는 위로금을 받게 되었다. 수급 직후 그 해 8월 30일 석성기 씨는 영면하였다. 향년 79세였다.

2005년 3월 말에 총무성 조위금 업무실의 최종 지급상황 보고에서는 당사자에 대한 위로금은 24건, 유족에 대한 조위금은 390건, 합계 414건이었다.

4. 전하는 말

개인적으로 돌아가신 나의 아버지도 전시 중 남양제도의 마샬 군도에서 군무를 담당하였다. 지원병으로 하급 군인이었는데 거의 석성기 씨와 같은 업무를 보신 것 같다. 어려서부터 전쟁터의 이야기를 들었다. 풀을 뜯어 먹고 빗물을 마시며, 쥐 등은 훌륭한 먹을거리였으며, 심할 때에는 흙도 먹은 것 같았다. 미군의 공격에 의해 죽은 자보다 굶어 죽은 자가 더 많았던 것 같았다. "너희들은 행복한거다. 평화가 최고다"라고 입버릇처럼 말씀하셨다.

전에 미국영화 「아버지들의 성조기」와 「유황도로부터의 편지」를 보았다. 태평양 전쟁의 생생한 전투가 선명하게 그려져 있었다. 석성기 씨가 이야기 하던 부상 당시의 모습. 진석일 씨가 이야기 하던 미군의 무서운 공격. 아버지가 말씀하셨던 식량부족. 지금까지 들었던 모든 것이 영상의 힘으로 눈 앞에 나타났다. 전쟁과 전쟁터를 경험한 자가 아니라면 알 수 없는 죽음의 공포. 영화 「유황도로부터의 편지」 중에서 "천황폐하, 나라를 위해 훌륭하게 싸우다 죽으면 야스쿠니에서 만나죠"라는 대사가 있다. 그래도 그것은 겉으로만의 국가주의이며, 병사 한 사람 한 사람은 틀림없이 살아서 귀환하고 싶었을 것이 틀림없다. 그 모습이 병사들의 마음의 내면으로서 그려져 있었다.

"같은 전쟁터에서 싸우며 일본인과 고락을 함께 하였는데 원호법의 대상이 되지 않는다니 죽을래야 죽을 수가 없다." 석성기 씨의 생전의 말이다. "나와 같은 존재를 미래에는 만들어서는 안 된다. 젊은이들에게 자신의 모습을 똑바로 보기를 바란다"며 모든 집회에서 정상근 씨는 말하였다. "在日은 아시아 평화의 전령되어야 한다." 지방참정권 집회에서 김경득 변호사가 하였던 말이다.

고인이 된 이 분들의 이야기를 양식으로 아시아의 평화를 지키기 위하여 우리들은 무엇인가를 해야만 한다. 그것이야말로 전후보상을 위해 투쟁해 온 우리들에게 맡겨진 임무라고 생각한다.

5. 재일위안부 재판과 김경득 변호사

梁 澄 子(在日 慰安婦裁判을 支持하는 會)

"열심히 재판을 하였는데 ….
아직 젊은데, 조금 더 살았으면 얼마나 좋을까 …."

김경득 변호사의 부음을 접하자 宋神道 씨는 목이 메었다. 송 씨가 제소할 생각을 갖고 있다는 것을 알았을 때 우리들이 가장 먼저 방문하였던 변호사의 한 사람이 김경득이었다. 그것은 위안소에서 받았던 피해 뿐만 아니라 전후 일본에서 재일한국인으로서 차별받았던 송씨의 생애를 이 재판에서 문제 삼으려고 생각하였기 때문이다. 김경득은 우리들의 기대에 십분 부응하였다.

특히 1997년 3월 7일 두 번째 본인심문시 전후 일본에 건너온 송씨가 일본에서 받은 차별의 구조를 김경득은 법정에서 알기 쉽게 설명하며 심문을 하였다. 송씨와 동거하였던 河씨도 왜 국민건강보험에 가입할 수 없었는가, 왜 노령연금을 받지 못 하였는가, 왜 생활보호 수급자라는 이유로 더 멸시를 받아야 하였는가.

중국전선에서 7년간 '위안부'로 강요받았는데 일본 군인에게 속아

도일 후 짐과 함께 잃어버린 인양증명서(引揚證明書)만 있다면 스스로 포기하였던 부조리를 해결할 수 있다고 생각한 송씨는 1985년경 측근에게 구술필기를 부탁해서 다음과 같은 탄원서를 관청에 제출하였다.

> "생활보호로 관청에서 받은 수당으로 생활하며 세상 사람들에게는 보호받아 먹고 산다는 이유로 눈총을 받고, 물건을 살 때 특히 먹을 것에 사치스럽는 말을 들으며 정신적으로 나날의 생활이 피곤하였다. 같이 국가로부터 보호받음에도 불구하고 은급이나 연금의 형태라면 세상 사람들의 눈총을 받지 않으리라고 생각하므로 인양증명서(引揚證明書)나 증인이 없더라도 어떠한 형태로든 보장된 생활을 하고 싶습니다."

그러나 「인양자급부금등지급법(引揚者給付金等支給法)」(1957년)에도 「인양자등에 대한 특별교부금의 지급에 관한 법률」(1962년)에도 국적조항은 엄연히 있었으며, 만약 인양증명서가 있었더라도 송씨에게 이러한 급부금이 지급되지 않는다는 사실을 이 날의 심문에서 확실히 알게 되었다.

이 심문 후 송씨는 "오늘 김 변호사의 이야기를 듣고 왜 내가 차별을 받아 왔는지 잘 알았다. 이렇게 말해 주었던 사람은 지금까지 한 명도 없었다"며 눈시울을 적셨다.

"데리고 갈 때는 '나라를 위해'라고 말해 놓고, 이제 와서는 차별을 하는가. 그 의미를 알 수가 없다. 이대로는 죽으려야 죽을 수가 없다"며 제소를 결심한 송씨에게 있어서 김경득의 심문내용은 오랫동안의 의문을 해결할 하나의 실마리가 되었다.

이후 김경득에 대한 송씨의 신뢰는 절대적인 것으로 바뀌었다.

1993년 4월 2일 제소 3일전 김경득은 갑자기 우리 '在日 위안부 재판을 지지하는 모임'의 사무국에서 이러한 제안을 하였다. "이 재판에서 돈을 청구할 필요는 없을 것 같습니다. 사죄청구를 해야겠습니다."

변호인단과 지지모임에서도 반대의견과 찬성의견이 맞서 논의는 새벽까지 계속되었다. 더욱이 이틀 후 제소 전날인 일요일까지 모여서 기나긴 논의를 하였지만 여전히 결론을 내리지 못하였다. 그 때 상경한 송신도 씨는 간단한 설명만 들었을 뿐인데 즉시 이렇게 말하였다.

"나는 사과를 받으면 된다. 사과를 받으면 그걸로 만족한다. 돈이 목적이 아니라는 것을 알아주기 바란다. 사과하면 공짜(보상 없음)로 끝나지 않는 것이 세상의 상식이다."

"원고가 가장 잘 알고 있다"며 김경득은 만면에 미소를 띠었다.

「재일한국인 구종군위안부 사죄·보상청구사건」은 이렇게 1993년 4월 5일 원고 본인의 「사죄문 교부」와 「국회의 공식사과」를 청구의 취지로 하는 이례적의 사죄청구소송으로 시작되었지만, 재판소가 여러 차례 금전청구를 할 것을 요구하여 1995년 5월 19일 제7회 구두변론에서 1억 2천만엔의 금원청구를 추가하였다.*

제소로부터 6년 후인 1999년 10월 1일 1심인 동경 지방재판소는 피해사실을 인정하면서도 청구를 기각하였다. 이어 2심 동경 고재에서도 2000년 11월 30일 강제노동조약위반 및 추업조약(醜業條約)에 의한 국제법상의 국가책임의 발생을 인정하고 민법상의 불법행위책임을 져야 할 여지가 있음을 인정하면서도 제척기간을 적용하여 청구를 기각하였다.

그런데 이 2심 판결에는 김경득이 생각지 않게 쓴 웃음을 지울 내용이 포함되어 있었다. 국가측은 다른 전후보상재판과 같이 이 재판에서도 "일·한 기본조약과 일·한 청구권협정에 따라 청구권은 소멸됐다"고 주장하였지만, 도쿄 고등재판소 민사 16부 鬼頭李郞 재판장은 청구권협정 제2조 2항 (a)를 인용하며 "재일한국인의 재산, 권리 및 이익에 관해

* 1억 2천만엔의 근거는 다음과 같다. 송신도 씨가 받은 손해를 굳이 금전으로 평가해 보면 적어도 767억 5893만 7500円이란 결과가 나왔다. 송씨에게 이러한 피해를 준 가해자는 東條英機, 宋井岩根들이 전쟁 이후 나라에서 지급된 은급액을 계산하면 약 1억 1200만円이라는 결과가 나왔다. 이에 크게 밑돌지 않는 금액을 정부는 피해자인 송씨에게 지불해야 한다는 취지로 767억엔의 일부로 1억 2천만円을 청구하였다.

서는 … 한국정부가 실시한 한국 민간인의 대일청구권보상 등의 구제 조치 … 의 대상 밖이며, 일본정부의 대응조치에 위임된 것이다"라고 판시하였다. 이것은 김경득이 심혈을 기울였던 '在日의 상이군인·군속' 재판에서 얻으려 하였지만 얻지 못하였던 내용이었다.

송신도 씨의 재판에서도 물론 같은 취지의 주장을 하였었지만 '위안부'제도가 국제법에 위반되는 중대 인권침해라는 부분에 역점을 두었으며, 각국에 남아있는 피해자 전체의 구제와 연결된다는 점을 염두에 두었지만 이 재판에서는 이는 중요한 주장으로는 되지 않았다. 판결은 결국 "일·한 청구권협정의 발효일 및 재산권조치법의 시행일인 1965년 12월 18일"을 제척기간의 기산일로 하여, 송신도 씨의 손해배상 청구권은 "1985년 12월 18일이 경과되어 제척기간이 만료됨 따라 소멸하였다"며 청구를 기각하였다.

이 도쿄 고등재판소의 판결을 받았을 때 김경득의 복잡한 표정이 지금도 생각난다.

이 재판은 그 후 2000년 12월 12일에 상고하였다. 2003년 3월 28일 최고재판소 제2 소법정에서 상고 기각, 상고수리 기각결정이 내려져 패소가 확정되었다.

재판과정에서는 때로 마찰도 있었다. 왜냐하면 김경득의 직선적인 표현이 오해나 반발을 초래하기도 하였기 때문이다. "이 재판은 진다"고 말을 하는가 하면, "위안부 문제는 전혀 모른다"는 말을 되풀이 하였다. 송신도 씨에 대해서도 "나는 송씨를 다루기 힘들다"며 항상 발뺌하였다.

제소 전날, 처음으로 두 사람이 얼굴을 마주하였을 때에도 송신도 씨를 직시하지 못하고 눈을 피하였다. 송씨의 거친 말씨나 난폭한 행동이 김경득의 가슴 깊이 새겨진 아픔을 다시 한 번 아프게 하지는 않았을까. 『아사히 신문(朝日新聞)』이 '朝日' 신문으로 보여져 『아사히 신문(朝日新聞)』을 읽지 못하였을 정도로 조선인이라는 사실이 굴욕적이었다는 유소년기를 보낸 김경득에게 있어서 송씨는 어렸을 때의 슬픈 추억을 떠올리는 존재가 아니었나 하는 생각이 든다. 하지만 그렇기 때문에 두 사람은 서로 통하는 점이 있었다고 나는 생각한다. 「사죄청구」로 가자는 김경득의 생각과 그것을 곧 받아들인 송씨의 생각. 이는 내 자신이 품고 있던 생각과도 연결되어 있다는 느낌이 들었다.

개인적으로는 김경득의 이야기를 듣고 『100인의 재일코리안』(良智會編, 三五館, 1997년)이란 책에 원고를 실은 적이 있었다. "한국인 사회로부터 도피하는 것, 자신의 내면에 있는 한국적인 것을 배제하려는 것이 언젠가부터 습관이 되어있었다"는 김경득이 와세다 대학을 졸업할 때 "일류 상장회사는 99.9% 어렵다. 이류 이하의 회사에서는 사장이 좋은 사람이기만 하면 취직이 가능할지도 모르니까 등록이나 해두세요" 라는 이야기를 취업과에서 들었던 것이 결정적인 계기가 돼서 일본 사회의 차별로부터 도망가는 것이 아니라 맞서 나갈 것을 결의하였으며, 그 때까지 모두가 무리하다고 체념하였던 외국인 사법연수생 제1호가 될 때까지의 경위를 차분하게 들었다. 사법고시에 합격해서 변호사가 되지 않아도 좋다는 각오를 단단히 하고 있던 김경득은 "(최고재판소를 상대로 하여) 재판이 시작되면 라면 가게부터 시작해서 돈이 모아지면 점포를 차리고, 더 많이 모아지면 한국에 농장을 만들 생각이었다"는 이야기를 하였다. 자기처럼 비굴하게 살았다가 자기탈환을 모색하는 '在日' 2세·3세를 수용 할 수 있는 농장을 만들고 싶다고.

그 글의 마지막에 나는 다음과 같은 식으로 결말을 지웠다.

> "때로는 마찰을 피하지 않고 항상 자신의 생각을 명확하게 밝히는 그 자세는 혼자서의 투쟁을 스스로 선택한 사람의 강인함을 느끼기에 충분하다. 강인함이란 자신에게 정직한 것을 의미한다고 가르쳐준 사람이다."

김경득은 내가 가장 존경하는 재일한국인 선배다. 무엇을 희망하거나 무엇을 기대하더라도 재일한국인에게는 어렵다고 처음부터 체념하거나 상처입는 것을 피하려는 습성을 가지고 있는 나는 김경득의 도전을 알았을 때, 스스로가 부끄러웠고 깊이 반성하였다. 그리고 김경득의 각오를 진심으로 존경하였으며 그 인품을 경애하였다. 김경득을 만난 것은 나에게는 큰 재산이라고 생각한다. 김경득이 일본사회에 남긴 것, 재일한국인에게 준 것, 한국사회에 던져준 것을 깊이 받아들이고 이를 크게 육성하여 이를 재산으로 살려야만 한다고 생각한다.

6. 지방참정권 운동과 김경득

佐藤信行(在日韓國人問題研究所)

2006년 5월 31일, 한국의 지방선거에서 '재한외국인'이 처음으로 한 표를 던졌다. 이는 아시아에서는 첫 쾌거이다. 한국에서 외국인의 지방참정권이 실현되는 과정에서 '재일 코리안'의 역할은 결코 작은 것이 아니었다고 말할 수 있다.

1. 재일 코리안의 투쟁

1965년 한일조약이 체결되었다. 그러나 여기에는 '역사의 청산'이 이뤄지지 않았으며, 무권리인 상태로 방치되어 있던 재일 코리안에게 '협정영주(協定永住)'란 '자격'이 부여되었음에 불과하였다. 즉 '협정영주'는 단순한 '자격'에 지나지 않으며 본래 구 식민지출신자에게 보장되어야할 '영주권'이 아니었다.

따라서 재일 코리안은 자력으로 민족차별과 싸워 권리를 쟁취할 수밖에 없었다. 그것이 1990년대 이후 팽배하여 일어났던 민족차별 철폐

투쟁이다. 그 투쟁 가운데 '在日' 2세 김경득이 있다.

1980년 9월 在日 1세 韓宗碩 씨가 도쿄 신주꾸 구청에서, 같은 해 11월 崔昌華 목사가 北九州 고꾸라기따구(小倉北區) 구청에서 외국인등록법(외등법)상의 지문날인을 거부하였다. 지문거부투쟁은 '在日' 2세, 3세를 중심으로 요원의 불꽃같이 전국으로 퍼졌다. 1985년 여름 지문날인을 거부하거나 유보한 재일 코리안 등의 외국인은 1만 명을 넘었다.

이 투쟁은 '단 한 사람의 반란'으로 불리웠듯이 재일 코리안에게 있어서는 남북분단의 정치적 이데올로기에 짙게 물들어 지배되었던 민족조직의 틀을 벗어나 개인의 주체적 결단에 의한 스스로의 투쟁으로 전개되었다. 이 투쟁은 1970년의 朴鐘碩 씨의 취직차별 철폐투쟁, 76년의 사법연수원 국적조항 철폐투쟁을 효시로 하는 재일 코리안 2세들의 투쟁, 즉 '在日'의 민족차별 철폐투쟁의 새로운 전개로서 그 때까지의 '정치운동', '사회운동'과 질적으로 다르게 확대되어 갔다. 1955년의 지문제도의 실시로부터 해마다 날인을 거부하는 재일 코리안은 산발적으로 계속 있었으나, 이것이 80년대에 들어서는 대중적 '거부운동'으로 전개되었다.

그리고 전국 각지에서 지문 거부자와 함께 투쟁하는 시민단체가 150개 가까이 만들어졌다. 이는 외국인등록령의 도입(1974년)부터 지문제도의 강행 실시(55년)에 이르는 과정에 있어서 우리들 일본인이 이들을 무시하고 무관심으로 용인하는 가운데 재일 코리안이 고립무원의 상태에서 반대투쟁, 거부행위를 할 수밖에 없었던 것과 크게 다른 점이다.

더욱이 지문거부 재판이 각지에서 열렸다. 지문거부죄를 둘러싼 형사재판, 지문거부를 이유로 한 재입국 불허나 부당 체포를 둘러싼 재판 등 그 수는 150건 이상이었다. 김경득 씨도 지문을 거부하였으며, 지문거부자의 변론을 맡았다.

이러한 재판투쟁은 (1) 그 때까지 법무관료와 검찰 관료만이 숙지하고 있던 지문제도를 비롯한 외국인 등록제도의 도입과정과 현재의 운용

실태를 백일하에 폭로하였다. (2) 국제인권규약과 난민조약의 비준과 어우러져 당시까지 자명한 것이었던 '일본국민' 대 '외국인'이란 절대적 이분론을 상대화 시키고, 일본사회에 '정주외국인'이란 개념을 정착시켰으며, '안으로의 국제화'의 과제로서 제기되었다. (3) 지문 거부자 한 사람 한 사람의 증언을 통해서, 특히 '在日'의 역사성과 생활실태를 노출시키었다. 즉 재판 투쟁은 법정 뿐만이 아니라 매스컴 등을 통하여 널리 이러한 내용들을 '일본사회의 과제'로서 발신한 것이다.

나아가 지문거부운동의 특기할만한 의의는 지역사회를 구성하는 '외국적 주민'이란 개념을 정립하였다는 것이다. 지문 거부는 외등법의 근본적 개정을 요구하는 것이었으며, 이는 정부, 법무부 및 국회를 향한 투쟁이었다. 그와 동시에 80년대 지문거부운동에서는 창구에서 외국인에게 지문을 날인시키는 업무 등의 외국인등록 업무를 '기관 위임사무'로서 시행하고 있는 지방자치체에 대하여 교섭이 거듭되었다. 이런 가운데 우리들은 같은 지역에 살며 일본인과 똑같이 세금을 납부하고 주민으로서의 의무를 다하고 있는 외국인을 자치체는 '주민'으로서 대우할 것을 요구하였다. 이에 자치체 중에는 神奈川縣의 川崎市나 東京都의 町田市 처럼 법무부의 통달에 따르지 않고 '자치체'로서 독자의 판단과 대응을 할 수 있게 되었다. 즉, 지문거부운동은 지금까지 지역에서 생활하는 외국인의 모습을 보지 못하였던 우리들 일본인 및 자치체에 대해 '주민으로서의 외국인'의 존재와 그들의 의사를 인식시키는 계기가 되었다. 이것이 90년대 이후의 지방참정권 운동의 준비였다고 말할 수 있을 것이다.

1980년대에는 지문거부운동을 '구심축'으로 하여 지방공무원과 공립학교 교원채용시의 국적조항 철폐투쟁, 일본학교에서 재일 코리안의 교육권을 둘러싼 투쟁 등, 재일 코리안의 권리를 둘러싼 여러 가지 과제가 제기되었으며, 각지에서 투쟁하였다. 그리고 90년대 이후에는 이주노동자와 이주자의 인권문제와 함께 전후보상 재판이 전개되었다. 이러한 과제에 김경득은 변호사로서, 재일 코리안 2세로서 당연히 맞붙었다.

2. 재일 코리안과 지방참정권 운동

재일 코리안이 지방참정권획득을 '운동'으로서 최초로 제기한 것은 1975년 崔昌華 목사가 北九州 시장에게 보낸 공개 질문장에서 비롯되었다고 한다(田中宏, 「일본에서의 외국인 지방참정권－그 역사와 현재」 『일·한「공생사회」의 전망』(2006, 新幹社).

그러나 운동으로서 구체적으로 전개된 것은 1990년대 이후이다. 최창화 목사가 최초로 제기한 후 15년이 지나서 지방참정권 운동이 시작된 것이지만 김경득의 말을 인용하면 "국적차별 반대운동의 연장선상에서 국적보유자에게만 인정할 수밖에 없다고 생각하였던 참정권에 대해 90년대에 들어서면서 지역주민의 입장에서 지방참정권 획득운동이 전개되었다"고 한다.(「재일코리안에게 있어서 국적과 지방참정권」이란, 『일·한'공생사회'의 전망』). 외등법의 지문제도를 전폐하는데 20년이 걸렸듯이, 국적조항의 벽과 동화의 높은 압력으로 인해 1970년대, 80년대의 재일 코리안에게 지방참정권 획득은 '아직 먼 과제'였다.

1990년 11월 金正圭 씨 등이 '선거인명부 부등록처분'의 취소를 요구하는 소를 제기하였다. 93년 9월 大阪府 岸和田市 議會가 「정주외국인의 지방참정권을 구하는 의견서」를 채택하였다. 그리고 최고재판소는 1995년 2월 "법률로 지방참정권을 부여하는 것이 헌법상 금지되어 있지는 않다. … 위와 같은 조치를 강구할지의 여부는 전적으로 입법정책에 관한 사항"이라고 판결하였다. 이러한 최고재판소 판결을 계기로 지방의회 의견서 채택을 시작으로 지방참정권 획득운동이 확대되어 갔다. 1998년 10월 민주당과 공명당, 평화개혁당에 의하여 지방참정권법안으로서 「영주외국인 지방선거권 부여법안」이 처음으로 국회에 제출되었다. 그 해 12월 공산당이 '영주외국인지방선거권·피선거권 부여법안'을 제출하였다.

1999년 10월 자민당·자유당·공명당의 3당 연합정권 하에서 "영주외국인 지방선거권 부여"가 합의되었다. 그러나 "참정권은 국민 고유의 권리다"(『產經新聞』 2000년 9월 18일), "일본을 원망하고 있는 '영주외국인'에게 일본의 참정권을 부여하는 것은 일본을 분열시키는 계기가 된다"(『產經新聞』 2000년 9월 22일)는 등의 반대 캠페인이 거칠게 일어났다. 이는 국정참정권과 지방참정권의 구별도 없는 것으로, 논리 이전의 선정적 발언이었지만 자민당 의원의 거의 절반과 민주당 의원중 일부가 동조하였기 때문에 법안 성립이 좌절되고 말았다.

2001년 4월 '영주외국인 지방선거권 부여법안'의 대체안으로서 여당 프로젝트팀이 '특별영주자의 국적취득 특례법안' 요강안을 정리하였다. 이는 재일 코리안 등 특별영주자가 일본국적을 취득할 때, 현행의 '허가제'가 아니라 조건없는 '계출제(屆出制)'를 도입한다는 것이었지만 법안 제출까지는 이루어지지 않았다.

한편 공명당은 여당으로서 고육지책으로 '조선적'(외국인 등록에'조선'이라고 표시되어 있는 자)을 제외한 영주외국인 지방선거권 부여법안을 제출하기도 하였고(2000년 1월), 상호주의에 의한(실질상은'조선적'을 배제) 법안을 제출하였지만(2005년 10월), 어느 것도 자민당 내의 합의를 얻지 못하고 위원회에서 채택되지 않았다.

3. 지방참정권을 실현시키는 日·韓·在日 네트워크

2004년 8월 21일 김경득의 부름을 받고 우리들은 그의 J&K 법률사무소에 모였다. 당일 참석한 사람은 田中宏 씨와 2000년에 결성한 우리들의 '在日韓國朝鮮人을 비롯한 외국적 주민의 지방참정권을 요구하는 연락회'사무국의 멤버들과 재일본 대한민국민단 국제국 직원들이었다.

일본의 국회에서는 1998년에 지방참정권 법안이 제출된 이후 중의원 해산에 따라 폐안－재제출－폐안을 반복하고 있었다. 이러한 교착상태를 타파하기 위해 한국과 일본에서 동시에 지방참정권을 실현하자는 것이 김경득의 제안이었다. 한국에서도 2001년에 외국인 지방선거법 부여법안이 국회에 제출되었지만 실현되지 않았다. 이런 어려운 상황 하에서 한국과 일본에서 실현하기 위해 필요한 것이란 무엇일까, 어떻게 해야 좋을지 우리는 의논을 거듭하였다.

모임의 명칭을 '정주외국인의 지방참정권을 실현시키는 日·韓·在日 네트워크'로 하고 공동대표를 田中宏과 金敬得 외에 內海愛子와 朴慶南에게도 부탁하기로 하였다. 그리고 2004년 9월 일본인과 재일 코리안에게 찬동회원이 되어주기를 호소하기 시작하였다. 단 한달만에 300명에 가까운 찬동을 얻을 수 있었으며, 재일 코리안 찬동자의 다수는 金敬得의 호소에 쾌히 응해준 사람들이었다. 나는 찬동회원의 명단을 작성하면서 그들이 지금까지 쌓아온 신뢰 위에 성립된 폭 넓은 인맥에 새삼 감탄하였던 것을 기억하고 있다.

우리들은 일본사회와 한국사회에 대해 '외국인의 지방참정권'을 폭넓게 호소하기 위해 일·한·재일 심포지엄을 준비함과 동시에 팸플릿을 작성하기로 하였다. 팸플릿을 공동집필하면서 '새로운 변화'를 알게 되었고, 우리들은 큰 용기를 얻을 수 있었다. 그중 하나가 한국과 일본에서의 '주민투표'였다.

일본에서는 자치체가 조례를 제정하여 주민투표를 실시하지만, 한국에서는 전년(2003년) 12월에 「주민투표법」이 국회에서 가결되었으며 각 자치체는 2004년 7월부터 시행하였다. 이 「주민투표법」에 근거하여 조례를 제정하고, 주민투표를 실시하였다. 또 「주민투표법」에서는 영주자 뿐만 아니라, 재류자격 변경이나 재류기간 연장으로 한국에 계속해서 거주하는 20세 이상 정주외국인에 대해서 주민투표의 청구권이나 투표권을 인정하고 있었다. 팸플릿『일본과 한국－정주외국인의 지방참정권·2004』의 제1장을 김경득은「외국인 참가를 실현한 한국의 주민투표법」이란 제목으로 기쁘게 집필하였다.

또한 일본에서도 2002년 1월 滋賀縣 米原町의 주민투표 조례를 효시로 하여, 영주외국인 등에게 주민투표에서 투표권을 인정하는 조례를 제정한 자치체는 이미 150여 곳에 달하였다(2004년 10월 현재). 민단 국제국이 작성한 자세한 리스트를 보면 거기에는 지역사회의 "생활의 실상에 근거한 소박한 논의," "주민으로서의 소박한 의사"가 고동치고 있는 것 같이 생각되었다. 이 점에 관하여는 같은 해(2004년) 11월에 개최한 도쿄 심포지움에서 樋口直人가 같은 표현으로 다음과 같이 정확한 지적을 해주었다.

> "외국인은 지역사회에 생활기반을 두고 있으며, 의무를 다하는 중요한 구성원이므로 주민으로서 참정권을 인정해야만 한다. 이것이 지방의회에 의한 외국인 지방참정권 부여의 논지이며, 한편 생활의 실상에 근거한 소박한 주장이라고도 해석할 수 있다. 다른 한편으로는 국민사회가 아닌 지역사회와의 연결된 권리의 원천을 찾을 수 있다는 점에서 생활상의 실감이 국민과 국민과의 결합을 넘어선 급진적 생각의 표명이라고도 말할 수 있을 것이다.('지방시민권-국민국가를 어떻게 초월할 것인가.'『일·한'공생사회'의 전망』)

심포지움을 한일 동시통역으로 진행하기 위해 사전에 樋口가 보내준 강연원고를 김경득과 함께 읽으면서, 그는 이 '지방시민권'이란 개념을 높이 평가하였으며 나는 새로운 이론적 틀을 제공할 수 있다는 생각에 감동하였다.

2004년 11월 7일 우리들은 재일본 한국 YMCA에서 일·한·재일심포지움을 개최하였다. 김경득의 초청으로 한국에서 鄭印燮 교수(서울대학교 법과대학)와 李錫兌 변호사(민변 회장)가 와서 강연해 주었다. 그리고 다음 날 이 두 사람과 우리들은 국회를 돌며 각 정당에 요청서를 제출하였다.

이어 11월 24일 서울에서 심포지움을 개최하였다. 김경득은 한국에서의 강연을 언제나와 같이 여기서도 한국어로 말하였다.

이 심포지움은 정인섭 교수가 주관한 것이었으며, 그는 우리들을 서울 명동에 있는 화교협회로 안내해 주었다. 왜냐하면 한국의 정주외국인의 대부분이 '在韓華僑'이기 때문이다. 그리고 심포지움 다음 날에는 청와대와 행정자치부, 국회 의원회관에서 각 정당을 돌며 요청서를 제출하였다.

화교협회를 방문하였을 때 우리들이 들은 이야기는 한국에서의 '화교차별'의 심각한 실태였다. 이 문제는 이제까지 한국에서도 자주 지적되어 왔으며, 동경 심포지움에서 이석태 변호사가 상세히 이야기 하였지만 우리들에게는 매우 충격적이었다.

하지만 동시에 지금 한국에서도 이러한 차별의 실태를 극복해 나가려고 한다는 사실도 그 다음 날 행정자치부나 각 정당을 방문하면서 강하게 인상을 받았다. 국내의 인권기관으로 '국가인권위원회'를 창설하여 정주외국인에게 투표권과 청구권을 인정하는 '주민투표법'을 시행하는 등, 치열한 투쟁으로 민주화를 달성한 한국에서는 지금 '민주주의의 과실'을 한국사회의 피차별자·마이너리티(소수자)가 향유하도록 이러한 인권보장과 사회참여 시스템을 구축하려는 사실을 알게 되었기 때문이다.

서울로부터 돌아오는 비행기 안에서 김경득과 나는 '확실한 반응'이 있었던 점에 솔직히 기뻐하였다. 그러나 "길은 아직 멀다"는 점을 각오해야만 하였다. 그는 또한 "在日이 在日로서의 주장을 본국에 한국어로 말하지 않으면 한국은 바뀌지 않는다"라는 지론도 역설하였다.

우리들은 2005년 4월 5일 참의원 의원회관에서 '다국적·다민족시민의 원내집회'를 열고 33개국·147명의 외국적 시민이 연명한 공동성명을 국회에 제출하였다. 지방참정권의 과제는 在日 코리안만의 문제가 아니라, 다국적·다민족사회로 구성되어 있는 일본사회의 긴급 과제라고 어필하였었기 때문이었다. 실제 재일 코리안 등 '특별영주자' 47만명 외에도 '영주자'가 31만 명, '정주자'가 25만 명, '일본인의 배우자 등'이 26만 명, '영주자의 배우자 등'이 1만 명이 되어(2004년 말·외국인 등록자수), 일본에 생활의 본거지를 둔 '정주 외국인'은 적어도 130만 명 이상이 되기 때문이다.

6월 14일, 월말로 예정되어 있는 '한일 수뇌회담'을 앞두고 우리들은 고이즈미 수상과 노무현 대통령에게 각각 요청서를 보냈다.

이 요청서를 일본정부는 무시하였다. 그러나 한국정부로부터는 다음과 같은 '답변'이 J&K 법률사무소로 왔다.

> "귀하로부터 대통령 비서실에 제기된 민원이 우리 위원회에 이첩되었으므로 다음과 같이 회답합니다.
>
> 정주외국인 선거권 부여와 관련하여 … 19세 이상의 외국인에게 지방자치단체의회 의원 및 장의 선거권을 부여하는 내용의 공직선거법 개정안이 2005년 6월 30일, 국회를 통과하였다는 점을 알려드립니다.
> 2005년 7월 5일 중앙선거관리위원회 위원장"

이 '낭보'를 우리들은 일본이나 한국의 보도기관이 아니라 한국정부의 '답장'으로 알게 되었다 .

우리들은 '한국에 이어 일본에서도 지방참정권의 실현을'이란 제목으로 긴급성명을 냈으며, 김경득은 『아사히신문(朝日新聞)』(8월 13일)에 기고하였다. 그는 다음과 같이 썼다.

> "유럽연합(EU) 내에서는 지방참정권의 상호승인을 실현하고 있다. 지방참정권의 상호승인은 동아시아에서도 다민족 공생사회의 실현과 동아시아 공동체 구축을 향한 착실한 일보가 될 것이다."

4. 재일동포의 투쟁

2005년 9월 7일 우리들은 전년 11월에 동경과 서울에서 열린 심포지엄의 기록을 책으로 만들기로 하였다. 이 회의가 김경득이 주재한 최후의 회의가 되었다. 그는 다음 날 급히 입원하여 검사를 받게 되었기 때문이다.

그래도 그는 병실에서 서울로 전화를 걸어 정인섭 교수에게 원고의 가필을 의뢰하였다. 2주 후 정인섭 교수로부터 보내온 원고는 지방참정권이 실현된 새로운 상황에 입각해서 전면적으로 다시 작성되었다.

거기에 정교수는 2002년 2월 한국국회에서 외국인지방선거권 부여법안이 '무산'된 경과를 회고하면서 2005년 6월 국회에서 가결·성립된 것에 관해 이렇게 기술하였다.

> "한국의 외국인 지방선거권 인정은 그 수혜자인 화교들의 요구가 사회적으로 크게 표면화되지 않은 가운데 부여되었다는 점에서 당사자의 요구가 앞서고 있는 일본에서의 외국인 지방참정권 획득운동과는 크게 다르다. 반면 재일동포의 지방참정권 획득을 지지한다고 하는 명분이 없었다면 과연 이렇게 쉽게 인정되었을까라는 의문이 생기는 것도 사실이다."

한국국회에서 2003년 12월 주민투표법이 심의될 때도, 그리고 2005년 6월 개정공직선거법이 심의될 때도 외국인의 투표권부어에 대해서 별다른 이론이 제기되지 않고 가결되었다. 즉 그 배경에는 일본에서의 '재일동포의 투쟁'의 정당성이 있었기 때문이다. 이것은 또한 김경득이 착상한 '在日－한국－일본'의 삼자를 연결하는 싸움, 연대하는 투쟁이 필요하며 유효하다는 점을 보여 주는 것이었다.

2006년 5월 31일－한국에서 지방선거가 실시되었다. 투표권이 있는 외국인은 영주자격을 취득하고 3년 이상 경과한 19세 이상의 자로 되어 있으며, 대만인 6511명, 일본인 51명 외 17명이었다 (중앙선거관리위원회).

서울의 화교협회 사무소에서 민족차별의 아픔을 절실하게 이야기하였던 在韓 2세가 이 날 투표소로 향하는 밝은 표정도 보이지 못하고, 또 언젠가 그의 아들이 한 표를 행사하는 모습도 보지 못한 채 김경득은 세상을 떠났다.

5. 김경득에 대한 추억

지금은 60명 이상의 재일 코리안 변호사가 탄생하였다. 그 다수가 재일동포의 인권문제 뿐만 아니라 이주노동자·이주여성·난민의 인권문제 등도 적극적이며 과감하게 다루고 있다.

김경득은 1976년에 사법시험에 합격하였으나 최고재판소로부터 사법연수원의 입소를 거부당하자, 끝까지 투쟁할 것을 결심하였으며 당시 내가 근무하고 있던 '季刊三千里' 사무소에 왔을 때의 일을 어제 같이 생생하게 기억하고 있다.

그는 田中宏와 幼方直吉, 原後山治 변호사들과 최고재판소와 투쟁해 처음으로 외국국적인 상태로 사법연수원에 입소하여 변호사가 되었다. 그의 투쟁이 없었다면 아직까지도 있을 수 없는 일이라는 사실을 통감한다.

그가 법정에서 눈물을 흘리는 장면에 우연히 마주친 것도 생각난다. 한 번은 1985년 10월 8일 요코하마 지방법원에서 川崎의 지문거부자 이상호의 재판에서의 일이었다. 이상호는 왜 지문거부를 하였는지를 자신의 성장배경으로부터 '在日'로 살아갈 결의를 할 때까지를 상세히 이야기하였다. 이상호의 진술 후 일어선 김경득은 고개를 숙인 채 변론을 할 수 없었다.

또 하나는 2004년 12월 25일 최고재판소 대법정에서 鄭香均의 재판(도청 임용차별 재판)이었다. 정향균의 진술 후 일어선 김경득은 머리를 숙이고 있다가 잠시 후 변론을 시작하였다.

김경득에게는 이상호의 반생도 정향균의 반생도 '在日' 2세로서 너무나도 같은 '자신의 역사'가 있었기 때문일 것이다. 일본인인 나의 반생도 在日 2세의 이 눈물과 함께 있었던 점을 새삼 느끼고 있다.

신념을 굽히지 않는 강인함에도 불구하고 김경득은 누구와도 대등하게 대하는 겸손함과 성실함을 함께 갖추고 있었다. 그가 없이는 이뤄질 수 없었던 것도 수없이 많다. 그의 제안으로 시작된 '참정권네트워크'도 목표의 하나는 달성하였다. 그러나 또 하나의 목표, 우리들의 중심적 과제는 아직 실현되지 않았다.

7. 도청 임용 국적차별 철폐재판

水野精之(定住外國人의 公務員 採用을
實現하는 東京連絡會)

2005년 1월 최고재판소 대법정은 외국적 직원을 관리직으로 인정할 것인지의 여부를 자치체의 판단에 맡긴다는 판결을 내렸다. 15명의 재판관 중 2명이 반대하였다. 그 중의 한 명 泉德治 대법관은 김경득의 사법연수생 채용문제를 담당하였던 최고재판소 임용과장이었다. 소위 상대편의 담당자였다. 泉德治는 판결 중에 "특별영주자가 통상적인 생애에 걸쳐 소속하게 될 공동사회에서 자기실현의 기회를 얻고 싶다는 의사는 충분히 존중받아야 하므로, 특별영주자의 권리를 제한하는 것에 관해서는 보다 엄격한 합리성이 요구된다"고 하였다. 그 또한 우리들과 같이 김경득과의 관계에서 무엇인가를 얻었을 것이다.

공무원의 채용이나 승진에서는 대부분의 경우 "일본국적을 소유한 자에 한한다"라는 제한이 있다. 보건사로 동경도에 채용된 정향균은 94년에 관리직 선발시험의 국적제한에 대항해서 수험자격의 확인을 요구하였었다. 외국인 사절의 본고장, 도청 내부로부터의 소송은 국적제한

이 헌법상의 '직업선택의 자유''법 앞에 평등'이나 노동기본법 제3조의 "사용자는 노동자의 국적, 신념 또는 사회적 신분을 이유로 임금, 노동시간, 기타 노동조건에 관해 차별을 해서는 아니된다"는 조항에 위배되는지의 여부가 쟁점이 되었다.

변호인단은 지문날인 문제와 花岡事件을 담당하였던 新美隆, 같이 지문날인 문제를 담당하였던 전직 도직원 虎頭昭夫, 당시의 우리법률사무소와 J&K 법률사무소의 黃泰陳·張界滿·尹徹秀, "在日의 현재의 문제를 담당하고 싶다"며 참가한 平湯眞人, 김경득은 양문수 변호사와 함께 처음부터 참가하였다.

"국적에 의한 차별에 맞서는 것은 샌프란시스코 강화조약 이전에 만들어진 것에대한 … 역사적 사명"이라는 그의 열변으로 시작된 재판은 96년 5월 동경 지방법원에서의 패소, 97년 11월 동경 고등법원의 역전 승소, 2005년 1월의 최고재판소 대법정 판결까지 10년이란 세월이 흘렀다. 일관되게 총론과 '在日'의 역사성 부분을 담당하였다. 전후 在日의 운동이 마침내 대법정의 문까지 이르렀으며, 처음으로 '在日'인 원고가 의견진술을 하고 '在日'변호사가 변론을 하게 되었다. 문자 그대로 그의 최후의 변론은,

> "법무성 입관국의 고관은 국민과 외국인의 차이는 국가의 위급존망 시에 자국을 위해 총을 잡을 것인가 그러지 않을 것인가에 있다고 변론한 적이 있다. 한국과 북한을 조국으로 하고 일본에서 성장한 재일한국·조선인은 일·한, 일·조간에 평화를 위해 솔선할 수는 있어도 조국, 길러준 나라 어느 쪽을 위해서도 총을 잡아서는 안 될 존재이다."
>
> "약 770여 명의 외국인이 공무원으로 채용되었다. 그 대다수가 한국·조선인이다. 그들은 지역사회에서 민주주의와 기본적 인권의 존중, 평화주의라는 일본국헌법의 이념 하에 공무에 종사하고 있으며, 존재 그 자체가 일본과 본국과의 가교임과 동시에 양국에 평화의 메시지를 전달하는 존재이다.'(2004.12.15 최고재판소 대법정)이었다."

94년 봄이었다고 생각된다. 당시 7층에 있었던 '우리법률사무소'에서 우리들은 김경득에게 부탁하였다. 도청의 在日 직원이 있는데 모집요강에는 도청의 잘못으로 국적조항이 명기되어 있지 않음에도 불구하고 등등의 이야기를 하였다. 상대방 道知事는 '在日'의 참정권을 '정지' 시키고, 또한 '지방공무원법'을 만들었던 鈴木俊一이었다. 조합으로부터의 정보에 따르면 상대방도 철저하게 응한다는 소문이 나 있었다. 이에 '在日'도 거칠고 젊어서 경우에 따라서는 형사사건으로도 대응할 수 있는 변호사가 어디 없을까요.

"재일의 변호사는 이미 20명을 넘었지요. 합격자가 나오면 일단 전화부터 합니다. 그렇지만 너희들처럼 주저앉아만 있는 녀석들을 만나면 … 또 오라"고 하고 말 그대로 다시 갔다. 김경득은 "나보다 과격한 재일변호사가 있는가"라며 좀 피곤한 듯한 표정을 지으며 웃으면서 말하였다. 이런 표정은 죽기 전 병문안하고 돌아오는 역 앞에서 "또 만나자"라는 말을 들었을 때와 똑같이 웃는 모습이었다.

Ⅲ. 변호사 김경득의 법정 활동기록

1. 사법연수생 임용 청원서
2. 사할린 동포 귀환청구 재판 보고
3. 김현조 국민연금 소송 판결문
4. 이상호 지문날인거부 소송 변호인 진술서
5. 석성기 원호보상 청구소송 판결문
6. 정향균 관리직 임용청구소송 변론요지

1. 사법연수생 임용 청원서

청 원 서

1. 저는 昭和 51년 10월 9일 사법시험 제2차 시험에 합격하여 같은 해 10월 18일 昭和 52년도 사법연수생 채용선발 신청서류를 제출하여 수리되었습니다.

그런데 다음날 최고재판소 사무총국 인사국 임용과장으로부터 제가 대한민국 국적이기 때문에 선발 결격사유 제1호(일본 국적을 보유하고 있지 않은 자)에 해당한다는 취지를 전하며, 사법연수생 채용신청 수리원이란 서류를 이미 제출이 끝난 신청서류에 추가할 것을 요구하였습니다. 그 내용은 "사법연수생 채용결정까지 귀화를 조건으로 선발신청을 제출하였으므로 신청서류의 수리를 부탁드립니다"라는 것이었습니다. 만약 제가 귀화 신청을 하지 않을 경우 사법연수생 채용건은 어떻게 되는 것인지를 묻자, 최종적으로는 재판관 회의에서 결정되겠지만 내년 4월 채용은 어려울 것이라는 회답을 얻었습니다.

저는 대한민국 국적을 보유한 채 사법연수생에 채용되기를 바라므로 본 청원을 하는 바입니다.

2. 저는 일본 국적을 보유하지 않으면 사법연수생이 될 수 없다는 이야기는 들었습니다만, 그것이 어떠한 법적근거와 경위에 근거한 것인가에 대해서는 잘 모릅니다. 저는 그러한 결격사유는 변호사가 되려고 하는 자에게까지 적용되어야 한다고는 생각하지 않았기 때문에 시험에만 합격한다면 대한민국 국적을 소유한 채로 사법연수생에 채용될 수 있다고 믿고 있었습니다.

저는 변호사를 지망하고 있으며 이를 위해 사법연수생에 채용되기를 원하고 있습니다. 변호사는 재판관·검찰관과는 달리 공권력을 행사하는 것이 아니라, 사인의 입장에서 기본적 인권의 옹호와 사회정의의 실현에 진력하는 것을 사명으로 하고 있습니다. 이러한 변호사의 직업적 성격을 일본국 헌법의 정신에 비춰 본다면 외국인이 변호사가 되지 못할 이유는 없다고 생각합니다(현 변호사법이 외국인이 변호사가 되는 것을 배제하고 있지 않은 것은 이러한 이유를 고려한 것이라고 생각합니다). 오히려 국가간의 교류가 현저히 진전됨에 따라 재류 외국인에 관하여 여러 가지 인권문제·법률문제가 발생하고 있는 현 상황에서는 외국인 변호사의 존재가 필요시 되는 것은 아닐까요. 특히 일본에 재류하는 외국인의 85% 이상을 재일한인(한국적·조선적을 불문하고 민족으로서)이 점유하고 있다는 점, 그들이 일본사회에 생활의 근거를 두고 있다는 점을 생각하면 재일한인 변호사의 존재는 한층 강력하게 요청되리라고 말할 수 있을 것입니다.

외국인도 일본인과 동등하게 변호사가 될 수 있어야 된다고 한다면 변호사가 되기 위한 길도 일본인과 동등하게 열려 있어야만 할 것입니다. 외국인이라는 이유로 일률적으로 사법연수생이 될 수 없다고 한다면 이 길을 막는 것을 의미합니다. 사법연수생 채용선발 결격사유 제1호는 적어도 변호사가 되려는 외국인에게 적용되지 말아야 한다고 할 수 있지 않겠습니까.

만약 지금 당장 외국인에게 일본인과 동등한 조건으로 변호사 자격을 인정할 수 없다고 할지라도 재일한인에 대해서는 특별한 배려가 있어야 마땅하지 않을까요. 왜냐하면 재일한인은 본국과 일본과의 특별한 역사적 경위에서부터 일반 외국인과는 다른 지위(法 126호 해당자나 협정영주권자 – 저 자신은 후자에 해당합니다)를 가지고 있기 때문입니다.

3. 이 사안이 저 개인이 사법연수생이 될 수 있는가 없는가의 문제라고 생각한다면 제가 일본국에 귀화하면 해결 될 수 있을 것입니다. 그러나 저는 이 일이 저 개인의 문제에 그치지 않고, 일본에 사는 65만 동포의 권리에 관한 문제라고 생각하였으며, 개인적 해결(귀화)을 할 문제가 아니며, 이는 일본의 민주화에도 연결되는 것이라고 생각하는 바입니다.

민주주의란 개인의 인간으로서의 권리와 자유, 개인의 존엄이 최대한도로 존중받는 사회체제의 실현을 목표로 하는 것입니다. 가치관은 다양하며 개개인은 이질적이므로 소수자의 권리존중이 민주주의 사회의 실현을 위해서는 불가결한 것 입니다.

그런데 오늘날 일본사회에서는 재일한인의 민족적 특성, 소수자로서의 권리가 반드시 존중받고 있지 못한 상황입니다. 재일한인 개개인은 일본사회의 뿌리 깊은 차별과 편견 때문에 인간으로서의 기본적 권리나 개인의 존엄을 위협받고 있습니다.

저는 어렸을 때부터 한국인으로 태어난 것을 한스럽게 생각하였으며, 자신을 보호하기 위해 일체의 한국적인 것을 배제하려고 노력해 왔습니다. 초등학교, 중학교, 고등학교, 대학교, 해를 거듭하며 일본인처럼 행동하는 것이 습성이 되었습니다. 그러나 일본인의 차별을 피하기 위해 일본인처럼 가장하는 것은 매우 고통이 따르는 것이었습니다. 대학 졸업이 가까와 짐에 따라 한국인이라는 것을 알아차릴까봐 주위에 신경을 쓰며 전전긍긍하며 살아가는 것의 비참함을 견딜 수가 없었습니다. 일본인처럼 보이기 위해 낭비한 노력의 바보스러움을 통감하게 되었습니다.

돌이켜보면 노력을 기울여야 할 부분은 차별을 없애는 것이지, 일본인으로 가장하는 것은 아니었습니다. 저는 이러한 생각을 하게 되었습니다.

차별에 대처할 재일한인의 살아갈 방도는 한편으로는 조국의 통일을 빨리 실현해 조국과 일본과의 관계를 정상적으로 하는 것이며, 다른 한편으로는 개개인의 생활의 현장에서 한국인으로서의 구체적인 존재를 통하여 일본인의 의식 속에 있는 한국인관을 바꾸는 것입니다.

저는 대학 졸업 때 느꼈던 사회적, 직업적 차별을 계기로 일본인 앞에 한국인으로서 저의 존재를 나타낼 결심을 하였습니다. 동시에 일본에 있는 한국인의 차별해소, 일본의 민주화를 위해 제가 할 수 있는 가장 효과적인 것은 무엇일까, 일본사회의 차별로부터 도망치듯이 살아온 과거 23년간의 공백을 되돌리는 길은 무엇일까, 대학 법학부에 진학한 것의 의미를 나타낼 수 있는 길은 무엇일까에 관해서 생각하였습니다. 그 종합적 결론이 사법시험에 합격해서 한국인 사법연수생, 한국인 변호사가 되는 것이었습니다. 이후 4년간 아르바이트로 생계를 유지하며 수험공부에 전력을 다해 드디어 올해 사법시험에 합격할 수 있었습니다.

이상과 같은 이유로 지금 사법시험에 합격하여 최고재판소로부터 국적변경을 강요받고 있는 시점에서 경솔하게 귀화신청을 하는 것은 저로서는 할 수 없는 일입니다. 이는 제가 변호사로서 설 자리 그 자체를 잃는 것을 의미하기 때문입니다. 귀화한 후 한국인 차별의 해소에 노력하면 될 것이고, 한국인을 위한 변호활동을 하면 될 것이라고 한다면, 귀화한 제가 어떠한 형태로 한국인 차별해소에 관련할 수 있고 귀화를 한 제가 어떻게 재일동포의 신뢰를 얻을 수 있을까요. 또한 한국인이라는 사실을 원망스러워 하며 가슴 아파하는 동포 자녀에 대하여 "한국인인 것을 수치스러워 하지 말고 강인하게 살아라"고 말해 봐도 이 말이 귀화한 인간의 말이라면 도대체 어떠한 효과가 있을까요.

일본사회의 한국인 차별이 없어지지 않는 한 저의 귀화는 어떠한 이유를 붙여도 결국은 어두운 그림자가 되어 따라 다닐 것입니다.

저처럼 자기 민족에게 등을 돌려온 인간이라도 지금 어떻게든 자기 자신을 찾을 수 있는 것은 제가 대한민국 국적을 보유하고 있기 때문에 가능한 것입니다. 저는 자신의 존재의의를 잃어버리게 하는 일본국으로의 귀화는 받아들일 수 없습니다.

4. 저는 일본에서 한국인의 차별해소가 일본의 민주화, 조국의 통일, 아시아의 연대, 세계평화로 이어질 것이라고 믿고 있습니다.

아무쪼록 최고재판소에서 저의 진정을 헤아려주셔서 대한민국 국적을 보유한 채로 사법연수생으로 채용될 수 있도록 부탁드립니다.

昭和 51(1976)년 11월 20일

金 敬 得

최고재판소 재중

2. 사할린 동포 귀환청구 재판 보고

해 설

과거 일제의 지배 하에 있던 남사할린에는 수 많은 한인들이 노무자로 연행되어 갔다. 제2차 대전 패전으로 소련령으로 복귀된 사할린에는 1946년 약 43,000명의 한인이 거주하였던 것으로 알려져 있다. 그들 대부분은 남한 출신으로 고향인 한국으로 귀환을 원하였다. 전후 일본은 사할린으로부터 자국민만을 송환시켰을 뿐, 일제의 필요에 의하여 데리고 갔던 한인들의 귀환은 외면하였다. 한국은 소련과 국교가 없어서 이들의 송환교섭을 할 수 없었다. 전후 일본인과 결혼한 소수의 한인들만이 일본인의 가족 자격으로 사할린을 떠날 수 있었으며, 나머지 대부분은 기약없이 사할린에 억류되고 있었다. 1975년 12월 4명의 재사할린 한인이 원고가 되어 일본국은 자신들을 일본으로 귀국시킬 것을 요구하는 소송을 일본 법정에 제기하였다. 후일 청구취지는 일부 변경되었으나, 일본정부가 재 사할린 한인의 귀환책임을 져야 한다는 근본 취지는 동일하였다. 김경득 변호사는 1979년 변호사 등록 직후부터 이 소송의 변호인으로 참여하였다. 일본 변호사연합회는 1981년 7월 18일 「樺太歸還在日韓國人會事件 第1次調査報告書」를 발표한 바 있는데, 이의 초안은 김경득 변호사가 집필한 것이었다. 본 재판보고는 서울에서 발간되는 "마당"이라는 월간지 1982년 10월호에 김 변호사가 기고한 원고로 사할린 한인 귀환소송의 배경과 당시까지의 소송경과를 잘 설명해 주고 있다. 직접 법정에서의 변론은 아니나, 김 변호사가 수행하던 재판의 내용을 보여 주고 있다는 점에서 법정활동의 일부로 수록한다.

한편 이 재판은 약 15년간이나 계속되다가 4명의 원고가 모두 죽거나 국제정세의 변화로 한국으로 영주귀환하게 되어 1심 판결조차 없이 1989년 6월 15일 종료되었다. 1990년 8월에는 사할린殘留 韓國人補償請求訴訟(제2차 소송)이 제기되었으나, 무라야마 내각이 사할린 한인을 위한 지원예산을 편성하게 됨에 따라 1994년 취하되었다.

"적막강산이다. 이곳에서 사망하고 말겠다"

여기에 한 통의 편지가 있다.

> "수 월간 소식을 몰라 궁금하다. 이곳 나은 조선 한국을 가서 너의들을 만나 보고 싶흔 생각 간절하여 모든 힘을 다하여 노력하여 왔으나 마음대로 되지 안코 정막 강산이라 날개라도 있다면 날너 가지만 마음만 답답할 뿐이다. 할수없시 이곳에서 사망하고 말겠다. 사망 날자은 다런 사람이 써서 보낼 것이다. 이곳 조선 한글 쓰는 사람이 없다.
>
> 안 태식 서신
> 한국 충청 남도 아산군 비아면 장재리

안 석환에게로 전함.
안 태식 사망일
음력 1980년 7월 28일 오전8시 사망
양력 1980년 9월 6일

이 편지를 받으시면 답을 꼭 보내주시기를 바랍니다.
유 만엽."

이 편지는 1980년 9월 29일 사할린에 살고 있는 유 만엽으로부터 동경에 있는 사할린 귀환 재일 한국인회 박 노학 회장에게 보내 온 것이다. 이 편지는 곧 바로 충청도에 살고 있는 안 석환에게 부쳐졌다. 편지의 내용에 관해서는 새삼 설명할 필요가 없을 것이다.

일본의 한국 식민지 지배기에 일본 관헌에 의해 사할린(당시의 일본식 지명은 '화태')으로 강제 연행된 뒤 해방 후 35년 동안 고향 땅, 처자와의 상봉을 꿈꿔 오다가 끝내 이루지 못한 채 69살의 나이로 세상을 떠난 한 한국인 노인의 유서라고 할 만한 것이다.

이 편지에 앞서 1976년 6월 27일 동경의 박 노학에게 소련 본토의 나호드카에서 전화가 걸려 왔다. 전화를 건 사람은 작년 11월 장모인 김 화춘의 성묘를 위하여 일본에 일시 귀국한 박 형주(작년 12월 오사까에서 한국에 살고 있는 두 명의 누나, 조카와 약40년 만에 상봉하여 대중 매체에 크게 보도됨)였다.

전화의 내용은 사할린으로부터 황 인갑(69세) 등 4명의 동포가 나호드카에 있는 일본 총영사관에 나와 일본 입국 허가를 신청하고 있지만 허가가 나오지 않고 소련 출국 허가 기한은 7월 5일인데 어떻게 하면 좋을까라는 호소였다. 일본 정부는 사할린 한국인으로부터 일본 입국 신청서를 접수하면, 그것이 일본 영주를 목적으로 하는 신청서인 경우는 신청자가 해방 전에 현재의 일본 영토에 거주하고 있었는지를 조사하여 거주의 사실이 없으면, '도항 증명서'라 불리는 입국 허가서를 발급하지 않는다는 방침을 세웠다. 또 그것이 한국 영주 희망자로부터의 신청이라면 사전에 한국 정부에 조회하여, 한국 정부의 입국 허가가 나오지 않으면 일본 도항 증명서도 발급되지 않았다.

나호드카의 4명의 동포는 한국 영주 희망에 해당했기 때문에 나호드카 총영사관으로부터 연락을 받은 일본 외무부는 한국 정부에 대해 4명의 입국 허가를 타진했다.

한편 한국 정부는 사할린 동포가 사할린까지 가게 된 역사적 배경으로 보아 그들의 귀환은 전후 처리의 일부로서 일본 정부에 책임이 있으며, 또 소련이 그들의 한국 귀환 출국을 허용하지 않고 있으므로 일단 그들 전부를 일본에 입국시킨 다음, 일본 정착을 희망하는 자를 제외한 나머지 한국 귀환 희망자는 한국으로 받아 들인다는 원칙을 세워 놓고 있었다. 다만 운영의 실제로서는 일본 정부로부터 한국 입국에 관한 타진이 있으면 한국내의 연고자를 조사, 연고자가 실존하면 입국을 인정하고 있다.

나호드카의 4명에 관해서는 일본 외무부로부터 한국 정부에 입국 허가 타진이 있었으나 한국 정부가 입국 허가를 낸 것은 7월 3일(토요일)이었다.

주일 한국 대사관으로부터 '입국을 허가한다'는 연락을 받은 사할린 귀환 재일 한국인회는 곧 일본 입국 허가서 발급에 필요한 4명의 신원 보증서 등 필요한 서류를 작성하여 이틀 뒤 일본 법무부에 제출하였다.

그러나 4명의 소련 출국 기한은 이미 지났고 그들은 원통한 눈물을 삼키며 사할린으로 되돌아가지 않을 수 없었다.

이 4명 중에서 황 인갑을 뺀 3명은 끝내 귀향의 꿈을 이루지 못하고 망향의 사할린에서 숨을 거두고 말았다. 첫머리에 나온 편지는 이들 중 한 사람인 안 태식이 세상을 뜨기 직전에 쓴 것이다. 염원하던 소련 출국 허가를 얻고 가산을 정리하여 일부러 나호드카까지 왔다가도 소련의 출국 기한 내 일본 입국 허가를 얻지 못하여 귀환의 꿈을 이루지 못한 채 사할린으로 다시 돌아 갈 수밖에 없었던 사실을 생각할 때 '모든 힘을 다하여 노력하여 보았으나 마음대로 되지 안코 정막 강산이라'는 한 마디를 뼈저리게 실감할 수 있다.

이러한 비극이 도대체 어디에 기인하고 그 해결을 위하여는 어떻게 해야 할 것인가?

귀향에의 꿈 간직하고 기다림, 기다림, 기다림 …

일본의 한국 식민지 지배기의 말기(1939~1945년)에 수많은 한국인이 '모집' '관알선' '징용' 등의 형식으로 일본으로 강제 연행되어 탄광, 철도 시설 공사 현장 등에서 강제 노동에 종사당했다.

사할린에도 많은 한국인이 강제 연행당했지만 그 연차별 연행자 수는 명백하지 않다. 다만 일본 패전 후 사할린에서 만들어진 한국인의 자치 조직인 '조선인 거류민회'가 사할린 당국의 명령에 의해 1946년 봄부터 가을에 걸쳐 실시한 인구 조사에 의하면 한국인 수는 약 4만 3천 명이었다. 그들의 압도적 다수는 사할린에 강제 연행된 남한 출신자였고 사할린 거주 연한도 짧았기 때문에 모두가 고향으로 귀환하기를 간절히 희망하고 있었다.

또한 일본 패전 시의 사할린 한국인의 국적은 모두 '일본'이었으나 소련 당국은 사할린 점령 후 실시한 신분조사에서 한국인을 민족별로 나누어 '무국적'으로 처리했다.

전후의 미소 대립과 한국의 남북 분단, 거기에다 사할린에 있어서의 노동력 부족이 어우러져 한국인의 귀환은 실현되지 않았고 소련 당국과 북한에서 파견된 정치 지도원들은 사할린 거주 한국인에게 소련 국적 혹은 북한 국적을 취득하도록 권유했다.

그러나 귀향을 바라는 한국인들은 그렇게 되면 영원히 고향 땅을 못 밟게 될까 염려, 생활상의 여러 가지 불이익(무국적자는 직업 선택,

대학 입학, 거주 지역 이외 여행, 이전의 자유 등의 권리를 제한받는다)에도 불구하고 국적 취득을 망설였다. 그렇지만 세월이 흐름에 따라 무국적자는 점차 줄어들기 시작했다. '60년께까지는 약 65퍼센트가 북한 국적을, 약 25퍼센트가 소련 국적을 각각 취득했으며 무국적자는 약 10퍼센트 정도로 감소했다.

무국적자의 감소 경향은 그 후도 계속되어 현재는 약 5퍼센트뿐이고 북한 국적자보다도 소련 국적자가 더 많아졌다고 한다.

일본인 배우자 따라서만 귀환 가능

사할린으로부터의 본격적인 송환은 1946년 11월 27일 성립된 '소련 지구 송환 미소 잠정 협정' 및 같은해 12월 19일 성립된 '소련 지구 송환 미소 협정'에 의한 것이다. 이에 따라 1946년 12월 5일부터 '49년 7월 22일 사이에 29만 2천 5백 90명이 귀환했다. 다만 송환 협정에 의한 귀환 대상자는 일본군인 포로 및 일본인으로 되어 있었기 때문에 한국인은 귀환할 수 없었다.

당시 일본은 연합국의 점령 하에 있었으며 외교권이 없었다고는 하나 일본인의 귀환이 일본 정부의 연합국 총사령부에 대한 강력한 요청에 의해 실현된 사실에 비추어 볼 때 일본 정부가 그들이 강제로 연행했던 한국인의 귀환에 관하여 아무런 적극적 수단을 취하지 않았던 것에 관해서는 일본 정부에 커다란 책임이 있다고 할 수밖에 없다.

그 후로도 일본 정부는 소련 지구에 잔존하는 일본인의 귀환을 위해서 국회 결의, 국제 연합에 대한 요청, 소련과의 외교 교섭 등을 집요하게 벌였다.

이 결과는 1956년 10월 19일에 발표된 일소 공동 선언 제5항 즉 '소련에서 유죄 판결을 받은 일본인은 이 공동 선언의 효력 발생과 함께 석방되어 일본으로 송환하기로 한다. 또한 소련은 일본의 요청에 따라 소식 불명인 일본인에 관해 계속 조사를 실시하기로 한다'에 잘 나타나 있다. 이 규정에 기초를 두고 '57년 8월 1일 이후 '59년 9월 28일까지 7회에 걸쳐 사할린으로부터의 집단 귀환이 다시 실시되었다.

이 때의 귀환에 있어서도 귀환 대상자는 일본인으로 되어있으나, 미소 송환 협정에 의한 귀환과는 달리 일본인과 결혼한 한국인은 일본인 배우자의 동반자로서만 귀환이 인정되었다. 이에 따라 7백66명의 일본인 여성 및 그들과 결혼한 한국인 남편과 그 가족 1천 5백 41명이 귀환되었다.

이렇게 해서 패전 시 38만 명이었던 일본인은 거의 다 귀환했다. 이에 반해서 한국인은 귀환의 기회를 얻지 못했기 때문에 잔류자 4만 3천명 중 일본인 처의 남편과 그 가족 약 2천명 정도가 귀환했을 뿐이다.

무성의로 일관한 일본 정부의 태도

일본인 처와 같이 귀환한 한국인은 귀환 시에 호소했던 사할린 동포의 귀환 현실을 위하여 일본 귀환 직후 곧 '사할린 귀환 재일 한국인회'를 설립하고 사할린에 남아 있는 동포와의 연락을 취하면서 한국, 일본, 소련 정부 및 적십자사, 국제 적십자사 등에 대한 진정, 청원을 개시했다.

한편 사할린 거주 한국인도 현지 당국에 대해 귀환을 끊임없이 요구, '62년 말 사할린 주 도마리시에 거주하는 허조 등 약 10명이 현지 당국으로부터 '일본이 입국을 허가한다면 소련은 출국을 허가한다'는 회답을 얻었다. 그들은 곧 일본 대사관의 주소를 알아내고 귀환 신청을 했다.

그러나 이 신청에 대하여 일본 대사관은 일본 정부와 협의한 뒤,

'한국인은 샌프란시스코 평화 조약에 따라 일본 국적을 상실했다'는 이유에서 귀환을 위한 여권 발급을 매몰차게 거부하고 말았다.

그 후 '65년 1월 4일, 사할린 주 코르사코프에 거주하는 김 영배라는 사람이 사할린 주 경찰서에 가서 한국인의 일본 귀환에 관한 교섭을 벌였다. 소련으로부터 다시 '일본이 입국을 허가한다면 소련은 출국을 허가하겠다'는 회답을 얻었다. 이렇게 해서 작성된 귀환 희망자 명부에 의하면 '66년 6월까지 일본 영주 희망자 3백 34세대(1천 7백 44명), 한국 영주 희망자 1천 4백 10세대(5천 3백 48명) 등 모두 1천 7백 44세대(7천 92명)에 달했다.

'66년 한국 정부는 일본 정부에 대해 사할린 잔류 한국인의 귀환 촉진을 요청했던 적이 있다. 이에 대한 일본 정부의 회답은 '최종 거주지로서 한국을 희망하는 귀환 희망자에 한하여 한국 정부가 귀환 비용의 일체를 부담한다면 소련 정부와 교섭할 용의가 있다'는 무성의한 것이었다.

이상과 같은 일본 정부의 부정적 대응 때문에 일본인과 혼인 관계가 없는 한국인의 귀환은 끝내 실현되지 못했다.

일본 정부의 사할린 한국인의 귀환에 대한 부정적 대응은 '75년 8월 이후에 약간의 변화를 보였다. 즉 일본 외무부는 사할린 귀환 재일 한국인회에 대하여 사할린 한국인의 일본 입국을 위한 도항 증명서 발급 신청서 2천부를 교부하였다.

한국인회에서는 사할린 및 한국에 거주하는 그들의 친척과 연락을 취하여 서류를 빠짐없이 갖추고 사할린 한국인 약 1천 명에게 보냈다. 이렇게 하여 '78년 3월 2일까지 일본 영주 희망자 14세대 46명, 한국 영주 희망자 1백 23세대 3백 92명, 합계 1백 37세대 4백 38명이 주소 일본 대사관에 입국 허가 신청을 내었고, 그 중 1백 24세대 4백 11명이 도항 증명서의 발급을 받았다.

갑자기 차가와진 소련의 태도

소련 당국은 '62년 말 경부터 '76년 중반기까지는 사할린 잔류 한국인의 귀환 신청에 대하여 '일본 정부가 입국을 허가한다면 출국 허가를 낸다'는 답변을 해왔다.

또한, '73년 5월 16일, 모스크바에서 개최된 일소 적십자 회담 석상에서 소련 적십자사 트로얀 총재는 '일본 정부가 사할린 한국인의 자유의사를 존중하여 일본 이주를 허가하거나 또는 일본을 경유하여 모국으로 귀국할 것을 조건으로 한다면 소련 적십자사도 출국에 협력하겠다'고 밝혔다.

더욱이 그 해 9월, 일소 우호 의원 연맹이 방소하였을 때 소련 외무부 극동차장은 '소련은 희망자가 있다면 무국적자이건, 국적 취득자이건 언제든지 보내겠다. 단, 한국과 소련과는 국교가 없으므로 직접 한국으로 보낼 수는 없다'고 답변하고 있다.

실제로 '75년 10월에는 사할린 전토에서 한국인의 귀환 신청 접수가 개시되었다. 이에 따라 사할린 주 코르사코프에서만도 '76년 6월까지 약 4백 명의 출국 신청이 수리되었으며 이 중 17명에 대해서는 그 해 6월까지 실제 출국 허가가 나왔다.

그러나 아이러니칼하게도 일본 정부가 도항 증명서(입국 허가서)의 발급을 시작하고 나서 약 3개월 후인 '76년 7월 경부터 소련 정부의 대응에 변화가 생겼다. 소련은 종래의 방침을 바꾸어 일본 입국 허가를 받은 사람에게도 출국을 허가하지 않게 된 것이다. '한국인의 귀환 문제는 소일 간의 문제가 아니라 소련과 한국과의 문제이다'라는 소련의 태도 변화에 대한 사할린 한국인의 불만은 커졌고 항의를 하는 사람도 나왔다. 이에 대해 소련은 '77년 1월 27일, 이 중 코르사코프에 거주하는 무국적 한국인 도 안상 일가 8명을 북한으로 강제 송환시켰다. 또한

'78년 봄에는 유 길수 일가 6명, 황 대룡 일가 4명 등 10명이 마찬가지로 북한에 강제 송환당하였다.

이 때문에 사할린 한국인은 북한으로의 강제 송환을 두려워하여 출국 요구를 점차 피하게 되었으며 이러한 경향은 지금까지 계속되고 있다.

일본국을 법정으로 끌어들이다

사할린 거주 한국인의 비극은 일본 식민지 시대의 강제 연행에서 비롯되었으며 그 1차적 책임은 일본 정부에 있다. 일본 정부는 국회 답변 등을 통해 누누이 '우리에게 인도적 정치적 책임이 있으며 사할린 한국인의 희망에 부응하도록 노력하고 있다'고 말해 왔다.

그러나 일본 정부의 현실의 태도를 보면 이런 말이 공허하게 들릴 수밖에 없다. 예를 들면 '58년 1월 9일 일소 공동 선언 후의 제3차 송환선에 입국 심사 업무를 위하여 승선한 입국 심사관은 일본인을 가장하여 소련 출국 허가를 얻고 그 선박에 승선한 한 한국인을 사할린 주 호르우스크 연안 10킬로미터 지점에서 무자비하게 하선시켜 소련 당국에 넘겨 주었다.

또한 '58년 1월 27일 제4차 송환선으로 귀환했던 이 빈모, 이 종대는 공해상에서 입국 심사관에게 일본 귀환을 위해 일본인 여성과 위장 결혼했다고 솔직히 신고하였기 때문에 상륙 후 곧장 대판 입국 관리 사무소 직원에게 체포되어 악명 높은 대촌 수용소로 끌려 갔다.

일본 정부가 참으로 인도적 정치적 책임을 통감하고 있다면, 아무리 일본인을 가장하였다고 하더라도 일단 송환선에 승선한 자를 어떻게 무자비하게 하선시킬 수 있을까. 또 아무리 일본인과 위장 결혼을 한 자라고 하여도 어떻게 밀입국자 수용소로 보낼 수 있을까(그들은 뒤에 한국으로 강제 송환되었다). 그들의 귀환 수단이 어떠한 것이든 간에 일본에 귀환하는 권리 및 일본에 거주할 권리는 마땅히 인정받아야 하는 것이다.

일본 국민의 의무라고 하면서 사할린까지 강제 연행했음에도 불구하고 한국이 독립하자, 이번엔 한국인은 일본인이 아니라는 이유로 그들의 귀환을 일반 외국인의 입국과 같이 취급하려고 하는 일본 정부의 태도는 한국인을 사할린에 유기시켰다는 비판을 면할 수 없을 것이다.

이러한 일본 정부로 하여금 사할린 한국인의 귀환 문제를 보다 진지하고 심각하게 여기게 하기 위해서는 말만으로 그치는 일본 정부의 법적 책임을 명확하게 할 필요가 있었다. 그리하여 1975년 7월 17일 사할린 귀환 재일 한국인회와 여기에 공감하는 17명의 일본인 변호사에 의해 사할린 잔류자 귀환 소송 변호단이 결성되었고 사할린 동포의 위임장을 기초로 하여 1975년 12월 1일 동경 지방 법원에 소송을 제기했다. 4명의 사할린 거주 한국인(약 1백 통의 위임장이 사할린으로부터 송부되었지만 그 중 4명만 뽑았다)을 원고로 하고 일본국을 피고로 하여, '원고들이 본국에 귀국할 수 있는 법적 지위에 있는 것'을 확인하는 취지의 재판이었다.

재판 청구의 기초가 된 법적 근거로서 변호인단이 주장하고 있는 것은, 한국인을 강제 연행한 일본 정부는 그들을 고향에 귀향시킬 원상복귀의 의무가 있다는 점과, 그들은 아직 일본 국적을 상실하고 있지 않기 때문에 일본 국적 보유자로서 일본에 귀환할 권리가 있다는 것이었다.

이에 대한 피고인 일본국의 주장은 가령 원고의 청구가 인정되더라도 판결은 일본국을 구속할 뿐, 소련 정부에 대해서는 아무런 구속력도 없고, 따라서 소련의 출국 허가를 얻지 못하여 귀환할 수 없는, 즉 소송을 할 법적 이익이 없으므로 원고의 일본 귀환 권리의 유무를 논할 필요가 없다는 것이다. 또 일본 정부에 원상회복 의무가 있다고 하는 점에 대해서도 도의적 의무는 별도로 하고 이것을 뒷받침할 만한 실정법상의 근거가 없다는 것, 그리고 일본 국적을 갖고 있다는 점에 대해서는 1952년 4월 28일에 발효한 샌프란시스코 강화 조약에 의해서 일본 국적은 상실되었다고 반론하고 있다.

재판은 36회의 구두 변론을 거듭하여 재판을 할 법적 이익을 둘러싼 원, 피고 쌍방의 주장이 끝나고 현재 증인 신문이 실시되고 있다. 지금까지 증인으로 출정한 사람은 장 전두(귀환자), 문 행자(귀환자인 김하춘의 장녀), 박 노학(사할린 귀환 한국인회 회장), 손 종운(귀환자), 한국에 살고 있는 원고의 가족들이다. 재판의 내용에 관하여 더 이상 언급하는 것은 너무 전문적이고 복잡해질 우려가 있으므로 이것을 피하지만 이 재판에 대해서 일고 있는 비판에 대해 약간의 언급을 하고 싶다.

재판에 반대하는 형식 논리의 허상

그 하나는 이 재판의 인권 재판적 성격에도 불구하고 미소의 동서 대립과 그 구조상에 있는 한국의 남북 분단의 영향을 받아 재판 초기부터 극히 정치적인 색채가 농후한 비판을 받아 왔다는 사실이다.

예를 들면 이 재판은 한국 중앙 정보부의 지도와 자금에 조종된 일본의 일부 변호사가 하고 있다는 종류의 비판이다. 이러한 비판에 대해서는 사실 인식이 전혀 잘못되어 있기 때문에 근거 없는 비방과 중상이라고 말할 수밖에 없다(변호인단은 일본인의 식민 지배 책임을 추궁하는 일본인으로서 주체적 입장에서 무보수로 일하고 있다).

다른 하나는－이것은 주로 한국인 측에서 나오는 비판이지만－사할린 한국인이 아직 일본 국적을 상실하지 않고 있다는 원고의 주장에 대한 감정적인 비난이다. 그 전형은 재일 한국인(북한적)으로서 처음으로 개천문학상을 수상한 작가 이 회성의 비판을 들 수 있다. 그의 주장을 한 번 그대로 옮겨 보자.

"이 재판을 추진하고 있는 일본인은 도대체 일본 제국주의가 조선인에 '일본 국적'을 강요한 민족 말살 정책을 어떻게 생각하고 있는지 의심스럽다 … 근본적인 인식으로 중요한 것은 조선인은 민족적으로 독립했다는 것이다. 그러나 재판을 추진하는 사람은 그 엄연한 사실을 인정하지 않고 '원고'들인 조선인을 '일본 국적'의 '사할린 잔류자'로 부르고 '본국' 즉, 일본인으로서 '일본국'에 귀국시키려고 일본 정부에 요구하고 있는 것이다 … 그것이 사할린에 살고 있는 조선인은 물론, 전체 조선인에 대한 용서할 수 없는 모욕이라는 것을 인식하지 못하고 있는 것 같다. 이것은 고국에의 망향의 염원을 끊을 수 없는 조선인의 심정을 약점으로 잡아 목적을 위하여는 수단을 가리지 않고 조선인에게 노예의 논리를 강요하고 있는 것이다." ("군상" '82. 7)

이러한 비판은 해방 후에도 일관하여 일본 사회의 두터운 차별과 편견 속에서 일본의 동화 정책(귀화 정책)에 시달리고 있는 재일 한국인의 심정에 호소하기 쉽고 공감을 얻기 쉬운 종류의 논리라고 말할 수도 있다.

그러나 이것은 국적 변동에 관한 요즈음의 법학적 연구의 축적과 재일 한국인 인권 옹호 운동에 있어서의 국적의 기능을 충분히 이해하지 못한 감상적, 정치적 비판이라고 말할 수밖에 없다.

이 문제에 있어서 중요한 것은 고향에의 귀환을 희망하면서, 날마다 죽어가는 안 태식 노인과 같은 사할린 동포의 소리에 어떻게 대답하느냐는 것이다.

앞에서 예로 들었던 주소 일본 대사관이 허 조에게 보낸 통고에서처럼 일본측의 입국 허가만 있으면 소련의 출국 허가를 당장 얻을 수 있는 상황에서 '한국의 독립에 따라 한국인은 일본 국적을 상실했기 때문에 일본 정부로서는 그들을 일본에 귀환시킬 책임이 없다'고 하는 식으로 과거의 역사를 반성하지 않는 일본 정부의 논리를 깨뜨리고, 어떻게 하든 사할린 동포의 귀환을 실현시키는 것이 중요한 것이다. 이데올로기나 형식 논리보다도 더 중요한 것은 혈육과 혈육의 만남이며 이 회성씨처럼 말꼬리를 잡는 것은 이 재판의 바탕에 깔린 인도주의를 무시한 처사라고 하겠다.

일본 변호사 연합회의 활동

사할린 거주 한국인 귀환 운동에 대한 일본 정부의 불성실하고 냉정한 태도, 일본 국민의 일반적인 무관심, 그리고 일부 일본 사회에 있는 비방과 중상에도 불구하고 이 운동은 서서히 일본 사회에서 이해를 얻게 되었다. 작년 일본 변호사 연합회(일본국 변호사법에 기초를 두고 성립된 공법인으로서 변호사 및 각 변호사회의 지도, 감독 및 기본적 인권의 옹호를 위하여 제반 활동을 하고 있음)도 사할린 한국인 귀환 문제를 인권 문제로 들고, 제1차 보고서를 발표하였다.

그러면 일본인의 식민지 지배에 대한 책임감에서 나타난 사할린 한국인 귀환 실현 운동에 대해서 우리는 과연 어떠한 입장에 서서 대처해야 할 것인가.

아무리 일본 정부에 1차적인 책임이 있다고 하더라도 해방 후 37년이 지난 지금에 와서는 동포의 귀환 문제 처리를 일본에게만 미룰 수는 없는 것이다.

민간 차원에 있어서는 일본 변호사 연합회의 활동에 옹호하는 대한 변호사 협회 등의 대응이 생각되어야 할 것이고, 정부 차원에 있어서도 국제 정치상의 곤란이 크다고 하지만 인도적 안목에서 대한 적십자사, 국제 적십자사 등을 통해서라도 소련 정부와 직접 교섭할 방도를 찾을 수도 있다고 본다. 또 한국에 남아 있는 가족의 실태 조사(대구에 있는 중소 이산 가족회와의 제휴)나 한국 내의 국민적 여론을 환기시키는 노력을 할 수도 있지 않을까.

가족 이산의 비극은 비단 먼 사할린에서 뿐만이 아니고, 여기 한반도에서도 흔히 볼 수 있는 것이고, 남북 통일이 이룩되지 않는 한 이산

가족의 문제는 해결되지 못한다는 불감증적인 태도도 있을 수 있다.

확실히 이산 가족의 비극은 통일이 되면 저절로 해결될 것이다. 그렇다고 하더라도 남북 통일이 실현되기까지 수수 방관하여 방치할 수 있는 문제는 아닌 것이다. 오히려 민족 통일이 민족 총의에 기초를 두고 이루어지지 않으면 안되는 문제인 이상, 이산 가족의 상봉은 통일을 지향하는 전국민적인 운동이 되어야 한다고 말할 수 있을 것이다. 그런 뜻에서 우리는 이 문제를 남북 분단의 극복이라는 민족적 과제의 하나로서 인식하여 사할린 거주 한국인의 귀환 실현에 노력해야만 할 것이다.

3. 김현조 국민연금 소송 판결문

해 설

일본의 국민연금법은 1959년 제정되어 1961년부터 보험료 징수를 시작하였다. 일본국민만을 가입 대상자로 함이 원칙이었으므로, 재일한인들은 이 제도의 적용을 받지 못하였다. 1982년 법개정으로 외국인의 가입이 허용되었으나, 그 이전에도 일본에 정주하는 재일한인의 경우 담당자의 착오로 국민연금에 가입하여 납입금을 불입하는 경우가 간혹 있었다. 이 판결의 원고인 金鉉釣의 경우도 마찬가지였다. 보험 권유원에게 그의 처가 외국인임을 알렸음에도 가입을 권고하여 1961년 국민연금에 가입하였다. 이후 130개월분의 연금을 납입하고, 65세가 되어 노령연금의 지급을 신청하자 일본정부는 비로소 외국인임을 알고 이를 이유로 연금지불을 거부하였다. 행정 당국은 원금만 반환하겠다고 통지하였다. 결국 김현조는 노령연금 지급을 요청하는 행정소송을 제기하였는데, 제1심인 동경지방법원에서는 패소하였다(1982.9.22). 이를 계기로 1980년 일본 정부가 실시한 조사에 의하면 김현조의 경우와 같은 외국인 오적용 사례가 81건이나 발견되었다고 한다. 대부분은 기왕에 납부한 보험료의 원금을 반환받는 선에서 타협하였다. 그러나 이 사건의 2심 법원인 동경고등법원은 아래의 판결문에서와 같이 원고인 김현조의 승소를 선언하였다. 일본 정부도 상고를 포기하여 김현조의 승소로 사건이 확정되었다. 일본 사회보험청은 이 판결 이후 과거 오적용 사례를 다시 조사하여 국적요건만 제외하면 연금수급요건을 갖추었던 자들에게는 모두 소급적으로 국민연금을 지급하기로 결정하였다. 김경득 변호사는 이 사건 원고측 변호사로 참여하여 승소를 이끌어 냈다. 동경고등법원 판결문을 수록한다.

동경고등법원 제8민사부 판결(1983.10.20)

항소인: 金鉉釣, 피항소인: 社會保險廳長官

위 당사자 간의 국민연금 피보험자 자격취소 처분 취소 등 청구 항소 사건에 관하여 당 재판소는 다음과 같이 판결한다.

주 문

원 판결을 취소한다.

피항소인이 昭和55년 2월 6일자로 항소인에 내린 국민연금노령연금의 재정 각하 처분을 취소한다.

항소비용은 제1, 2심 모두 피항소인이 부담한다.

사 실

1. 항소 대리인은 주문동지(主文同旨)의 판결을 요구하고, 피항소 대리인은 항소기각 판결을 요구하였다.

2. 당사자 쌍방의 주장 및 증거관계는 원판결 사실적시 「제2 당사자의 주장」·「제3 증거」(원판결 2쪽 앞 5행부터 39쪽 앞 첫 행까지)대로이므로 이를 인용한다(단, 원판결 10쪽 뒤 2행 "이하 「국제인권규약」이라 한다"를 "이하 양 규약을 「국제인권규약」이라고 하며, 전자를 「A규약」으로 한다"고 변경하며, 25쪽 앞 2행의 첫 번째 「(1)」을 삭제한다).

이 유

1. 항소인은 明治43년 8월 9일생, 재일한국인이라는 점, 항소인은 통칭 金井正一이란 명의로 昭和35년 10월 1일부터 昭和47년 8월 8일까지 국민연금 강제가입 피보험자로서 취급받았다는 점, 항소인이 昭和36년 4월부터 昭和46년 6월까지, 그 해 10월부터 12월까지, 昭和47년 4월부터 7월까지, 합계 130개월에 보험료 합계 3만3천100엔을 납부하였다는 점, 昭和51년 10월 7일 항소인이 荒川區長에게 노령연금 지급재정청구 수속을 하려 하였을 때, 荒川區長은 항소인이 일본국적을 소유한 자가 아니므로 국민연금에 가입하여 60세에 달함에 따른 피보험자 자격을 상실하였다는 것을 처음으로 알게 되었다는 점, 도쿄 도지사가 그해 12월 23일 항소인에 대해 昭和35년 10월 1일로 거슬러 올라가 피보험자 자격을 취소한다는 점, 항소인은 昭和54년 12월 27일 피항소인에게 노령연금 재정청구를 하였으며 피항소인은 昭和55년 2월 6일자로 항소인은 피보험자 기간이 없었다는 이유로 노령연금 재정청구를 각하처분(본건처분)하였다는 점, 항소인은 2월 27일 도쿄도 사회보험 심사관에

게 본건 처분에 관해 심사청구를 하였지만 위 심사관은 그 해 3월 27일자로 위 심사청구를 기각하였다는 점, 또한 항소인은 그 해 4월 2일 사회보험 심사회에 재심사 청구를 하였지만, 위 재심사 청구 날로부터 3개월이 경과해도 재결이 없는 것과 청구원인4(1)(1)(원판결 3쪽 뒤 10행부터 5쪽 뒤 끝 행까지)의 사실 (국민연금법의 목적·제도의 개요), 이상의 사실은 어느 쪽도 당사간의 다툼이 없다. 그리고 "본건 처분은 법 제7조 1항, 8조, 9조 2호의 해석이 잘못된 위법이 있다" 및 "외국인이 국민연금의 피보험자 자격을 취득·보유할 수 없다는 것은 헌법 제14조, 제25조에 반한다"라는 항소인의 각 주장에 관하여 당 재판소의 판단은 원판결 이유설시 2·3 (원판결 40쪽 앞 끝 행부터 49쪽 뒤 9행까지)과 같기 때문에 이를 인용한다(단 원판결 44쪽 뒤 8·9행의 「昭和35년 9월 21일 年國發」 다음에 「48」을 추가한다).

2. 이상과 같이 일본국민이라는 것은 법 제7조 1항, 제8조, 제9조 2호에 의해 국민연금 피보험자자격의 취득 및 보유의 요건이라고 해석해야 하며, 법률과 관련해서 국적요건을 설치하는 것은 헌법 제14조, 제25조에 위반하는 것이 아니며, 또한 위의 국적요건은 강제가입에 한하지 않고 임의가입일지라도 법 제75조 1항·5항, 부칙 제6조 1항·5항 등에 의해 마찬가지로 해석하여야 한다.

그런데 항소인은 국민연금 피보험자 자격의 국적요건을 갖추지 못하고 있으나, 明治43년 8월 9일생이기 때문에 위 국적요건의 문제를 제외하면 법 제75조의 임의가입 피보험자의 자격을 가진 자에 해당되며, 이미 앞에서도 이야기한 바와 같이 昭和35년 10월 1일부터 昭和47년 8월 8일까지 국민연금의 강제가입 피보험자로 취급되었으며, 昭和36년 4월부터 昭和47년 7월까지의 보험료로서 총 3만3200엔을 납부하였다. 그리고 성립에 다툼이 없는 갑 제1호 증1 내지 3, 동 제5, 제6호증 및 동 제14호증, 원심에서 항소본인 심문결과 및 변론의 전 취지에 의하면 昭和35년 가을 경부터 荒川區의 국민연금 권장원이 항소인을 방문하여 항소인의 처 李奉化에게 항소인의 국민연금의 가입을 권유하였으며, 이봉화는 항소인이 한국 국적이기 때문에 일단 거절하였는데, 위의 권장원은 "한국인이라도 본국으로 돌아가지 않으면 가입하는 것이 득입니다"라고 하였기 때문에 항소인의 국민연금 가입에 응하였으며, 그 때 위 권장원에게 항소인의 생년월일을 잘못해서 明治45년 8월 9일이라고 하였기 때문에(그 원인은 알 수 없다) 강제가입 피보험자로서의 수속이 이루어졌으며, 항소인은 昭和36년 2월경 荒川區長에게 강제가입 피보험자로서의 자격취득계를 제출한 점, 항소인의 국민연금 수첩, 도쿄도에 비치한 국민연금 피보험자 수첩 및 荒川區에 비치한 국민연금 피보험자 명부에는 모두 항소인의 생년월일이 明治45년 8월 9일로 기재되어 있으며, 항소인이 제1회차에 교부받은 국민연금수첩에는 이봉화의 신청으로 荒川區 직원이 항소인의 생년월일 난의 明治45년을 明治43년으로 고친 점, 항소인은 생년월일이 明治45년 8월 9일로 산정된(明治45년 8월 9일은 역사상 존재하지 않으므로 실제는 大正 元年 8월 9일로 계산되었을 것이다) 강제가입 피보험자의 보험료를 납부하였으며, 明治45년 8월 9일부터 계산하면 항소인은 昭和47년 8월 9일에 60세에 달한 것이므로 도쿄도지사와 荒川區長은 그 날 이후 항소인이 피보험자 자격을 상실한 것으로 취급한 점, 이상의 사실이 인정되며 위 인정에 반하는 증거는 없다. 앞서 제시된 甲 제7호증 및 원심 증인 阿藤正男의 증언에 의하면, 임의가입 피보험자가 오인해서 강제가입 피보험자로서의 자격취득계를 제출한 것이 판명되었을 경우 본인으로부터 임의가입을 희망하지 않는다는 뜻의 신청이 없는 한, 행정당국은 위 자격취득의 신고서를 임의가입의 신고서로 간주하고 서류의 정정을 실시하여 피보험자의 종류를 변경하여 운용된다는 점이 인정되며, 이러한 운용은 법의 취지에 적합한 조치라고 해석된다. 이에 항소인의 경우도 그가 임의가입이었을지라도 국민연금 피보험자로서 취급받기를 희망한다는 것은 분명하므로 – 국적요건의 흠결에 관해서 아래와 같이 판단할 것을 전제로 하여 –

昭和36년 2월경 행한 강제가입 피보험자로서의 자격취득계의 제출을 법 제75조 1항의 임의가입을 신청한 것으로 해석해야만 할 것이다.

다음 법 제16조의 재정은 확인적 행정처분이므로 노령연금의 재정청구가 있는 경우, 피항소인은 당해 청구자가 노령연금의 수급권을 취득하고 있는지의 여부를 판단하여, 이 판단에 따라 재정의 가부를 결정해야 할 것이며, 이 수급권의 존부는 일반적으로 실정법 규정에 정해져 있는 대로 판단해야 한다는 점은 말할 필요도 없다. 그러나 형식적으로는 실정법상의 관계규정 소정의 수급권 발생의 요건이 완전히 충족되는 경우라도 특별한 사정으로 인하여 당 청구자에 관하여는 이러한 요건이 충족된 경우와 동일시 되는 법률상태가 발생하였을 때는 이러한 형식적 요건 흠결은 피항소인이 위 청구자에 관해 노령연금의 수급권자라는 취지의 재정을 함에 방해가 되지 않는다고 해석해야만 한다. 본건에서 항소인의 국적요건이 결여되었다는 것은 이미 서술한 대로이므로 항소인에 관한 위의 요건이 충족되었을 경우와 동일시 되는 법률상태가 발생하고 있는지 여부에 관해 검토한다. 앞에서 기술한 바와 같이 항소인이 국민연금 피보험자로서 수속을 행한 것은 荒川區의 국민연금 권장원의 권유에 의한 것이었으며, 항소인 측에서는 위 권장원에게 항소인이 한국적이라는 사실을 알렸으며, 위 수속을 한 것에 대해서는 항소인 측이 책임을 져야할 사정이 없다는 점, 항소인은 국민연금 피보험자의 의무인 보험료의 지불을 모두 종료하고 있다는 점, 행정당국은 昭和36년부터 昭和51년까지 15년에 걸쳐 항소인을 국민연금 피보험자로 내지는 60세에 달하였다는 이유로 위의 자격을 상실한 자로 취급한 사실이 인정된다. 위와 같은 경과에 변론의 전 취지를 종합해 보면 항소인은 자신에게 국민연금 피보험자의 자격이 있다고 믿어, 장래에 피항소인이 노령연금 등을 급부할 것을 기대하고 신뢰하였으며, 이러한 기대·신뢰를 전제로 보험료 지불을 계속하였음이 분명하며, 또한 위의 경과로 보아 항소인이 그렇게 믿고 있었던 사실을 반드시 경솔하였다고 할 수도 없다. 위와 같은 신뢰관계가 생성된 당사자 간에 그 신뢰관계의 번복이 허락될지의 여부는 사안의 공익적 성격에 대한 고려를 포함한 信義衡平의 원칙에 따라 규율되어야만 할 것이며, 특히 갹출제인 국민연금제도에 있어서는 피보험자의 보험료 부담과 노령연금 등의 납부가 어느 정도 대가적 관계에 있으므로, 이 점으로부터도 항소인의 위의 신뢰는 법적 보호가 요청되는 것이다. 그래서 항소인이 지불한 보험료의 전액을 항소인에게 되돌려 주는 것만으로는 항소인의 위의 신뢰가 보호될 수 없다는 것은 말할 필요도 없다. 또한 앞의 甲제5호증 및 동 제14호증, 원심에서 항소 본인 심문의 결과와 변론의 전 취지에 의하면 항소인은 昭和 36년 국민연금의 가입수속을 함에 있어서 이후 노후의 생활은 노령연금으로 유지할 것을 기대하고 있었으며, 현재 (구두변론 종결시) 73세에 이르렀고, 최근에는 생활보호를 받을 정도로 생활이 곤궁하며, 지금 국민연금을 대체할 다른 보험제도 등의 이용은 곤란하다는 것이 인정되며, 위 인정에 위반하는 증거는 없다. 그리고 위 信義衡平의 원칙에 따르면 이상으로 인정한 사실관계 하에서는 항소인과 행정당국 간에 발생한 위와 같은 신뢰 관계를 번복할 수 있는 것은 어쩔 수 없는 공익상의 필요에 의한 경우에 한정되며, 그 이외에는 허락되지 않는다고 해석된다. 항소인은 국적요건을 흠결하고 있으나, 국적요건을 어떠한 경우에도 유지·관철하려는 것은 이러한 어쩔 수 없는 공익상의 필요요건에는 해당되지 않는다. 어떻든 법제정 당시부터 미국 국적인에게는 '일·미우호조약'을 근거로 국적요건이 적용되지 않았으며, 昭和54년 이후 우리 나라는 국제인권규약(A규약) 제9조에 의해 외국인에 대해서도 사회보장 정책을 추진해야만 할 책임을 지고 있으며, 昭和57년에 이르러 난민지위에 관한 조약 등의 가입에 따른 整備法에 의한 개정으로 국적요건은 철폐되었으며, 국적요건은 일체의 예외를 허락하지 않는다는 의미에서 국민연금제도의 근간에 관계되는 것은 아니라고 하여야 하며, 항소인의 위와 같은 신뢰에 반해서까지 국적요건을 유지·관철할 필요성이 공익상 존재하는 것은 아니라고 해석되기 때문이다. 그렇다면 항소인과 행정당국 간에 발생한 신뢰관계를 행정당국은 번복할 수 없기 때문에, 결국 항소인에 관해 국적요건이 충족되었을 경우와 동일시 하기에 상당한 법률상태가 발생하였다고 말할 수 있으므로, 피항소인은 항소인이 신청한 노령연금의 재정청구에 대해 위 요건이 충족되지 않는다는 이유로 이를 각하하여서는 아니된다.

따라서 항소인이 제출한 노령연금의 재정청구를 기각한 피항소인의 본건처분은 위법하여 취소되어야만 한다.

3. 그러므로 항소인의 본소청구는 이유가 있고, 원판결은 상당하지 않으므로 이를 취소하고 본 청구를 인용해야 하며, 항소비용의 부담에 관해서는 민사소송법 제96조·제89조를 적용하여, 주문대로 판결하는 바이다.

4. 이상호 지문날인거부 소송 변호인 진술서

해 설

지문날인 거부운동은 재일한인사회가 전개하였던 최대의 인권옹호 투쟁이었다. 1952년 샌프란시스코 평화조약의 발효와 동시에 재일한인들은 일본에서 공식으로 외국인으로 취급받게 되어 외국인등록법의 적용을 받았다. 외국인등록법은 재일 외국인의 지문날인 의무를 규정하고 있었다. 지문날인제도는 1955년부터 실시되었다. 그 당시 이미 263명의 지문날인 거부자가 발생하였으며(그중 260명이 재일한인), 재일한인 2명이 유죄판결을 받았으나, 결국 모두 지문을 날인하였다. 일본에서 출생하여 성장하고 계속 살아갈 일본사회내 주민인 재일한인에 대하여 통상 범죄자에게만 요구되는 지문을 일률적으로 채취하려는 것은 결국 재일한인 전체를 잠재적 범죄자로 보고 감시대상으로 한다는 점에서 커다란 불만의 대상이었다. 1982년 외국인등록법의 내용은 일부 완화되었으나, 이후 재일한인사회의 반발이 본격적으로 터져 나왔다. 특히 재일한인들의 외국인등록증 대량갱신 주기였던 1985년이 다가오자 지문날인

거부운동은 전 교포사회의 권익옹호운동으로 발전하였다. 이 시기는 전후 일본에서 출생한 재일한인 2세가 교포사회의 주류로 자리 잡게 된 때였다. 지문 날인 거부운동에는 민단-조총련의 정치적 이념대립과도 무관하게 거의 전 교포사회가 지지를 보냈다. 이 사건의 원고 이상호도 이 무렵 지문날인을 거부하여 체포되었다가 형사기소되었다. 아래는 요꼬하마 지방법원에서 이상호 재판에서의 김경득 변호사의 변론내용이다. 이상호 사건은 재판계류 중 일본 昭和 천황의 사망과 平成 천황의 즉위를 계기로 사면되어 1989년 면소판결로 종지부를 찍었다. 한편 1987년 외국인등록법이 개정되어 지문등록은 최초 외국인등록시 1회에 한하여 하는 것으로 완화되었다가, 1991년 한일 외무장관 합의각서에 의하여 폐지가 약속되었다. 이후 일본 국내에서의 법개정 절차를 거쳐 1993년 1월 재일한인과 같은 영주외국인의 지문날인제도가 폐지되었고, 2000년부터는 모든 외국인의 지문날인 의무가 폐지되었다. 그러나 테러방지 대책의 명분으로 특별영주자가 아닌 일반 외국인의 지문날인 제도는 2007년 다시 부활하였다.

의 견 진 술 서

외 국 인 등 록 법 위 반

피고인: 李相鎬

위 피고인에 관하여 변호인은 다음과 같이 의견을 진술한다.

(1985년 10월 8일)

위 변호인: 今村嗣夫, 동 新美隆, 동 金敬得

요코하마 지방법원 형사 제1부 귀중

변호인 김경득의 의견

1. 일본에서의 기이한 현상

피고인 李相鎬는 재일외국인으로 재판을 받게 되었다.

그런데 재일외국인 중에 조상에게서 물려받은 본명을 사용하지 못하고, 일본식으로 변형된 성명을 사용하는 외국인이 한국·조선인 외에 또 있을까? 아직 초등학교에도 다니지 않은 어린이가 부모의 가슴을 두드리면서 한국·조선인으로 태어난 것을 원망하는 어린이가 한국·조선인 외에 또 있을까. 또한 스스로 자식을 낳아 한없는 애정을 주며 키운 자식으로부터 출생을 한탄받는 외국인이 한국·조선인 외에 또 있을까.

이들의 답은 모두 아니다 이다.

그렇다면 이는 한민족, 조선민족의 비탄의 성질, 속성일 것인가? 이에 대한 답도 부정적이다.

한국에 거주하는 약 4,000만 명의 한국·조선인, 북한에 거주하는 약 2,000만 명의 한국·조선인은 물론 미국에 거주하는 약 70만 명의 한국·조선인, 소련에 거주하는 약 40만 명의 한국·조선인, 중국에 거주하는 약 150만 명의 한국·조선인 등, 한반도를 떠나 해외에 정주하는 한국·조선인도 모두가 金, 李, 朴 등 선조로부터 물려받은 성을 그대로 사용하며 스스로가 한국·조선인임을 감추려 하지 않는다. 애처롭게 마음을 아파하면서 자신에게 생명을 준 부모를 원망하지는 않는다.

한국·조선인으로 태어났기 때문에 본명을 숨기고 한국·조선인임을 원망하는 것은 일본에서만 볼 수 있는 특이하고 기이한 현상이다.

특히 미국이나 소련, 중국, 남미 등에 정주하는 한국·조선인의 대부분 정주국의 국적을 취득하였으며, 정주국과의 법적 유대를 강화하고 있음에도 불구하고 스스로 민족적 출신을 분명히 나타내며 살아가는 것에 비하여, 재일 한국인·조선인은 한국적·조선적은 고사하고라도 스스로가 한국인·조선인이라는 사실을 감추고 본명을 사용하지 못 한다는 점에서 일본에서의 현상의 기이성이 부각되고 있다.

도대체 재일 한국·조선인만이 왜 본명을 감추고, 자신이 한국인으로 태어난 것을 원망해야 하는 것일까.

2. 무력에 의한 동화, 차별에 의한 동화

과거 한반도에서는 한국인의 성명을 법적, 경찰 행정적 강제력을 가지고, 일본식으로 바꿀 것을 강요하였던 시기가 있었다. 일본이 한반도를 무력으로 침투해 조선을 식민지배 하에 두었을 때의 일이다. 조선의 영토는 일본영토가 되었으며, 조선인은 일본 국적을 강요받아 일본제국의 신민이 되었다.

일본의 조선식민지 지배의 근간은 지구 상에서 조선민족의 말살이었으며, 일본민족으로의 철저한 동화정책이었다. 그것을 완수하기 위해서 취해졌던 법적조치가 조선민족에 대한 일본 국적의 강요였다. 즉 일본 국민이 된 후에는 일본 국민다워야 한다는 것이다. 그것은 구체적으로 일본어 상용(조선어 사용금지), 창씨개명, 황국신민의 서사(誓詞) 등이었다.

일본의 무력에 의한 식민지 지배, 침략주의는 1945년 8월 15일 일본의 패전으로 역사적 심판이 내려졌다. 이 날을 기해서 한반도는 일본의 군인 경찰의 강압과 동화의 질곡으로부터 해방되었고 한민족은 한국어, 한국식 성명을 도로 찾았다.

반면 일본 국내에서도 천황주권 국가가 주권재민 국가가 되었으며, 식민지 지배와 침략주의의 부정에 입각하여 국제협조주의가 표방되게 되었다.

그러나 위와 같은 조선의 해방(독립) 및 일본국 법질서에서 8월 혁명이라고 불리우는 법적 가치체계의 근본적 변화에도 불구하고, 유독 재일 한국·조선인에 대한 동화정책에 관한한 어떠한 실질적 변화도 보이지 않았다.

즉 일본의 패전 직후 일본 각지에서 민족교육을 목적으로 한 한국·조선인 학교가 재일 한국·조선인의 손에 의하여 다수 창설되었지만, 일본 정부당국은 이에 대해 학교 폐쇄, 일본인 학교와의 통폐합 조치 등의 경찰 행정적 탄압을 강행하였다.

위 민족학교에 대한 탄압은 재일 한국·조선인은 일본 국민(일본 국적 보유자)이라는 명분으로 이뤄졌다. 해방민족으로서 빼앗긴 민족명을 되찾으려는 재일 한국·조선인의 민족교육에 대한 탄압에 관해서는 전쟁 이전과 변함없는 명분이 사용되었던 것이다.

그 반면 중의원 의원선거법, 참의원 의원선거법, 지방자치법의 각 부칙의 "호적법의 적용을 받지 않는 자의 선거법 및 피선거권은 당분간 정지한다"는 규정은 일본 정부 당국의 해석에 의하면 아직 일본 국적을 가지고 있는 재일 한국·조선인이 국정에 참여하는 길은 봉쇄하고, 외국인등록법의 전신인 외국인등록령에는 "조선인은 외국인으로 간주한다"는 규정을 두어 재일 한국·조선인을 관리와 억압 하에 두었다.

재일 한국·조선인을 때로는 일본국민으로, 때로는 외국인으로 취급하는 정책은 패전 후 샌프란시스코 강화조약 발효일까지 계속되었지만, 그러한 정책의 근저에 깔려있는 것은 일본정부 당국의 자의에 의한 재일 한국·조선인을 때로는 일본인으로, 때로는 외국인으로 구분하는 것을 최대한 이용함으로써 그들에게 국민으로서의 권리도, 외국인으로서의 권리도 모두 부정하는 것이 되었다.

1952년 4월 28일 샌프란시스코 강화조약이 발효되었다. 일본정부 당국은 이 날을 기해서 재일 한국·조선인은 일본 국적을 상실하였다는 해석을 하였다.

외국인등록령은 외국인등록법이 되었으며, 새로운 출입국관리령이 재일 한국·조선인에게 적용되게 되었다. 이로 인해 지문날인의무가 새롭게 법조문으로 되었으며, 외국인등록법을 위반하는 경우 외에도 일반 형벌법령 위반이나 빈곤, 신체장애 등으로 공공의 부담이 되었을 경우 등 광범위한 사유에 근거한 강제퇴거가 가능한 관리추방제도가 만들어졌다.

위 한국인의 일본에서의 거주활동에 대한 규제입법과는 별도로 직업선택이나 사회보장 등의 일상생활에 직결된 분야에서 일본 국적을 보유하지 않는 것을 이유로 한 광범위한 차별 법령이 만들어졌다.

위와 같은 한국·조선인에 대한 일본 정부의 국적을 이유로 한 차별, 규제, 관리정책은 메이지 유신 이후 조선 식민지 지배를 실행해 가는 과정에서 일본인에게 뿌리 깊게 박혀있는 한국·조선인에 대한 편견과 민족차별의식을 조장하는 결과가 되었으며, 전쟁 이후의 일본사회에서는 한국·조선인에 대한 차별이 그대로 온존되게 되었다.

이리하여 재일 한국·조선인은 한일협정 체결에 이르는 여러 차례의 양국 정부회담에서 재일한국인 법적지위위원회의 일본측 대표보좌를 맡았던 법무성 출입국관리국 참사관 池上努의 "삶아 먹던 구워 먹던 자유"라는 말이 상징하듯이 관민에 걸친 가혹한 민족차별 하에 놓여 있었던 것이다.

이러한 제도 하에서 재일 한국·조선인은 권리를 얻으려면 일본으로 귀화를, 차별을 받지 않으려면 일본인처럼 행동할 것을 강요받기에 이르렀다. 전쟁 이전의 동화정책이 일본 국적의 강요를 법적 장치로 한 군사력, 경찰력에 의한 직접적 동화정책이었다고 한다면, 전쟁 이후의 그것은 일본국적 상실 = 외국인화를 법적 장치로 한 외국인 차별에 의한 동화정책으로 포장을 바꾼 것이었다.

위와 같은 관·민을 통한 한국인에 대한 동화의 압력이 한국·조선인으로 태어나서부터 한국·조선인이라는 사실을 원망하는 왜곡된 인간을 만들어 내는 것이다.

3. 차별과의 투쟁

한국·조선인이면서 한국·조선인임을 원망하는 인간적 왜곡이 일본의 관·민을 통한 한국·조선인에 대한 민족적 차별, 편견에서 유래한 것인 만큼 한국·조선인이 자신의 왜곡됨을 고치기 위해서는 일본 사회의 민족차별, 편견으로부터 도망칠 것이 아니라, 이 벽에 저항해 가는 것이 필연적인 과정이다.

1970년 본건 재판소와 동일한 요코하마 지방법원에서 일본 유수의 대기업인 주식회사 히다찌 제작소의 외국인에 대한 취직차별을 규탄하기 위하여 종업원으로서 지위확인 등을 요구하는 소송을 제기하여 4년 후에 전면적으로 승소판결을 획득하였던 재일 한국·조선인 2세 朴鐘碩은 법정에서 "이기고 지는 것이 문제가 아니다. 재판을 계기로 잃어버린 민족 혼을 다시 찾아 한국인으로 살아가려는 결의를 할 수 있었던 것이 최대의 승리이다"라고 말하였다.

그에게 있어서는 차별에 저항해서 이와 투쟁해 가는 과정에서 획득한 인간해방, 민족적 열등감의 극복이 중요한 것이었으며, 외국인 차별의 모습을 갖는 일본의 동화정책의 함정을 간파하고 이를 규탄하려는 자세를 취함으로써 역사적 심판에서 승리한 이상 재판소에서의 승리는 2차적인 것이었다.

사법연수생 채용에서 최고재판소의 국적이란 이름에 의한 민족차별의 의미를 표출한 본 변호인의 행위도 그것이 의미하는 바는 위의 경우와 동일한 것이었다. 본 변호인에게는 변호사가 될 자격을 취득할 수 있는지의 여부가 문제는 아니었다. 귀화하지 않으면 연수생으로 채용하지 않는다는 최고재판소의 국적이란 이름에 의한 민족차별, 동화정책을 규탄하는 것이 중요한 것이었다.

본건 재판에서 李相鎬의 경우도 그 의미에 있어서는 위의 두 사람의 경우와 다르지 않다.

이상호는 사회복지 법인 靑丘社의 직원으로 차별에 굴복하지 않는 어린이 만들기, 차별로 인하여 스스로를 추락시키지 않는 어린이 만들기를 실천하고 있는데, 재일 한국·조선인에 대한 차별적 법제도라고 밖에 할 수 없는 지문날인제도에 쉽게 굴복하여 따르는 것은 어린이 앞에서 차별의 부당성, 차별에 굴복하지 않고 강하게 살아가는 것을 설명하는 자신의 교육실천을 그 한 가지 일로 인해 무산시키는 것과 같은 것으로서, 순진한 어린이를 앞에 두고 그러한 기만적인 행위를 계속하는 것은 도저히 양심이 허락하지 않는 일이었다.

이상호에게 지문날인거부는 피고인의 자리에 앉는 것을 각오하고 일본국의 차별, 동화정책에 대한 고발이므로, 그 배후에는 귀추를 지켜보는 靑丘社에서 공부하는 많은 어린이들이 꿈꾸는 동경이 있다는 것을 잊어서는 아니된다.

4. 재판의 본질 - 재판받아야 할 것은 무엇인가.

금년 7월부터 외국인등록 대량 갱신기에 들어가 지문날인제도에 이의를 제기하는 한국·조선인의 수는 급속히 증가하여 오늘 날 현재 약 13,000여 명이 지문날인거부 또는 유보의 형태로 지문날인에 응하지 않고 있다.

위의 거부, 유보자에 대해 법무성은 형사처벌의 적용에 그치지 않고 재입국불허 처분이란 행정처분의 남용을 통하여 재일 한국·조선인의 해외여행의 자유와 생활권 등을 위협하고, 나아가서는 지방자치체의 고유 사무인 외국인등록 제증명서의 발행업무에까지 부당하게 간섭하며, 여기에 지문 불날인(指紋不捺印)이라고 기재할 것을 통달을 통하여 전국의 지자체에 강제하는 등의 인권 침해를 강행하고 있다.

일본국 법무성 당국이 이렇게까지 마구잡이로 행정적 보복조치를 강행한 이유는 무엇일까. 들리는 바에 의하면 어떠한 법이든 법은 지켜야 한다, 이를 지키는 것이 국가의 위엄과 체면을 확보하는 것이 되기 때문이라는 것이다.

그러나 국가의 진정한 위엄은 지문날인 거부에 대해 마구잡이식 행정적 보복조치에 의해 확보되는 것은 아니다.

일본정부 당국이 외국인, 특히 재일 한국·조선인에게 지문날인을 강요할 필요성과 합리성이 있다고 믿는다면 국가 스스로가 그 믿는 부분을 당당하게 논해야만 하며, 이를 설명할 증거나 자료 등이 있다면 그것을 보여 주어야만 한다.

그리고 또한 지문날인 강요의 불필요성, 지문제도의 불합리성, 인권침해성이 명백할 때에는 정부당국 스스로가 그 운용을 중지하고, 이를 폐지해야만 한다. 그렇게 함으로써 국가의 진정한 권위가 확보되는 것이다.

지문날인이 외국인의 동일성을 확보하기 위해 필요하다는 논리는 피고인 이상호를 선두로 하는 재일 한국·조선인에게는 해당하지 않는다. 재일 한국·조선인은 전쟁 이전부터 일본에 거주하였거나 일본에서 출생하여 성장한 사람들이다. 그들의 동일인성은 그들이 태어나고 자라서 거주하는 사회에서의 인간관계를 통하여 확인되고 있으며, 이 점에 관하여는 일본 국민의 경우와 다르지 않다.

동일인성 확인을 제도 유지의 이유로 하는 지문날인제도가 합리성이 없다는 것은 이제 명백하다. 그렇기 때문에 검찰관은 변호인 등의 석명 청구에도 대답하지 않고, 지문제도의 필요성, 합리성을 명확히 하지 못하는 것이다.

지문날인제도는 조만간에 철폐되어야 할 제도이다. 아니 적어도 현 시점에 이르기 까지 당연히 철폐되었어야 할 제도였다. 일본정부 당국이 요구받고 있는 것은 당연히 폐지되어야할 제도를 하루라도 빨리 폐지함으로써 역사의 흐름에 어떻게 해서라도 부응하는 것이다.

피고 이상호는 시대의 흐름에 역행하는 일본국 정부당국의 비인도성을 역사의 심판관에게 고발하고 있는 것이며, 본건에서 진지하게 재판받아야 할 것은 피고인 이상호가 아니라 검찰관이며, 일본국가 그 자체인 것이다.

그리고 이 법정에서는 일본국가의 마지막 최소한의 양심을 보여줄 것이 요구되는 것이다.

5. 석성기 원호보상 청구소송 판결문

해 설

일제는 제2차 대전 중 수많은 한인들을 군인군속으로 전장으로 끌고 갔음은 잘 알려진 사실이다. 전후 일본은 과거 군인군속으로 복무하다 사망하거나 부상당한 본인 또는 유족을 위한 각종 원호보상제도를 실시하고 있으나, 한국내 피해자는 물론 일본내 거주 피해자에 대하여도 원호보상제도를 적용하지 않고 방치하였다. 이들은 전후 일본 국적을 상실하여 원호보상제도를 적용할 수 없다는 이유였다. 특히 1965년 한일국교정상화와 청구권 협정의 체결 이후 일본정부는 과거사 피해자에 대한 보상문제는 청구권 협정으로 해결된 문제라는 입장을 견지하였다. 산발적으로 제기되던 과거사 피해자의 원호보상 요구는 1980년대 말부터 재일한인 전후보상청구운동으로 본격화되었다. 보상청구의 주체도 군인·군속 피해자, 사할린 억류 피해자, 군대 위안부 피해자, 전범 피해자 등 다양하게 전개되었다. 1992년 8월 제소된 본 석성기, 진석일 원호보상 청구소송도 그러한 요구의 일환으로서 가장 먼저 일본 최고재판소까지 올라간 사건이었다. 원고 중 1인인 진석일은 1심 판결도 나기 전인 1994년 5월 사망하였다. 본 청구소송에서는 1, 2, 3심 모두 원고가 패소하였다. 김경득은 이 사건의 주 변호인의 한명으로 활약하였다. 아래 판결문은 이 사건에 대한 2001년 4월 5일 내려진 일본 최고재판소 판결문이다. 일본에서의 유사한 소송에서 원고측이 최종적으로 승소한 판결은 없다.

상고인: 石成基 외 2명

피상고인: 구 후생대신 사무승계자 후생노동대신(厚生勞動大臣)

주 문

본건 상고를 기각한다.

상고 비용은 상고인들이 부담한다.

이 유

상고 대리인 新美隆, 동 金敬得, 동 梁文洙, 동 黃泰軫의 상고 이유 제1장 및 제3장에 관하여

1. 전상병자전몰자유족등원호법(戰傷病者戰歿者遺族等援護法)(이하「원호법」이라 한다)은 군인군속 등 공무상의 부상, 질병 또는 사망에 관한 국가보상의 정신에 기하여 군인군속 등이었던 자, 또는 이들의 유족을

원호할 목적으로 제정된 것이며(제1조), 군인군속이었던 자의 재직기간 중 공무상의 부상 또는 질병에 대하여 소정의 요건을 갖추면 장애연금 등을 지급한다고 규정하고 있지만, 군인군속이었던 자로서 제7조 1항에 규정된 정도의 장애상태가 된 날 일본국적을 보유하고 있지 않다던가, 또는 그 날 이후 昭和27년 3월 31일 이전에 일본 국적을 상실한 자에게는 장애연금 등을 지급하지 않는다고 규정하고 있으며(제11조 2호), 또한 장애연금을 받을 권리를 가진 자가 일본 국적을 상실하였을 때는 해당 장애연금을 받을 권리가 소멸한다고 규정하고 있으며(제14조 1항 2호), 특히 "호적법 (昭和22년 법률 제224호)의 적용을 받지 않은 자에 관하여는 당분간 이 법률을 적용하지 않는다"고 규정하고 있다(부칙 2항).

상고인 石成基 및 陳石一(상고인 堺正子 및 동 계경일(堺慶一)의 소송 피승계인. 이하 상고인 석성기 및 진석일을 '상고인'이라고 한다)은 대한민국 국적을 보유하며 일본국에 거주하고 있는 자인데, 본건은 상고인 석성기가 일본해군의 군속으로, 진석일이 선박운영회가 운항하는 선박의 선원으로서 모두 원호법이 규정한 재직기간 중에 공무상 부상하여 장애상태가 되었으므로 원호법에 기인하여 장애연금을 청구하였는데, 후생대신은 상고인들은 원호법 부칙 2항에 의하여 원호법의 적용을 받을 수 없으므로 상고인 석성기에 관해서는 平成3년 6월 7일자로, 진석일에 관해서는 같은 해 10월 4일자로 각각 청구를 각하하는 처분(이하 '본건 각처분'이라고 한다)을 하였기 때문에 상고인들이 본건의 각처분의 취소를 요구한 사안이며, 논지는 원호법 부칙 2항은 상고인들 이른바 재일한국인 군인군속을 부당하게 차별하는 것으로 헌법 제14조 1항에 위반된다고 주장하고 있다.

2. 헌법 제14조 1항은 법 앞에서 평등하다는 것을 규정하고 있지만, 이 규정은 합리적 이유가 없는 차별을 금지하는 취지로서 각 개인에게 존재하는 경제적, 사회적, 기타 여러 사실관계상의 차이를 이유로 그 법적 취급을 구별하는 것은 그 구별이 합리성을 갖고 있는 한 이 규정에

위반되지 않는다는 것은 당 재판소 판례의 취지이다(…).

그런데 우리 나라는 昭和27년 4월 28일에 발효한 일본국과의 평화조약(이하 「평화조약」이라고 한다)에 의해 한국의 독립을 승인하고 제주도, 거문도 및 울릉도를 포함한 한국에 대한 모든 권리, 권원 및 청구권을 포기하며(제2조), 이들 지역의 시정을 행하고 있는 당국 및 그곳의 주민이 일본국에 있는 재산 및 일본국 및 그 국민에 대한 이들의 당국 및 주민의 청구권(채권을 포함 함)의 처리는 일본국과 이들 당국 간의 특별합의의 대상으로 하기로 하였다(제4조). 그리고 평화조약의 발효에 의해 그 때까지 일본 국내법상 조선인으로서의 법적지위를 가지고 있던 사람, 즉 조선호적령의 적용을 받아 조선호적에 등재될 지위에 있던 사람은 한국국적을 취득하고 일본국적을 상실하였다고 해석된다(최고재판소 昭和30년(オ) 제890호 동36년 4월 5일 대법정 판결·민집 15권 4호 657면, 최고재판소 昭和38년(オ) 제1343호 동40년 6월 4일 제2소법정 판결·민집 19권 4호 898면 참조). 평화조약 발효 직후 昭和27년 4월 30일에 원호법이 공포 시행되어, 같은 달 1일로 소급 적용되었는데, 앞서 설명한 바와 같이 원호법상의 원호대상자는 일본국적을 보유한 자로 한정되어 있으며, 일본 국적의 상실도 권리소멸사유로 규정되어 있는 것에 더하여 원호법 부칙 2항이 설치되었다. 이의 취지는 원호법 제정 당시는 그 때까지 일본 국내법상 조선인 및 대만인으로서의 법적지위를 보유하고 있던 사람들의 국적 귀속이 명확하지 않았기 때문에 이러한 자들에게도 원호법이 적용되지 않았다는 점을 명확히 한 것이라고 해석된다.

이상의 경위에 비추어 보면 그 때까지 일본 국내법상 조선인으로서의 법적 지위를 보유하고 있던 군인군속이 원호법의 적용으로부터 제외된 것은 이들의 청구권의 처리는 평화조약에 의해 일본국 정부와 한국의 시정당국간의 특별합의의 대상이었기 때문에, 이들 군인군속에 대한 보상 문제 역시 양국 정부 간의 외교교섭에 의해 해결될 것이 예정되어

있었다는 점에 기인하였다고 해석되며, 그 점에는 충분히 합리적 근거가 있었다고 할 수 있다. 따라서 원호법 부칙 2항에 의하여 일본 국적을 보유한 군인군속과 평화조약의 발효에 의해 일본 국적을 상실하고 한국 국적을 취득하게 된 군인군속 간의 구별이 발생하였다고 하더라도, 그것은 이상과 같은 근거에 기인한 이상 원호법 부칙 2항이 헌법 제14조 1항에 관한 위 각 대법정 판결의 취지에 반한다고 할 수 없다(최고재판소 昭和60년(オ) 제1427호 平成4년 4월 28일 제3소법정 판결·재판집 민사 164호 295면 참조).

3. 일본국과 대한민국 간에 평화조약에 근거한 특별조치에 상당한 것으로서 昭和40년 6월 22일 일본국과 대한민국간의 재산 및 청구권에 관한 문제의 해결과 경제협력에 관한 협정(昭和40년 조약 제27호. 이하 「한일 청구권 협정」이라고 한다)이 체결되었다. 그리고 그 제2조 1항에서 양 체약국 및 그 국민의 재산, 권리 및 이익과 양 체약국 및 그 국민 간의 청구권에 관한 문제가 평화조약 제4조 (1)에 규정된 것을 포함하여 완전히 그리고 최종적으로 해결되었다고 확인하였다. 또한 한일 청구권협정 제2조 3항에는 동조 2항의 규정에 따를 것을 조건으로 하여, 일방 체약국 및 그 국민의 재산, 권리 및 이익으로서 이 협정의 서명일에 타방 체약국의 관할 하에 있는 것에 대한 조치와 일방 체약국 및 그 국민의 타방 체약국 및 그 국민에 대한 모든 청구권으로 동일자 이전에 발생한 사유에 기인한 것에 관하여는 어떠한 주장도 할 수 없는 것으로 규정되었다. 한편 동조 제2항 (1)에서 이 협정은 일방 체약국의 국민으로 1947년 8월 15일부터 이 협정에 서명일까지 사이에 타방 체약국에 거주한 적이 있는 재산, 권리 및 이익에 영향을 미치지 않는다고 규정되었다. 또한 일본국과 대한민국간의 재산 및 청구권에 관한 문제의 해결과 경제협력에 관한 협정에 관하여 합의된 의사록(이하 「합의 의사록」이라고 한다)에는 한일 청구권 협정 제2조에 관하여 「재산, 권리 및 이익」이라 함은 법률상의 근거에 의거하여 재산적 가치가 인정되는 모든

종류의 실체적 권리를 말하는 것으로 양해되었다고 기재되어 있다. 한일 청구권 협정 체결 후 일본국 정부는 협정 제2조 2항 (1)에 해당하는 재일 한국인의 군인군속의 보상청구에 관해서는 이들이 원호법의 적용으로부터 제외되어 있는 이상 법률상의 근거를 가진 실체적 권리가 아니기 때문에 동항에서 말하는 「재산, 권리 및 이익」에는 해당하지 않으며, 같은 조 3항에 의하여 대한민국 정부의 외교보호권은 포기되었으므로 이 협정에 의해 해결되었다는 입장을 취하였으며, 다른 한편 대한민국 정부는 재일한국인 전상자의 보상청구권은 한일 청구권 협정의 해결대상에는 포함되어 있지 않으며, 동 협정 제2조 2항 (1)에서 말하는 「재산, 권리 및 이익」에 해당한다고 해석하고, 동항 (1)에 해당하는 군인군속에 관해서는 대한민국의 국내법에 의한 보상대상에서 제외하였다. 때문에 이들의 재일한국인의 군인군속은 그 공무상의 부상이나 질병 등에 관하여 일본국이나 대한민국으로부터 어떠한 보상도 받지 못하게 되었다. 그 결과 일본인 군인군속과 재일한국인 군인군속 간에 공무상의 부상 또는 질병 등에 대한 보상에 관하여 차별상태가 발생한 것은 부정하지 않는다. 앞서 지적한 원호법 부칙 2항이 원호법 제정 당시에는 충분한 합리적 근거를 가지고 있었다고 할지라도 한일 청구권 협정 체결 이후 위와 같은 차별상태가 발생하였음에도 불구하고 입법부가 재일한국인의 군인군속에 대해서 원호조치를 강구하지 않고, 원호법 부칙 2항을 존속시킨 것에 대하여는 그것이 헌법 제14조 1항에 위반되는지의 여부가 다시 검토되어야 할 것이다.

그런데 군인군속 등의 공무상의 부상 또는 질병, 사망과 같은 전쟁희생 내지 전쟁손해에 대한 보상은 헌법이 예상하지 못하였던 부분으로, 그 보상의 필요 여부 및 형태는 사안의 성질상 재정, 경제, 사회정책 등 국정 전반에 걸친 종합적 정책판단을 기다려서 비로소 결정을 할 수 있는 것으로서, 이에 관하여는 국가재정, 사회경제, 전쟁으로 인해 국민이 받은 피해의 내용, 정도 등에 관한 자료를 기초로 하여 입법부

의 재량적 판단에 맡겨진 것이라는 해석이다(최고재판소 昭和40년(オ) 제417호 동43년 11월 27일 대법정 판결·민집 22권 12호 2808면, 최고재판소 昭和58년(オ) 제1337호 동62년 6월 26일 제2소법정 판결·재판집 민사151호 147면, 최고재판소 平成5년(オ) 제1751호 동9년 3월13일 제1소법정 판결·민집 51권 3호 1233면 참조). 또한 이상과 같은 한일 청구권 협정 체결 이후의 경과나 국제정세의 추이 등을 보면 원호법 부칙 2항을 폐지할 것을 포함하여 재일한국인 군인군속에 대하여 원호조치를 강구할 것인가 여부는 대한민국이나 그 외의 국가와의 사이에 고도의 정치, 외교상의 문제라고도 할 수 있으며, 그 결정에 있어서는 변동하는 국제정세, 국내의 정치적 또는 사회적 여러 사정 등을 포함하여 복잡한 고도의 정책적 고려와 판단이 요구된다고 말하지 않을 수 없다. 이러한 점들을 감안하면 한일 청구권 협정 체결 이후 상고인들을 포함하여 재일한국인 군인군속에 대한 원호조치를 강구하지 않고 원호법 부칙 2항을 존치시킨 것은 위와 같은 복잡한 고도의 정책적인 고려와 판단 위에서 행사되어야 할 입법부의 재량의 범위를 현저히 벗어났다고는 말할 수 없으며, 본건 각 처분 당시에 있어서 헌법 제14조 1항에 위반하였다고는 할 수 없다. 이와 관련하여 본건 각 처분 이후 평화조약 국적이탈자 등인 전몰자 유족 등에 대한 조의금 등의 지급에 관한 법률(平成12년 법률 제114호)이 제정되었는데, 원호법과는 기본적으로 입법취지를 달리하는 것으로서 인도적 정신에 기인하여 재일한국인 등 평화조약 국적이탈자인 전볼자능의 유족과 중증 부상병자의 유족에 대하여 사망한 자에게 1인당 조의금 260만엔을 지급하고, 또한 평화조약 국적이탈자인 중증 부상병자에게 1인당 위로금 200만 엔과 중증 부상병자 노후 생활설계지원 특별급부금 200만엔을 지급하도록 하였다.

4. 이러한 주장에 대한 원심의 판결은 이상의 취지로 긍정할 수 있다. 논지는 채용할 수 없다.

그 나머지 상고이유에 관하여

원심이 적법하게 확정한 사실관계 하에서는 쟁점에 관한 원심판결은 정당하다고 인정할 수 있다. 상고논지는 독자적인 견해에 입각해서 원판결을 비난하는 것에 지나지 않는 것으로서 채용할 수 없다.

따라서 재판관 深澤武久의 보충의견 외에 재판관 전원일치의 의견으로 주문과 같이 판결한다.

재판관 深澤武久의 보충의견은 다음과 같다.

1. "호적법(昭和 22년 법률 제224호)의 적용을 받지 않는 자에 관해서는 당분간 이 법률을 적용하지 않는다"는 원호법 부칙 2항의 취지는 원호법상의 원호대상자는 일본국적을 소유한 자에 한정되며, 일본국적을 상실하면 권리소멸의 사유가 되지만 원호법 제정 당시 일본의 국내법상 조선인으로서의 법적지위를 갖고 있던 사람의 국적 귀속이 분명하지 않았기 때문에 이러한 사람들에게 원호법을 적용하지 않을 것임을 분명히 한 것이다. 그리고 이들의 청구권 처리는 평화조약에 의해 일본국 정부와 한국의 시정당국과의 특별취급의 주제가 되고 군인군속에 대한 보상문제도 양국 정부 간의 외교교섭에 의한 해결이 예정된 것이므로 원호법 제정 당시 원호법 부칙 2항은 합리적인 근거를 갖고 있었다. 그 후 일본국 정부는 昭和40년 6월 22일에 체결된 한일 청구권 협정에 의해 재일한국인의 군인군속에 대한 보상 문제도 법적으로는 완전하고 최종적으로 해결되었다는 입장을 취하였다. 반면 대한민국 정부는 재일한국인 전상자의 보상청구권은 동 협정의 해결대상에 포함되지 않는다는 입장을 취하였고, 재일한국인 군인군속에 관하여 동국의 국내법에 의해 보상대상에서 제외하였다. 그 결과 재일한국인 군인군속은 원호법 제정으로부터 49년, 한일 청구권 협정 체결 이후 36년이란 장기간에 걸쳐 일·한 양국의 어느 쪽으로부터도 보상을 받지 못한 상태로 있었으며, 원호법의 제정으로 지급을 받고 있는 일본인 군인군속과 큰 차별이 발생하기에 이르렀다. 이러한 상태는 아마 법 앞에서의 평등에 위반된

다고 말할 수도 있겠으나, 이 문제는 대한민국이나 기타 다른 나라들과의 정치, 외교상의 요소를 포함하고 있으며, 해결에는 복잡하고 보다 고도의 정치적인 고려와 판단이 요구된다는 점에서 재일한국인 군인군속에 대한 원호조치를 강구하지 않고 원호법 부칙 2항을 존치시킨 것을 현재 입법부의 재량범위를 현저하게 이탈하였다고까지는 할 수 없다.

2. 그러나 平成12년에 제정된 평화조약 국적이탈자 등인 전몰자 유족 등에 대한 조의금 등의 지급에 관한 법률에 의해 지급된 조의금 등은 인도적 정신에 기인한 것으로서, 국가보상의 성격을 갖는 것이 아니며, 조의금 지급의 청구는 동법 시행일로부터 3년 이내에 하여야만 한다(동법 제12조 1항)고 되어있듯이 그 성격도 명확하지 않고 앞서 지적한 커다란 차별상태의 해소에는 충분하다고 평가하기 어렵다.

전쟁 중 일본국적을 갖고 일본국의 군인군속으로 공무에 종사하여 부상 또는 질병에 걸린 사람들에 대하여 인도적 견지에 입각한 명확한 법적 해결을 요망하는 바이다.

6. 정향균 관리직 임용청구소송 변론요지

해 설

일본 사회내에서 재일한인에 대한 각종 차별이 문제되는 가운데, 개개인의 입장에서 가장 심각한 차별은 취업상의 차별일 것이다. 취업상의 차별은 당하는 사람의 입장에서는 무엇보다도 구체적이며, 실질적 충격을 가하게 된다. 그 사회에서의 정상적 생존을 위협하기 때문이다. 재일한인들은 1970년대부터 권익옹호 차원에서 지방공무원 취업무호 개방운동을 전개하였다. 조직적인 운동의 결과 개방적인 자치체부터 공무원 취업문호가 조금씩 열리기 시작하였다. 1991년 한일 외무장관 합의각서에서도 "공무원 임용에 관한 국적에 의한 합리적 차이에 입각한 일본 정부의 법적 견해를 전제로 하면서, 채용기회의 확대를 도모하도록 지방공공단체를 지도하여 간다"고 규정하였다. 취업의 문을 여는 것도 중요하지만, 일단 공무원으로 취업이 된 다음에는 승진이 문제였다. 외국인은 공권력을 행사하거나 공공의사 형성에 관여는 관리직으로의 승진은 불가하다는 입장을 갖는 자치체가 많았기 때문이다. 정향균 사건도 그런 상황 속에서 발생하였다. 정향균은 1988년 보건부(간호사)로 동경도내 보건상담소에 취업하였고, 1993년에는 5년 이상 재직자에게 허용되는 주임시험에도 합격하였다. 그러나 1994년 3월 관리직으로의 승진시험을 보려 하였으나, 외국인이라는 이유로 거부당하였다. 정향균은 1994년 9월 동경도지사를 상대로 수험자격을 확인받고 위자료를 청구하기 위한 소송을 제기하였다. 1심에서는 원고가 패소하였으나, 1997년 동경 고등법원에서는 일률적인 자격 배제는 위헌이라는 이유에서 정향균의 위자료 청구권을 인정하였다. 이 2심 판결은 재일한인들의 일본내 취업 차별을 해소시키는데 크게 기여할 것으로 기대되었다. 그러나 무려 7년도 더 지난 2005년 1월 최고재판소는 동경도의 편을 들어 정향균의 패소를 판시하였다. 아래는 2004년 12월 15일 최고재판소에서의 김경득의 변론 내용이다.

平成10년 제93호
상고인: 東京都, 피상고인: 鄭香均

2004년 12월 15일
피상고인 대리인 변호사 김경득
최고재판소 대법정 귀중

1. 재일 한국·조선인의 일본 거주의 역사와 일본국적 상실의 특이성

재일 한국·조선인의 존재는, 일본의 조선 식민지 통치에서 유래한다. 「한국병합에 관한 조약」(1910년) 전 해의 재일조선인 수는 790명으로, 淸國人 9,858명, 영국인 2,468명, 미국인 1,627명 다음으로 겨우 4위에 지나지 않았으나(일본제국통계연감), 식민지 통치하에서 증가의 길을 걸어(1935년 처음으로 재일조선인 수가 재조선 일본인 수를 상회하였다. 그 해 재조선 일본인수는 61만 9,005명), 종전 시에는 200만 명 이상에 달하였다. 국민징용령 등에 의해 연행되어 일본 거주기간이 짧은 사람들은 1946년말 까지 대부분 귀국하였으며, 한반도의 분단과 경제적 피폐 때문에 일본에서의 거주경력이 비교적 긴 약 60만 명의 재일한인이 일본에 머무르게 되었다.

재일 한국·조선인은 병합조약에 의해 일본 국적을 갖게 되었으며, 한국의 독립에 따라 민사국장 통달(1952년 4월 19일 민사갑 438호)에 의해 샌프란시스코 평화조약 발효일에 일본국적을 상실하게 되었다. 이러한 일본국적 상실조치는 최고재판소(1955년 (オ) 제890호, 1961년 4월 5일 대법정 판결)에 의하여 위헌이 아니라고 되었지만, 재일 한국·조선인에게 국적선택권이 인정되지 않았던 것은 영토변경이나 식민지 독립에 즈음하여 국적선택권을 인정하였던 구미 각국의 예와 비교하면 극히 이례적인 경우였다(영국의 경우 1948년 국적법에 의해 신생 독립국의 국민은 '영연방 시민'이라는 지위를 가지며, 영국 본국에서는 '외국인'으로 취급되지 않았다. 프랑스는 1960년 7월 28일자 법률에 따라 식민지 독립으로 인해 국적에 영향을 받는 자 중에 일정의 범주에 속하는 자에게는 당연히 프랑스 국적의 보유를 인정함과 더불어 여타의 자에게도 프랑스 국적의 '승인(承認)'을 받을 수 있는 가능성을 열어 두었다. (구)서독에서는 1956년 5월 국적문제규제법을 제정하여 병합에 의해 부여된 「독일국적」은 오스트리아의 독립 전날 모두 소멸되었지만, 독일 국내에 거주하는 오스트리아인은 의사 표시에 의해 독일국적을 회복할 권리를 갖게 되었다). 때문에 위 대법정 판결 이후에도 재일 한국·조선인의 법적지위나 인권을 판단할 때는 그들이 자기의 의사에 의하지 않고 일본 국적을 상실한 점을 고려해야 한다는 취지가 최고재판소나 하급심 판결에서도 판시되어 있다(최고재판소 제1소법정 1975년(行ッ) 제98호, 1978년 3월 30일 판결 등).

재일 한국·조선인의 일본국적 상실 조치는 식민지 지배가 없었다면 그랬을 것이라는 상태로 국적을 되돌린다는 원상회복의 논리에서 이루어졌다. 그러나 일본국적 상실에 따라 취해졌던 조치는 「포츠담선언 수락에 따라 발한 명령에 관한 건에 근거한 외무성관계 제명령의 조치에 관한 법률」(1952년 4월 28일 법률 제126호) 제2조 6항에서 "별도의 법률로 정함에 의하여 그의 재류자격 및 재류기간이 결정될 때까지 당분간 재류자격 없이 이 나라에 재류할 수 있다"고 되어 있을 뿐, 다른 일반 외국인에게 적용된 것과 동일한 법제 하에 놓여져, 재일 한국·조선인은 직업선택이나 사회보장 등 일상생활에 긴요한 여러 권리를 국적이 없다는 이유로 제한받았다. 국적의 원상회복은 식민지 지배에 의해 재일 한국·조선인이 여러 가지 피해를 실질적으로 회복하고, 한국인의 민족성을 보장한다는 원상회복의 이념과는 반대되는 결과를 가져오게 되었다.

2. 국적차별의 시정

국적을 보유하지 않은 것에 따른 권리 제한은 일본국 헌법상 중대한 인권문제를 야기하며, 전후 출생한 재일 한국·조선인 2세가 성장하여, 직업을 얻어야만 했던 1960년대 후반부터 직업선택의 차별이 서서히 시정되게 되었다.

1970년 재일한인 2세 朴鐘碩이 주식회사 히다찌 제작소로부터 채용 내정 통지를 받았지만, 외국인이란 사실을 숨긴 것을 이유로 내정이 취소되자 요코하마 지방법원에 제소하였다.

요코하마 지방법원은 “우리 나라의 대기업이 특수한 예외를 제외하고 재일한국인을 한국인이라는 이유만으로 채용을 거부해왔다는 현실”을 인정하여 원고가 승소하였다.

또한 1977년에는 국가공무원에 준한다는 이유로 채용이 거부된 사법연수생에게 재일한국인 2세 김경득이 “최고재판소가 상당하다고 인정한 경우는 이에 한하지 않는다”고 하여 처음으로 채용되었으며, 그 후 외국국적이란 이유로 사법연수소 입소를 거부당한 사람은 없으며, 현재 한국·조선적의 변호사 등록자 수는 50명을 넘고 있다.

1982년에는 「국립대학의 외국인교원의 임용 등에 관한 특별조치법」이 시행되어, 외국인의 교수 등으로의 임용이 인정되었다. 그 후 1991년에는 「한일 외무장관 각서」를 계기로 국공립 초중고교 교원의 경우 외국적자의 상근강사 채용이 가능해졌다.

전후 경제성장에 따라 사회보장상의 여러 시책이 충실화 되었지만, 이 분야에서도 재일 한국·조선인은 국적조항에 의해 배제되었다. 그러나 1979년의 국제인권규약의 비준에 따라 1980년 행정당국에 의하여 주택금융공고법, 공영주택법, 주택도시정비공단법, 지방주택공급공사법 등에서의 국적조항의 해석 변경이 이뤄졌으며, 재일 한국·조선인에게도 이러한 법률들이 적용되게 되었다. 또한 1982년의 난민조약의 비준에 의하여 국민연금법, 아동부양수당법, 특별아동부양수당법, 아동수당법 등의 국적조항의 철폐가 실현되었다.

더욱이 1980년대의 일본 전국으로 확대된 지문날인거부에 의하여 외국인등록법의 지문날인제도도 철폐되었고(영주자는 1992년에, 1999년에는 전 외국인으로), 외국인등록증의 상시휴대의무와 형사처벌 규정도 완화되었다.

지방공무원의 국적조항 철폐(완화)에 관해서는 1973년에 兵庫縣 阪神間 6개 시와1개 町이 통일적으로 사무, 기술직 모든 직종의 국적조항을 철폐한 것을 선두로 국적조항의 철폐는 일본 전국 자치체에 확산되었는데, 예를 들어 동경에서는 1985년에 日野市가 전직종에 관하여 철폐하였고, 86년에는 町田市, 小金井市, 88년에는 三多摩 지구 26개 시중 23개 시가 철폐하였고, 89년에는 保谷市, 90년에는 武藏野市, 91년에는 府中市가 철폐하였으며, 남은 곳은 23개 구와 동경도 뿐이다.

본건의 원심인 동경 고등법원은 "외국인의 취임을 인정하는 것이 허용되지 않는 경우와 외국인의 취임을 인정하여도 무방한 경우를 구별할 필요가 있다"고 설시하였으며, 외국인임을 이유로 일률적으로 관리직에 취임할 수 없다는 것은 헌법위반이라고 판시하였다.

지방자치체에서의 공무원의 채용에 관해서 都道府縣 레벨에서는 본건 고등법원 판결 이전에는 高知縣과 神奈川縣이 일반 사무직에 관하여 국적조항을 철폐한 것에 불과하였지만, 고등법원 판결 이후, 9개의 府縣(沖繩縣, 大阪府, 三重縣, 鳥取縣, 滋賀縣, 大分縣, 愛知縣, 奈良縣, 岩手縣)이 국적조항을 철폐하게 이르렀다. 또한 政令指定都市 레벨에 있어서는 본건 원판결 이전에는 川崎市가 일반 사무직에 관해서 국적조항을 철폐하는데 지나지 않았지만, 본건 원판결 이후에는 모든 정령지정도시(삿보로시, 仙臺市, 사이타마시, 千葉市, 橫浜市, 川崎市, 名古屋市, 京都市, 大阪市, 神戶市, 廣島市, 北九州市, 福岡市)가 국적조항을 철폐하고 있다. 또한 이들 일반 사무직의 국적조항을 철폐한 자치체에서는, 예를 들어 川崎市는 「平成16년 직원채용시험 수험안내」에서 "외국적의 직원은 '공권력의 행사'에 해당하지 않는 직무 또는 '공공의 의사형성에 참여'에 해당하지 않는 직(라인의 과장 이상을 제외한 모든 직)에 임용되며, 이에 관련되는 직원 수는 약 8할에 해당하며, 국적과 관련없는 직원의 배치 이동 승진 등을 실시하는 규정이 만들어져 있다"고 명시하여 제한적이기는 하지만 외국 국적자가 취임할 수 있는 관리직이 있다는 점을 분명히 하고 있다.

1999년 滋賀縣 의회에서 滋賀縣은 본건 고등법원 판결을 고려하여 외국적자가 종사할 수 없는 직무를 미리 명시하는 이른바 「임용제한방식」으로 문호를 여는 것이 가장 합리적이며, 내년에 실시할 채용시험부터 국적요건을 철폐할 수 있도록 검토하겠다는 취지로 답변하였고(1999년 9월 현의회 지사 답변자료), 실제로 이에 따른 모습으로 행정직을 선두로 농업이나 토목직에서부터 국적조항이 철폐되었다.

또한 兵庫縣 川西市는 2000년 4월 1일 재일한국인 2세를 관리직(과장보좌급의 부주간)으로 승진시켰다.

3. 일본국 헌법 하 정주 외국인의 위치

전후 일본에서 외국인 문제는 한국·조선인, 중국인 등 식민지 지배의 사후처리 문제라 하여도 과언이 아니었지만(1952년 말에는 전 외국인 등록자수의 90%가 한국·조선인), 일본의 국제화와 더불어 일반 외국인의 일본으로의 입국과 거주가 증가하여 1986년에는 전 외국인 등록자수가 차지하는 재일 한국·조선인의 비율이 80%로 되었고, 2000년 말에는 전 외국인 등록총수 191만 5,030명 중 한국·조선국적자는 61만 3,791명으로 전체의 32.1%로 되었다.

한국·조선국적자 중 47만 1,756명은 「일본국과 평화조약에 근거한 일본국적 이탈자등의 출입국관리에 관한 특례법」(1991년 법률 제71호)에 의한 특별영주자이며 자자손손에 걸쳐 일본에서의 영주를 인정받고 있지만, 특별영주자 이외에도, 2003년 말 현재 26만 7,011명의 일반영주자가 존재하며, 일반영주권자는 1년에 4만 명 이상 증가하고 있다.

국제화가 진전됨에 따라 금후에도 일본에 거주하는 영주자 등의 정주외국인이 증가하는 것은 필연적이며, 정주외국인에게는 일본국민과 마찬가지로 지역주민으로서 지역사회에서 共生과 참여가 인정되고 있다.

1995년 2월 28일 최고재판소 제3소법정 판결은 재일 한국·조선인 2세가 지방선거권을 요구한 재판에서 "영주자 등 … 에 관하여 … 법률로써 지방공공단체의 장과 의회 의원 등에 대한 선거권을 부여하는 조치를 강구하는 것은 헌법상 금지되어 있지 않다"라고 판시하였다. 이 판결 이후 외국인에게 지방선거권을 인정하려는 법안이 여러 차례 국회에 제안되었고 지금도 계속 심의중이다.

2002년 9월 27일 최고재판소 제2소법정은 외국인 주민에게 주민투표를 인정하지 않아도 헌법위반이 아니라고 판시하였지만, 주민자치의 원리로부터 외국인에게도 주민투표권을 인정하려는 움직임은 지방에 있어서 확고하였으며, 2004년 10월 시점에서 외국적 주민에게 주민투표권을 인정하는 지방자치체는 150개에 이르렀으며, 이미 117개의 자치체가 주민투표를 실시하고 있다.

일본에서의 외국인의 인권확립은 주변 국가에도 영향을 미치어서, 한국에서는 2004년 1월에 정주외국인에게 주민투표권 및 주민투표 청구권을 인정하는 「주민투표법」(2004년 1월 29일 공포, 법률 제7124호)이 성립하여, 전국 250개 지방 자치체 중 이미 215곳이 영주외국인에게 주민투표권 및 주민투표 청구권을 인정하는 주민투표조례를 제정하였고, 35개 자치체가 지방의회에서 심의중이다(2004년 8월 현재).

일본국 헌법은 주권재민(국민주권), 기본적 인권의 존중과 더불어 영구 평화주의를 3대 원칙의 하나로 하고 있다. 일본국 헌법의 평화주의는 아시아에 대한 식민지지배, 침략주의의 반성의 결과의 산물이며, 식민지 지배의 결과 일본에 거주하게 된 재일 한국·조선인 등 구 식민지 출신자의 인권보장은 평화주의 헌법이 내재적으로 요청하고 있는 것이다.

재일 한국·조선인은 현재 1세부터 4세, 5세에 이르고 있으며, 2세 이하의 일본 출신자가 90% 이상을 차지하고 있다. 지문날인 거부가 일본 전국에 확대되었던 80년대에 법무성 입국관리국의 고관은 국민과 외국인의 차이는 국가의 위급 존망 시에 자국을 위해 총을 들 수 있는가 없는가에 있다고 답변한 적이 있다.

한국 및 북한을 조국으로, 일본을 키워준 나라로 삼고 있는 재일 한국·조선인은 일·한, 일·조 사이에서 평화를 위해 몸을 던지는 일은 있어도, 조국과 키워 준 국가 어느 나라를 위해서도 총을 들어서는 아니 되는 존재이다. 일·한, 일·조 간에 외교적 긴장이나 국민감정의 대립이 일어날 때 마다 피해를 입는 것은 일본의 민족학교에 다니고 있는 어린이들이라는 사실이 상징하듯이 재일 한국·조선인은 한·일, 한·조간의 평화가 지켜져야 비로소 그 존재와 인권이 지켜지는 것이며, 평화를 위한 가교의 역할을 담당할 수 있다.

1997년 4월 1일 조사시 약 581 개의 자치체에서 약 760여 명의 외국인이 공무원으로 채용되어 있었다(그 대부분은 한국·조선인).

그들은 지역사회에서 민주주의와 기본적 인권의 존중, 평화주의란 일본국 헌법의 이념 하에서 공무에 종사하고 있으며, 존재 그 자체가 일본과 본국과의 가교임과 더불어 양국에 평화 메시지를 전달하는 존재이다.

국제화와 내외국인 평등이 한층 진전된 21세기에 그들이 평화의 전달자 역할을 한층 더 가능하도록 하는 일이 최고재판소에 요구하고 있는 것이므로, 그들 정주외국인이 지방공무원 관리직이 되는 길이 폐쇄되어서는 아니 된다.

IV. 김경득과 재일한인사회의 미래상

1. 재일한인의 민족의식과 모국관
2. 재일동포사회의 현실과 바람직한 미래상
3. 재일동포에 있어서 국적과 지방참정권

1. 재일한인의 민족의식과 모국관

가. 재일한인의 국적과 민족의식

일본 법무성의 통계에 의하면 '89년 12월말 현재, 외국인 등록을 하고 있는 외국인의 총수는 984,455명이고, 일본 총인구의 0.8%에 해당한다. 그 외국인 중 681,838명이 한국적 또는 조선적을 가지고 있는 재일한인이다.

재일한인은 일본의 외국인 전체의 69.3%를 차지하고 있다.

위 681,833명중 614,327명이 일제시대에 일본에 건너간 재일한인 및 그 자손들이다. 그들 중 1세는 현재 약 10%에 불과하고 나머지는 일본에서 출생한 2,3세 이하의 세대이다.

재일한인 중에는 이미 5세까지도 태어나고 있지만 그들은 모두 일

* "김경득과 재일한인사회의 미래상"에서는 김경득 변호사가 재일한인사회가 향후 어떻게 발전하여야 할 것인가라는 주제에 대하여 고민하는 모습을 보여 주는 3개의 글을 소개한다. 이 3건의 원고는 모두 국내에서 한글로 발표되었던 글이다. 내용이 다소 중복되는 부분도 있으나, 원문 그대로 수록한다. 첫 번째인 본 원고는 해외교포문제연구소 발행의 교포정책자료 제42호(1992년 9월)에 수록되었던 글이다. - 편자주.

본에서 외국인, 대한민국국민 또는 조선민주주의 인민공화국국민으로서 살고 있다. 그것은 거주국의 국적을 가지고 있는 재미, 재소, 재중국 한인(조선인)과의 큰 차이점이다.

재일한인이 일본에 살게 된 것은 일제의 한국 식민지 지배의 결과이다. 한일합방의 1년 전인 1909년에 재일한인수는 불과 790명에 지나지 않았다.

한일합방 후 일제의 식민지 수탈 정책에 의해 많은 한인들이 농토를 잃고 저변 노동자로서 일본에 건너갔다. 또 중·일 15년 전쟁이나 태평양전쟁의 수행과정에서 일제는 많은 한인을 일본에 강제 연행했다. 그리하여 재일한인수는 한일합방 후 기하급수적으로 늘어나 1920년에는 30,189명, 1930년에는 298,091명, 1940년에는 1,190,444명, 1944년에는 1,936,843명을 헤아리게 되어 해방당시에는 200만 내지 250만 명의 재일한인이 있었던 것으로 추축되고 있다.

해방 후 1,2년 사이에 많은 한인들이 한국으로 귀환하고 '47년 말의 외국인등록상의 재일한인 수는 598,507명으로 줄어들었다. 그후 59년에 시작한 북송에 의해 약 10만 명의 재일한인이 북한으로 귀환하고 '89년 말 현재 614,327명으로 되어있는 것이다.

1910년 한일합방에 의해서 한반도는 일본영토로 되고 한인은 일본국적으로 되었다. 일본의 한국 식민지 지배의 기본은 한민족을 일본민족으로 동화시키려는 것이었다. 일본 정부는 동화정책을 수행해 나가는 법적 장치로서 일본국적을 최대한도로 이용했다. 즉 한민족도 일본국민으로 된 이상 일본국민다운 의식을 가지고 일본국민답게 행동해야 한다는 것이었다. 그것이 구체적으로는 창씨개명, 일본어 상용 황국신민의 서사 등으로 나타났다.

재일한인도 해방 전에는 일본국민으로서의 법적 지위를 가지고 일본에 건너가 일본에 거주하고 있었다. 재일한인도 동화정책의 질곡 하에 놓여진 것은 말할 나위도 없다.

해방 후 재일한인의 국적을 어떻게 처리하느냐 하는 문제가 생겼다. 즉 식민지지배하에서 동화정책을 수행해 나가기 위하여 한인들의 의사에 상관없이 부여된 일본국적을 선택하는 권리를 인정하느냐, 안하느냐는 문제가 일어났다.

일본정부는 그 문제에 대해서 재일한인에 대하여 일본국적 선택의 기회를 주지 않고 1952년 4월 28일에 발효한 샌프란시스코 강화조약에 의해 재일한인은 일본국적을 상실하고 조선국적을 회복한다고 했다.

일본정부가 재일한인에 대해 취한 일본국적 상실 조치는 국제법상, 국내법상의 문제점이 없는 것은 아니었다. 즉 국제법상의 문제점은 영토변경이나 식민지 국가의 독립시에 인정되어 온 국적선택권이 재일한인에게는 전혀 인정되지 않았다는 점이었고, 일본 국내법상의 문제점은 일본 헌법에는 "일본국민인 요건은 법률로 정한다"고 하면서도 재일한인의 일본국적 상실조치는 법률에 의한 것이 아니고 법무성 민사국장의 통달에 의해서 이루어졌다는 것이었다.

이상과 같은 법률상의 문제점이 있었지만 일본정부는 식민지지배가 없었더라면 그렇게 되어 있었을 것이다라고 하는 상태로 국적을 회복한다고 하는 이른바 원상회복의 원칙에 입각하여 재일한인의 일본국적 상실을 선고했다.

그 원상회복의 원칙에는 식민지지배가 잘못된 것이었다는 가치판단이 밑바탕에 깔려있는 것이다. 그것은 일본의 한국 식민지지배, 한민족에 대한 일본국적 강요 등이 부정된 것을 의미한다. 그러므로 일본국적 상실 즉 한국(조선)국적 회복조치는 한국이나 북한 그리고 재일한인에 있어서도 받아들여진 것이다.

해방 후의 일본 정부의 재일한인 대책의 부당한 점은 원상회복의 원칙 하에 일본국적의 상실을 선고하면서도 실질적인 원상회복의 권리를 부정한 점이다. 재일한인에 있어서의 원상회복이란 식민지배 하의 동화정책에 의해 빼앗긴 민족성을 되찾고 한인으로서 일본사회에서 살아가기 위하여 필요한 민족적 제반 권리를 보장받는 데 있다. 그러나 일본정부는 해방 후 재일한인은 외국인이라는 명분을 내세워 민족교육권, 직업선택권, 사회보장을 받는 권리 등을 부당하게 부정했다. 그렇게 해서 그러한 권리를 얻고 싶으면 일본으로 귀화할 것을 요구하기에 이르렀다.

일본의 귀화제도는 동화적 귀화라고 불리는 바와 같이 일본사회 일본민족에의 동화정도를 귀화의 실질적 요건으로 하고 있다. 일본으로의 귀화 허가의 여부는 일본 법무대신이 절대적 자유재량 하에 있기 때문에 귀화하려는 사람이 한민족인 것을 고집하거나, 일본민족으로의 동화도가 충분하지 않은 경우는 일본으로의 귀화가 허용되지 않았다. 일본에 귀화할 때 종전의 민족적 씨명을 일본식 씨명으로 바꿀 것이 요구되었던 것은 일본의 동화적 귀화를 상징하는 예였다.

일본정부는 원상회복이라는 명목 하에 재일한인의 일본국적 상실을 신고한 다음에 일본국적을 없는 것을 내세워 원상회복 원칙에 위반하는 민족적 권리 부인정책을 수행한 것이다.

그러한 일본정부의 정책 하에 한민족으로서의 민족성을 유지해 나가기 위하여 재일한인들은 일본에 거주하게 된 그들의 역사적 경위와 일본에서의 거주실태를 올바르게 반영한 정주외국인으로서의 법적, 사회적 지위 확립을 위하여 힘을 써 왔다.

재일한인 역사가 80년을 넘고 일본 출생자가 전체 한인의 90%를 차지하고 5세까지 출생하고 있는 상황임에도 불구하고 그들이 아직도 한국적이나 조선적을 유지하고 있는 이유가 거기에 있다. 재일한인들이 일본으로의 귀화에 대해 거부반응을 표시하는 큰 이유도 일본으로의 귀화와 민족성의 유지가 양립하기 어려운 점에 있다.

해방 후 현재까지 일본에 귀화한 재일한인의 수는 15만 5천명 정도이다. 그들은 원래 일본국적을 취득한 한국(조선)계 소수민족으로서의 지위에 있는 사람이지만 현실적으로는 귀화 시에 그 성명을 일본식으로 고치는 등 한국(조선)계 소수민족으로 행세하지 못하고 있는 실정이다. 또한 일본정부는 그들을 소수민족으로서 인정하지 않고 있다.

귀화한 자도 일제시대에 일본으로 건너간 재일한인임에도 불구하고 보통 재일한인이라고 부를 때 그들을 제외하는 것은 그러한 일본의 귀화의 특수성 때문이다.

나. 한인사회의 세대교체와 민족의식

재일한인 1세들은 일제시대에 망국의 비애 속에서 온갖 민족적 차별과 고난을 견디면서 살아온 사람들이다. 그들은 식민지지배 하에서 심한 민족차별과 동화정책에 시달리기는 하였지만 그 민족적 아이덴티티를 한국에서 형성한 후 일본에 건너간 사람들이어서 그러한 차별을 받으면서도 민족적 자부심과 민족적 아이덴티티를 잃지 않았다. 그들의 경우 민족차별의 벽이 두꺼우면 두꺼운 만큼, 한민족으로서의 의지와 나라의 독립을 원하는 마음이 간절해지고 자기나라가 번영하는데 조금이라도 보탬이 되기를 원했다. 그들은 해방 후 한국으로 귀국하는 희망을 가지면서도 우리나라의 남북분단과 정치적, 경제적 불안정 때문에 귀국을 못하는 채로 일본에서 살아왔다.

비록 조국으로 돌아가지는 않았지만 조국에 대한 관심이 많고, 조국이 남과 북으로 갈라져서 싸울 때는 일본에서도 이른바 민단과 조총련이라는 두 개의 조직을 만들고 남이냐, 북이냐하는 식으로 조국에 있어서와 비슷한 싸움을 하기도 했다. 그들에 있어서의 주요관심사는 조국의 정치적, 경제적 귀추였고 6·25동란이 끝난 50년대 후반에는 북송을 추진하느냐, 저지하느냐의 잇슈에 정력을 써왔다. 북송이 사실상 끝난 60년대 초반부터는 그들의 주요관심사는 이른바 한일조약을 추진하느냐, 반대하느냐는 것이었다.

위에 말한 바와 같이 1세의 민족의식은 조국의 동태와 직결되어 있었고, 개인적 차원에 있어서도 조국에 살고 있는 친척의 생활이나, 자신이 자라난 고향의 발전에 어떻게 이바지하느냐에 큰 관심을 가졌다. 1세들의 의식구조는 한마디로 금의환양이었고, 그들은 일본에서 아무리 심한 차별을 받더라도 자신을 받아들여줄 조국이 있다는 마음으로 살아온 사람이었다고 할 수 있겠다.

한일조약이 체결된 '65년은 해방 후에 태어난 한인2세가 성인으로 되는 해였다. 한일조약 체결시 재일한인의 법적지위협정도 체결되었다. 한일조약은 일본의 한국식민지지배에 대한 사후처리로 체결된 조약이므로 원래는 일본의 식민지지배에 대한 책임이 명기되어야만 하는 것이었고 법적지위협정에 있어서는 원상회복의 원칙에 입각하여 재일한인의 민족적 제반 권리가 보장되어야 하는 것이었다. 그러나 실제의 한일조약에 있어서는 일본의 책임이 명기되지 않았고, 재일한인의 권리보장도 미흡하게 끝났다.

일본에서 출생하고 자란 재일한인 2세에 있어서 가장 절실한 일은 자기가 원하는 직업에 종사하고 자기 능력을 발휘하는 것이었다. 그것은 한민족이라기 보다는 인간으로서의 기본적인 요구였다. 그러나 그들을 둘러싼 일본의 취직차별의 벽은 두꺼웠다. 1970년 히타치제작소입사시험에 합격했음에도 한국 사람이라는 이유로 채용을 거부당한 한국인 2세가 제기한 소송에서 요꼬하마 지방재판소는 1974년에 다음과 같이 판시했다.

> "일본국에서 영주할 것은 허가되었다고는 하나 전후에도, 현재에 이르기까지도 재일조선인은 취직에 관하여 일본인과 차별되어 대기업에 거의 취직할 수 없고, 대부분은 영세기업이나 개인 경영자 밑에서 일하고 그 직종도 육체노동이나 점원이 주된 것이고 일방적으로 노동조건도 열악한 장소에서 일할 수 밖에 없게 되었었다. 또한 재일조선인이 조선인인 것을 공시하여 대기업 등에 취직하려고 해도 수험의 기회

조차 주어지지 않는 경우도 있고 그 때문에 조선인 중에는 본명을 안 쓰고 일본 이름만을 쓰고 조선인인 것을 감추고 취직한 자도 많다. 이와 같은 현상은 재일조선인 사이에는 널리 알려진 사실이고 상식화 되어 있다. 그리고 우리나라의 일류 대기업 사이에 있어서도 특수한 예외를 제외하고 재일조선인이 조선인이라는 이유만으로 그들의 채용을 거부하고 있다고 하는 사실도 공식적인 또는 적극적인 표현은 피하고 있지만은 당연한 것으로 상식화 되어있는 바이다 …"

이러한 상황 하에서 재일한인 2,3세들은 취직차별이나 기타 법적, 사회적 차별을 무너뜨리는 것에 그들의 관심을 기울여 왔다. 70년대 이후 한국적이거나 조선적이거나를 불문하고 일본의 민족차별 동화정책과 투쟁할 것을 목적으로 하는 재일한인 2,3세에 의한 시민운동이 활발해진 것도 그 일환이라고 할 수 있다.

재일한인 2,3세에 있어서의 민족의식이나 민족적 아이덴티티는 1세처럼 본국에서 저절로 형성된 것은 아니다. 그들에 있어서 민족적인 것이라고 하면 부모를 중심으로 하는 가족과 재일한인 사회이외에는 없었다. 그들 대부분은 태어났을 때부터 일본인 및 일본사회의 한인에 대한 민족적 차별과 편견 속에 놓여 있었다. 그들에 있어서 민족적 체험의 제1보는 부모로부터 배우는 우리말과 민족적 풍습이라기보다는 일본인에게 당하는 민족적 차별, 편견이다.

그들은 본국이나 한민족의 문화를 알기도 전에 일본인의 차별의식과 편견에서 만들어진 마이너스의 민족적 이미지에 시달리게 된다. 그들은 그 마이너스의 민족상에서 도피하려고 해서 자기 몸에 민족적인 것이 배이는 것을 거부하려고 한다. 부모가 우리말로 이야기 거는 것을 거부하거나 민족의상을 입는 것을 싫어하거나 한국음식을 기피하려는 현상이 나타나게 된다. 그들은 철이 들 무렵부터 일본인 행세를 하게 된다. 한마디로 말하면 그들은 그 민족성을 완전히 빼앗기고 있다고 할 수 있다.

그들은 성장하는 과정에서 자기가 한인인지 일본인인지의 갈등에 빠져 고민하게 된다.

그 갈등과 고민을 이겨낸 사람은 자기가 한인으로서 살아가야 한다는 것을 깨닫게 된다. 왜냐하면 그들이 한인으로 태어났으면서도 끝없이 한인인 사실로부터 도피하려고 해서 일본인 행세를 하는 원인은 일본인 및 일본사회의 한인차별로부터 도피하려고 하는 데 있다는 사실을 알게 되기 때문이다. 즉 그들은 일본인의 차별을 회피하려고 일종의 자학행위를 하고 있는 것과 다름이 없는 것이지만 민족차별에 있어서 비난받아야 하는 것은 차별을 당하는 측이 아니고 차별행위를 하는 측이므로 차별에 대한 올바른 대처방안은 그 차별행위 자체를 시정하려는 데 있다는 것을 인식하게 된다. 그러한 인식에 도달한 2,3세들은 자학행위로부터 벗어나 빼앗긴(잃어버린) 민족성을 되찾기 위해 애를 쓰게 된다. 그것은 일본의 민족차별과 싸우는 것과 동시에 진행된다. 왜냐하면 그들은 민족차별에서 도망하다시피해서 민족성을 잃어버렸으므로 그 민족성을 되찾기 위해서는 차별로부터 도망하지 않고 차별과 맞서야 하기 때문이다.

'70년대 들어 활발해진 취직차별시정을 중심으로 하는 재일한인의 법적, 사회적 권리 획득 운동은 그러한 재일한인 2,3세에 의해 수행되었다. 80년대에 들어 일본 각지에서 요원의 불처럼 번진 외국인등록법의 지문날인거부 운동도 마찬가지였다. 그들에 있어서 차별철폐 및 권리획득 운동은 자신의 인권을 위한 투쟁임과 동시에 민족성 탈환을 위한 투쟁이기도 하다. 그들의 운동은 단순히 일본인과 동등한 권리만 얻으면 된다고 하는 것이 아니고 민족적(인간적)으로 살아가는 것과 표리일체 관계에 있기 때문에 일본에 귀화하여 일본국민으로 되는 방법으로는 그들이 지향하는 목적을 이룰 수 없는 것이다.

그들에 있어서 민족의식이란 무엇보다도 먼저 자신이 한인이라는 것을 선언하는 데서 시작한다. 한인으로 태어났음에도 불구하고 그 출생을 원망하고 한인인 것에 끝없는 열등의식을 가지게 되는 상황에서 벗어나 한인으로서 태어난 이상 한인으로 살아가야 한다고 하는 지극히 당연한 인식에 도달하는 것이 민족의식을 가지게 되는 제1보이다. 그것은 1세에 있어서의 민족의식이나 애향심과는 다른, 말하자면 인간으로서 살아가겠다고 하는 인간선언이라고 평가할 성격의 것이다.

그런 인식에 도달한 2,3세는 잃어버린(빼앗긴) 민족성을 되찾기 위하여 우리 말이나 우리 역사를 배우기 시작하고 모국에 대한 관심을 기울이게 된다. 그들에 있어서 모국이란 빼앗긴 자기 자신의 뿌리를 되찾는데 필요한 양분을 공급해주는 토양이고 민족적 뿌리 발견의 장소이다.

재일 한인 2,3세에 있어서는 그러한 인간선언에 이르기까지에 상당한 시일과 고민과 갈등이 필요하고 그러한 인간선언을 하기에 도달하는 사람이 그렇게 많지도 않은 실정이다.

1,2세를 불문하고 약 90%가 일본명을 사용하고 학령기에 있는 재일한인 자녀의 약 90%가 일본학교에서 일본식교육을 받고 있는 현실에 있어서는 그러한 민족적 갈등을 극복하지 못하는 2,3세가 대부분을 차지하고 있다. 그들에 대하여 어떻게 민족적 자부심을 심어주고 인간성 회복의 길을 어떻게 열어주느냐가 지금 재일한인 사회에서 가장 절실하게 요구되고 있는 문제이다.

다. 국제화와 민족의식

일본은 단일민족 의식이 강한 나라다. 해방 후 재일한인에 대해서 외국이라는 것을 명목으로 하는 차별을 해 온 것도 재일한인이 소수민족으로서 일본에 남는 것을 싫어했기 때문이다. 일본인이나 일본사회는 한인을 멸시하거나 차별함으로써 차별을 받기 싫으면 일본인인 것처럼 행세할 것을 강요했고 일본정부는 재일한인의 권리를 제한해 놓고 권리를 얻고 싶으면 일본으로 귀화 즉 동화할 것을 강요해 왔다.

한일조약 체결 시에 일본 사또수상은 한일조약의 비준을 위한 국회 심리에서 다음과 같이 답변했다.

> "한국정부로부터 영원히 영주권, 거주권을 인정하라는 이야기도 있었던 것으로 들었지만 그러나 서로 서로가 외국인이라는 것을 생각하지 않으면 안될 것이다. 그리고 동시에 그들이 외국인으로서 특수한 생활양식을 가지는 것도 장래에 화근을 남길 것이다. 물론 그러한 경우에는 귀화라는 국적취득의 방법도 있으니까 …"

또한 제4차로부터 제7차에 이르는 각 한일회담에 있어서 재일한국인의 법적지위위원회의 일본측 대표 보좌를 한 이께가미 입국관리국 참사관은 다음과 같이 말했다.

> "재일한국인이 진심으로 행복하게 될 길이 무엇인가를 충분히 검토한 결과 일본정부로서는 진짜로 일본에 정착하여 일본의 사회인으로 되려는 한국인에게는 언제까지나 외국적으로 있는 것이 바람직하지 않으므로 동화 즉 귀화시키는 것이 가장 좋은 것이 아닐까 …"

이상과 같은 한국(조선)계 소수민족을 일본에 남기고 싶지 않다는 일본측의 속셈 때문에 65년 법적지위협정에서는 재일한인의 2대에 한해서만 영주권을 인정하고 3대 이하 세대에 관해서는 25년이 경과할 때까지 한일간에 재협의하게 된 것이다. 한인소수민족이 생기는 것을 그렇게도 두려워한 일본정부는 법적지위협정 체결 후에도 재일한인에 대한 차별정책을 유지해 나갔다. (한일법적지위협정에서 강제퇴거 사유가 축소된 점과 국민보험에 가입할 수 있게 된 점을 제외하고는 하등의 법적 지위의 개선이 없었다.)

'70년대 후반부터 일본에 밀려온 국제화의 파도는 일본의 재일한인 차별정책에도 변화를 일으켰다. 일본은 '79년에 국제인권규약을 비준했지만 그 비준 후 처음으로 재일한인들은 주택공단이나 주택공사가 짓는 주택을 분양받거나 임차할 수 있게 되고 주택금융공고나 국민금융공고의 융자도 받을 수 있게 됐다. 또한 '81년도에는 난민조약을 비준했지만 그 비준에 의해서 처음으로 재일한인도 국민연금의 가입자격이나 아동수당의 수급자격을 인정받게 되는 등 사회보장에 있어서 일본인과의 차별이 철폐됐다.

또한 '85년에는 일본이 여성차별철폐조약에 가입함으로써 국적법 및 호적법을 개정하기에 이르렀고 그 개정에 의해 국제결혼을 한 경우에는 일본인 배우자는 일본국적을 가지면서도 호적상 외국인 배우자의 성을 쓸 수 있게 됐다. 그 사이에 태어난 자도 일본국적을 가지면서도 외국인 또는 모의 성을 쓸 수 있게 됐다. 그 국적법 및 호적법의 개정이 일본의 귀화정책에도 영향을 끼쳐 귀화 시에 일본식 성명을 쓸 것을 종전처럼 심하게 강제하지 않게 되었다.

이상과 같은 법제도의 개정 뿐만 아니고 일본의 국제적 지위향상에 따라 일본에 살고 있는 외국인이 차차 많아지고 일본의 외국인 정책이 한국 뿐만 아니고 기타 여러 나라의 관심사로 됐다. 예를 들어 '80년대 지문날인 거부운동은 재일한인 뿐만 아니고, 미국, 영국, 프랑스 등 여러 국적을 가진 외국인에게도 확산되어 그들의 본국에서도 비난의 대상이 되었다. (일본에서의 외국인 중에 차지하는 한인의 비율은 해방직후는 90%를 넘었고 '65년 한일조약 당시에도 약 88%를 차지하고 있었다. 그 비율이 '80년대 들어 점점 낮아지고 '89년 말에는 69.3%로 되어 있다.)

이상과 같은 국제화 시대에 있어서는 일본도 종전과 같은 단일민족의식을 거세하고 외국인을 명분으로 하는 차별에 의한 동화정책을 수행해나가기가 곤란해지고 있다. 말하자면 일본도 일본국내에 일본민족 이외의 소수민족이 존재하는 것을 인정하고 그런 소수민족의 권리를 보장해 나가야 하는 시대가 된 것이다.

이상과 같은 흐름에 보조를 맞추듯이 '85년 말에 귀화를 한 재일한인 2세를 중심으로 “민족이름을 되찾는 회”가 만들어졌다. 귀화 시에 일본식 씨명으로 귀화한 자가 귀화한 후에 일본식 이름을 귀화 전의 민족적 성명으로 변경하려고 하면 가정재판소에 성 변경의 신청을 해야 하지만은 그들은 그런 방법으로 귀화 전의 민족성을 되찾으려고 한 것이다. 그 회원은 소수이기는 하나 일본국적을 가지면서도 한민족인 것을 명시하고 한민족으로서 사는 것을 지향하는 것이므로 종전의 귀화자와는 다른 새로운 민족적 움직임이라고 평가할 수 있다. 또한 ’85년 이후 일본인과의 국제결혼에서 태어난 자 중에서 일본국적을 취득하면서도 한민족의 성을 쓰는 사람도 나타나고 있다. 앞으로는 그러한 사람이 점차 많아질 것으로 예상되지만 일본국적을 가지면서도 한인으로 살려고 하는 사람에 대해서는 그들을 일본국적을 가졌다고 해서 한인사회에서 배척하지 않고, 한인사회로 포섭해 나가야 할 것이다.

일본의 식민지지배에 대한 전후책임 의식의 결여와 단일민족의식은 재일한인의 민족적 아이덴티티를 위태롭게 해 왔지만 원래 재일한인은 한국과 일본 두 민족 문화를 이해하고 두 나라의 가교로 될 수 있는 지위에 있다. 국경과 국적의 장벽이 차차 낮아져가는 국제화시대에 있어서 재일한인은 일본인이 던진 마이너스의 한인이미지를 극복하고 일본인의 한국에 대한 잘못된 인식을 시정해 나가는 존재로 되어야 한다. 그리하여 한국을 더욱 잘 알고, 일본인에게는 한국의 전통, 문화를 보급하고 한국에 대해서는 일본의 참모습을 알리는 존재로 되어야 한다.

앞으로의 국제화시대에 있어서는 민족의식이란 일본사회나 일본국가에 대립해 나가기 위한 것이 아니고 양국, 양민족의 우호와 이해를 증진해 나가기 위해 불가결한 존재 요건으로 될 것이다.

2. 재일동포사회의 현실과 바람직한 미래상

가. 재일동포의 일본국내 법적 지위

재일동포와 일제 식민지 지배

'한일합방조약'(1910)의 전년의 재일동포 수는 불과 790명이고 청나라인 9,858명, 영국인 2,468명, 미국인 1,627명에 이어 4위에 지나지 않았지만 한일합방 이후 해마다 늘어나고 해방 당시에는 200만명을 넘었다.

1946연말까지, 징용 등에 의해 연행된 체류기간이 짧은 자는 귀국하고, 거주기간이 비교적 긴 약60만명의 재일동포가 한반도의 분단이나 경제적 피폐 때문에 일본에 머무르게 되었다. 일본정부는 한일합방조약으로 한국국민이 일본국적을 취득했었지만 조선의 독립에 따라 일본국적을 상실했다고 해석하고 있다.

일본 최고재판소는 민사국장 통달(1952년 4월 19일 민사갑438호)에 의한 국적상실 조치는 샌프란시스코 평화조약의 해석으로 행해진 것이므로 헌법위반이 아니다고 판시했지만(1955년(오) 제890호, 1961년 4월

* 이 글은 원래 해외교포문제연구소 발행 *OK Times* 2004년 12월호(통권 제133호)에 수록되었던 글이다. - 편자 주.

5일 대법정 판결), 재일동포에게 국적선택권이 주어지지 않았던 것은, 영토변경이나 식민지 독립시에 국적선택권을 인정한 구미 각국의 예와 비교해서 지극히 이례적이다.

예를 들면 영국의 경우, 1948년 국적법에 의해, 독립국의 국민은 '영연방시민'이라는 지위를 가지고, 영국 본국에서는 '외국인'으로 취급되지 않았다. 또한 프랑스는, 1960년의 법률에 의해, 식민지독립으로 국적에 영향이 있을 것으로 생각되는 일정한 범주에 속하는 자에게는 프랑스 국적의 보유를 인정하고, 나머지 자에게도 프랑스 국적의 '승인'을 받을 수 있게 하는 길을 열어 두었다. 서독일(구)에서는, 1956년 5월, 국적문제규제법을 제정하고, 합방에 의해 부여된 '독일국적'은, 오스트리아 독립 전날에 모두 소멸하지만, 독일 국내에 거주하는 오스트리아인은 의사표시에 의해 독일국적을 회복하는 권리를 가졌다. 그렇기 때문에, 최고재판소 판결이후도, 재일동포의 국적상실 조치에 대해서는 법적이의가 제기되어 왔다.

그러나 한국이나 북한정부와 같이 한일합방조약이 당초부터 무효라고 해석하면 국적의 원상회복은 당연한 것으로 된다. 한국에서는 1948년에, 북한에서는 1963년에 각각 국적법이 공포 시행되었지만 남북 어느 쪽도 한일합방조약이 당초부터 무효라는 전제하에 자국민이 확정되어 있다. 재일동포도 국적회복은 당연한 것으로 생각하고 한일합방조약에 의해 강요된 일본국적을 계속 보유한다는 생각에 가담하지 않았다.

재일동포의 일본국적 상실 조치는 식민지 지배 이전의 상태로 국적을 되돌린다라는 원상회복의 논리로 행해졌지만 일본정부는 식민지 지배 하에 빼앗긴 민족성을 회복하기 위하여 필요한 제반권리는 인정하지 않고, 1952년 법 126호 2조 6항에서, '법률에 의해 별도로 재류자격과 재류기간이 인정될 때까지 계속하여 일본에 거주할 수 있다'고 했을 뿐으로 그 이외에는 일반 외국인에게 적용되는 것과 똑같은 법률이 적용되게 되었다.

1965년의 한일법적지위협정에 의해 재일동포에게는 협정영주권이 주어졌지만, 영주권이 인정되는 대상자는 2대까지로 제한되고 3대 이후의 후손에 대해서는 25년 이내에 한일간에서 재협의하는 것으로 되었다.

그 당시의 사토 에이사쿠 총리는 3대 이후 후손에 대해서 영주권을 인정 안하는 이유를 다음과 같이 말하고 있다. "영구히 영주권, 거주권을 인정하라는 이야기도 있다고 들었지만 서로간에 서로가 외국인이라는 것을 알아야만 할 것이다. 또한 동시에 외국인으로서 특수한 생활양식을 가지는 것도 장래에 화근을 남길 것이다. 물론 그러한 경우에는 귀화라고 하는 국적취득의 방법도 있기는 하지만" (한일조약에 관한 중의원특별위원회, 1965년 10월 30일).

일본정부의 재일동포정책의 기본은 재일동포를 외국인이라는 이유로 차별하고 권리 취득의 조건으로 귀화를 요구하여 일본에 동화시키려고 하는 것이었다. 한일법적지위 협정에 의해 영주권은 인정됐지만 그 이외에는 국민보험(의료보험)에 가입할 권리가 인정된 것뿐이었고 그 이외의 권리에 관해서는 국적차별이 시정되지 않았다.

한일조약 후 한일 외상각서까지

외국인인 것을 이유로 하는 직업선택이나 사회보장 등 일상생활에 긴요한 권리의 제한은, 해방후 출생한 재일동포 2세가 성장하고, 직장을 얻어야 하는 1960년대 후반부터 서서히 시정되기 시작했다.

1970년 재일동포 2세 박종석이 주식회사 히타치 제작소에서 채용내정통지를 받았지만 외국인인 것을 숨긴 것을 이유로 내정이 취소되어 요코하마 지방재판소에 제소했다.

요코하마 지방재판소는 '우리나라의 대기업이 특수한 예외를 제외하고, 재일조선인을 조선인이라고 하는 이유만으로, 채용을 막고 있다고 하는 현실'을 인정하고 원고가 승소했다.

또, 1977년에는 국가공무원에 준하는 것을 이유로 채용이 거부되어 있었던 사법 연수원생에 재일동포가 '대법원이 상당하다고 인정할 경우에는 예외로 한다'고 해서 처음으로 채용되어, 그 후는 외국적을 이유로 사법연수원 입소를 거부된 자는 없고, 현재 한국·조선적의 변호사등록자 수는 50명을 넘는다.

1982년에는 '국공립대학에 있어서의 외국인교원의 임용 등에 관한 특별조치법'이 시행되어 국공립대학의 교수 임용이 가능해졌다.

그 후 1991년에는 '한일 외상각서'를 계기로 하고 국공립초중고교 교원에 있어서, 외국인도 상근 강사로서의 채용이 가능해졌다. 해방 후의 경제성장에 따라 사회 보장의 여러 시책이 충실해 갔지만 이 분야에 있어서도 재일동포는 국적조항에 의해 배제되어 있었다. 그러나 1979년의 국제인권 규약의 비준에 의해, 1980년부터 주택금융공고법, 공영주택법, 주택도시정비 공단법, 지방주택공급 공사법 등에 관한 국적조항의 해석이 변경되고 재일동포에게도 앞의 법이 적용되었다.

또 1982년 난민조약의 비준에 의해 국민연금법, 아동부양 수당법, 특별 아동부양 수당법, 아동수당법 등의 국적조항이 철폐되었다.

또한 1980년대의 일본 전국에 퍼진 지문날인 거부운동에 의해 외국인등록법의 지문날인 제도도 철폐되어 (영주자는 1992년, 1999년에 모든 외국인), 외국인등록증의 상시 휴대 의무나 형사벌 규정도 완화되었다.

지방공무원의 국적조항의 철폐(완화)에 관해서는 1973년에 효고현 한신 지방 6시(市) 1정(町)이 사무, 기술직 모든 직종의 국적조항을 철폐한 것을 비롯하여 국적조항의 철폐는 일본 전국의 지방자치제에 확산되고, 예를 들면 도쿄에서는, 1985년에 히노시가 모든 직장에 대해서 철폐하고, 86년에는 마치다시, 고가네이시, 88년에는 산타마지구 26市 중 23市가 철폐, 89년에는 호우야시, 90년에는 무사시노시, 91년에는 후추시가 철폐하고, 철폐 안하는 자치체는 23구와 도쿄도 뿐으로 되어 있다.

재일동포 2세 정향균이 도쿄도 관리직 수험거부를 당한 사건에서 도쿄 고등재판소는 '외국인의 임용이 허용되지 않는 관리직과 허용되는 관리직을 구별할 필요가 있다'고 하여 외국인인 것을 이유로 일률적으로 관리직에 취임못한다고 하는 것은 헌법위반이라고 판시했다(96년(行고)제62호 관리직선고 수험자격확인 등 청구 항고사건 1997년 11월 26일 판결).

지방자치체의 공무원 채용에 관해서는 도도부현에서는 본전 고등재판소 판결이전은, 고치현과 가나가와현이 일반사무직에 대해서 국적조항을 철폐하고 있었던 것에 지나지 않았지만 고등재판소 판결이후 9개의 부현(오키나와현, 오사카부, 미에현, 돗토리현, 시가현, 오이타현, 아이치현, 나라현, 이와테현)이 국적조항을 철폐하기에 이르렀다.

또 정령지정 도시에서는 도쿄 고등재판소 판결이전에는 가와사키시가 일반사무직에 대해서 국적조항을 철폐하고 있었던 것에 지나지 않았지만 판결이후는 모든 정령지정도시(삿포르시, 센다이시, 사이타마시, 지바시, 요코하마시, 가와사키시, 나고야시, 교토시, 오사카시, 고베시, 히로시마시, 기타큐슈시, 후쿠오카시)가 국적조항을 철폐했다.

또한 이것들의 일반사무직의 국적조항을 철폐한 자치체 중 예를 들어 가와사키시는 '2004년도 직원채용 시험수험 안내'에서 '외국적의 직원은 (공권력의 행사)에 해당하지 않는 직무 또는 (공공의 의사형성의 참획)에 해당하지 않는 직무(라인의 과장이상의 직무를 제외하는 모든 직무)에 임용되어 임용이 가능한 직원 수는 대략 8할에 해당하고 그 속에서 국적에 상관없는 직원의 배치, 이동, 승임 등을 한다'고 명시하고 제한적이지만 외국적자가 취임할 수 있는 관리직이 있는 것을 밝혔다.

또한 효고현 가와니시시에서는 2000년 4월 1일, 재일동포 2세가 관리직(과장 보좌급의 副主幹)에 승진했다.

이러한 상황 하에 올해 12월 15일에는 97년도에 도쿄도가 상고한 관리직 재판의 구두변론이 최고재판소 대법정에서 7년만에 처음 열릴 예정이고 내년 2월에 있을 것으로 예상되는 판결이 주목된다.

지방참정권 획득 운동

90년도에 들어가서 재일동포는 지방참정권의 획득을 적극적으로 추진하기 시작했고 '91년 한일 외상각서'에도 '지방자치체선거권에 대해서는 대한민국 정부로부터 요망이 표명되었다'라고 명기되었다. 지방참정권 획득은 국적차별 철폐 투쟁에 의해 쟁취해 온 제권리의 정점에 위치한다.

재일동포사회의 일부에는 지방참정권운동은 재일동포의 일본사회로의 동화를 촉진하게 된다고 해서 반대하는 의견도 있지만 재일동포의 권리요구에 대하여 국적취득을 내거는 것은 일본정부의 상투 수단이며 귀화를 요구하는 것은 특별한 것이 아니다.

지방참정권은 국정참정권과는 달리 국방이나 외교와 같은 정책결정에 직접적인 영향을 끼치지 않고 복지나 생활 등 지역사회에 밀착한 문제를, 지역 주민의 총의를 흡수하여 해결하기 위해서 주민에 인정되고(주민자치), 국민주권원리에 어긋나는 것이 아니다.

일본의 최고재판소도 재일동포가 지방참정권을 요구한 재판에서 '법률에 의해 지방 공공단체의 장, 그 의회의 의원 등에 대한 선거권을 부여하는 조치를 취하는 것은 헌법상 금지되어 있지 않다' '조치를 취할 것인가 아닌가는 오로지 국가의 입법 정책에 관련되는 사항'이라고 판시하고 있다(1995.2.28. 제3소법정판결).

98년 10월 이후 민주당, 공명당, 공산당 등은 외국인에게 지방선거권을 인정하는 법안을 몇 번인가 제출하고 99년에는 자민, 자유, 공명의 3당 연립 정권의 발족시에 정책협정 안에 지방참정권부여가 들어갔지만 자민당의 반대로 성립을 보지 못하고 오늘에 이르고 있다.

이러한 국회 움직임에 맞서 2001년 5월, 여당3당(자민, 공명, 보수)의 외국인참정권에 반대하는 의원들로 구성되는 프로젝트팀은 '특별영주자 등의 국적취득의 특례법안'을 공표했다. 그것은 특별영주자의 신고로 민족명에 의한 일본국적취득을 가능하게 하는 것이지만 한민족으로서의 아이덴티티 보장을 위한 시책이나 과거의 국적차별에 의한 불이익시정책은 전혀 고려되지 않고 있다.

재일동포의 귀화는 95년 이후 연간 약1만명에 이르고 있지만 현재는 민족명을 사용하는 귀화도 인정되어 있기 때문에(단지 일본의 성으로서 사용하는 것이 인정되지 않는 한자를 사용하는 귀화는 실무상 제한되어 있다. 이것은 행정실무의 변경으로 가능하다) 프로젝트팀에 의한 '특례법안'은 실질적으로는 귀화 요건을 대폭 완화하는 것과 같은 효과를 초래하는 것에 지나지 않는다.

또한 2003년말 현재 47만5,925명의 특별영주자 이외에 26만7,011명의 일반영주자가 존재하므로(2003년도에 4만명이 증가했다) 특별영주자에게만 신고로 일본국적취득을 인정하려고 하는 '특례법안'은 외국인지방참정권의 대체 조치로는 될 수 없다.

재일동포에 대한 국적차별의 시정은 일본정부 스스로에 의해 이루어진 것은 한번도 없고 전부가 재일동포측의 오랜 세월에 걸치는 차별과의 투쟁 결과 일본정부가 받아들이지 않을 수 없게 된 것이다.

'특례법안'은 한일법적 지위협정 체결 이전부터 면면히 계속되어 온 귀화에 의해 재일동포를 일본사회에 동화시켜 소수민족으로서 존재할 일이 없도록 한다는 생각과 같고 지방참정권법안을 저지하기 위한 궁여지책으로서 강구된 것이다. 그것은 식민지지배의 결과 일본에 거주하게 된 재일동포를 전후 59년에 걸쳐서 계속 차별해 온 것에 대한 반성의 결여를 나타내는 것이라고 할 수 밖에 없다.

현단계에서는 '특례법안'이 노리는 동화적 국적취득을 저지하기 위해서도 재일동포의 일본에 있어서의 지방참정권획득이 불가결하고, 그 실현이야말로 재일동포의 일본국적취득에 의한 동화를 막게 하는 것이다.

지방참정권은 지금 '한국적', '조선적'의 구별없이, 온 재일동포의 운동으로서 실현하는 것이 요청되므로 동화에 몰린다고 해서 반대, 방관하고 있을 수 있는 상황은 아니다.

나. 통계로 보는 재일동포의 현실

외국인등록 수의 변화

2003년말 일본 외국인등록 총수는 1,915,030명이다. 1위는 한국·조선 613,791명(32.1%), 2위 중국 462,396명(24.1%), 3위 브라질 274,700명(14.3%), 4위 필리핀 185,237명(9.7%), 5위 페루 53,649명(2.8%), 6위 미국 47,836명(2.5%), 기타 277,421명(14.5%)로 되어 있다.

해방후 50년대 말까지는 외국인 등록 수의 90%를 한국·조선이 차지하고 있었고 60년대, 70년대는 85%이상을 차지하고 있었다. 한국·조선의 비율이 80%이하로 된 것은 1986년도부터이고 그후 한국·조선의 비율이 해마다 떨어지고 작년 말에는 31.1%로 된 것이다.

외국인등록의 신장율이 높은 곳은 중국과 브라질이다. 중국 사람의 증가는 일본의 체류자격 전반에 걸쳐 있지만 브라질인은 정주자가 많다. 일본경제가 활성을 이루고 있는 1989년에 '출입국관리 및 난민인정법'이 개정되었다.

관광객으로부터 영주자까지 모든 외국인을 취업이 가능한 체류자격과 취업이 안되는 체류자격으로 나누어 취업이 허용 안되는 외국인을 고용한 경우 고용주에게도 형벌을 가하는 규정을 신설했다. '비숙련노동'에 관해서는 종전대로 인정 안하기로 했지만 일계인(日係人)에게는 이것을 가능케 하는 길을 열었다. 구체적으로는 신설된 체류자격 정주자에 일계인(주로 브라질이나 페루 등 남미에 이민간 일본인 2세, 3세)을 포함시켰다.

법이 개정된 89년 이전에는 일본 47개 도도부현에서는 오키나와를 빼고는 외국인수 1위는 모두 한국·조선이였지만 2003년말에는 중국이 1위를 차지하는 데가 24개, 재일동포가 11개, 브라질이 11개, 미국이 1개(오키나와)로 되어 있다.

브라질인 전체의 반수정도가 아이치, 시즈오카, 미에, 기후에 거주하고 있지만 그 지역에는 도요타, 야마하, 혼다, 스즈키라고 하는 자동차산업 및 그 관련기업이 많이 존재하고 있다. 일본의 자동차산업의 하청업자가 취업을 자유화한 일계인을 많이 고용하고 있고 일본사회가 외국인의 존재없이는 해 나가기가 어려워지고 있는 현실을 나타내고 있다.

한국인, 조선인의 감소

한국·조선을 체류자격별로 보면 영주자 511,563명(특별영주자 471,756명, 일반영주자 39,807명), 비영주자 102,228명(일본인의 배우자 등 21,285명, 유학 16,951명, 가족체재15,559명, 취학 6,560명 등)으로 되어 있다.

한국·조선인 중 특별영주권자의 비율은 79.9%이다. 특별영주권은 해방 전부터 일본에 살고 있는 재일동포와 그 자손에게만 주어지는 영주권이지만 그 숫자는 85년 이후 19년동안에 170,971명이 줄어 들었고 2003년의 1년 동안에 1만 3천명이상이 줄어 들었다. 그 이유는 귀화자의 증가와 일본인과의 결혼 증가에 찾아 볼 수 있다.

재일동포의 귀화자 총수는 59년 말에는 16,012명, 69년 말에는 49,625명, 79년 말에는 96,468명, 89년 말에는 150,331명이였다. 90년대에 들어가서 귀화자 수는 늘어나고 2003년도에는 1년에 11,778명이 귀화를 하고 2003년 말까지의 귀화자 총수는 275,023명이다.

85년에 일본의 국적법이 부모양계주의로 개정되어 한국인('조선적' 포함) 부와 일본인 모간에 태어난 자도 일본국적을 취득할 수 있게 되었다. 이 경우에는 그 자는 한국국적도 취득하므로 한일 2중국적자로 되지만 외국인등록 대상자가 아니고 일본인이 들어갈 주민 기본대장이 만들어진다. 일본 국적법의 개정에 의해 종전에는 한국국민으로서 외국인등록의 대상자로 된 자가 일본국민으로서 주민등록을 하게 된 결과 외국인등록상의 한국인 출생자 수가 그 만큼 줄어들게 된 것이다.

98년에는 한국 국적법도 부모양계주의로 개정되어 일본인 부와 한국인 모 사이에 태어난 자도 한국국적을 취득할 수 있게 되었다. 이 경우에는 그 자는 종전대로 일본국적도 취득하므로 한일 2중국적자로 되고 외국인등록이 아니고 주민 기본대장에 들어간다. 한일 양국의 국적법이 부모양계주의로 개정되었기 때문에 현재 한국인과 일본인 부부사이에 태어난 자는 모두 한일 2중국적자로 되고 22살 때까지 어느 쪽인가의 국적을 선택하기로 되어 있다.

한국인과 일본인과의 혼인 건수는 해마다 늘어나고 2001년도에는 한국인 남자와 일본인 여자의 혼인 건수가 2,477건, 일본인 남자와 한국인 여자의 혼인 건수가 6,188건, 한국인끼리의 혼인 건수가 2,038건(18.79%)이다.

2003년도의 출생자 수는 한국인 부와 일본인 모 사이에 태어난 자가 2,965명, 일본인 부와 한국인 모 사이에 태어난 자가 2,911명, 한국인 부모사이에 태어난 자가 2,206명으로 되어 있다. 2003년도의 한국인의 사망자 수는 4,526명이므로 1년에 2,320명이 자연감소하고 거기에다 2003년도 귀화자 수 11,778명이 외국인등록에서 빠진 것이다.

다. 재일동포의 장래

평등사회 실현의 선구자적 역할

현재 일본에서는 한국·조선적을 가진 약60만명의 동포와 일본에 귀화하거나 일본인과의 국제결혼을 한 부부사이에 태어남으로써 일본국적으로 되어 있는 약 60만명의 일본국적 동포가 살고 있다. 일본국적동포들은 단일민족의식이 강한 일본정부의 동화정책 때문에 거의 모두가 일본식 성명을 쓰고 한민족인 것을 숨기고 있다.

또한 한국국적을 보유하는 재일한국인도 일상생활에 있어서는 그 80~90%가 식민지지배의 유물인 일본식이름을 쓰고 있다. 그것은 재일한국인 자신이 식민지시대를 극복하지 못한 것을 의미함과 동시에 일본이 식민지 지배의 반성에 입각한 과거의 극복을 역사적 과제로 해오지 않은 증좌이기도 하다.

민족과 국적이 다르다는 것은 미국이나 중국, 러시아 등의 다민족국가를 보면 쉽게 알 수 있다. 그러나 일본이나 한국같이 단일민족 국가의식이 강한 나라에서는 민족과 국적이 같다고 생각하지 쉽다. 일본의 동화적 귀화정책은 단일민족국가의식에 입각하고 있지만 그런 정책이 해방된지 59년이나 지난 지금도 시정되지 않고 있는 것은 일본이 그만큼 한국 식민지 지배의 잘못이나 한국독립에 의한 국적 원상회복의 역사적 뜻을 충분히 인식하지 못한 것을 의미한다.

그러한 일본사회에 살고 있는 재일동포로서는 일본의 차별에 대한 저항수단으로 한국국적을 유지해나갈 의미가 크다. 그것이 인간으로서의 존엄성을 유지하고 일본의 식민지 지배에 대한 반성을 일깨워 주는 역사의 증인으로서 살아갈 길이고 나아가서는 21세기란 국제화시대에 있어서 내외국인 평등사회 실현의 선두적 역할을 하는 것에 이어간다.

재일동포는 본국과 일본을 국적이나 민족에 의한 차별이 없는 사회를 해나가는데 있어서 중요한 가교적 역할을 할 수 있다.

재일동포의 지방참정권 획득운동이 한국 내에 있어서의 외국인의 지방참정권문제를 부각시키고 2004년 1월에 정국외국인의 투표를 인정한 주민투표법이 성립한 것은 그 좋은 예이다. 한국 국내에서도 화교 등 정주외국인에 대한 지방참정권의 실현 등 외국인의 인권신장이 기대된다.

재외국민의 국정참정권 보장

재일동포는 지역주민의 권리로서 지방참정권을 일본정부에 요구하고 있다. 그러나 국정참정권(대통령선거, 국회의원선거, 국민투표)은 국민으로서의 권리이므로 한국이 그런 권리를 재외국민인 재일동포에게 하루속히 인정해야 한다.

해방 후 59년 동안 민족적 존엄성을 위하여 국적차별과 맞서 한국국적을 유지해온 재일동포에 대해서는 식민지 시대의 과거사를 재조명하고 민족적 정기를 재정립한다고 하는 관점에서도 당연히 한국 국정에 민주적으로 접근할 수 있는 선거권을 인정해야 할 것이다. 일본국내에 한국의 해외선거구를 설정하여 재일동포가 1인 1표의 원칙 하에 대통령이나 국회의원선거를 통해 재일동포의 총의를 수렴해나가는 제도장치를 만드는 것은 재일동포 후손이 한국인으로서의 긍지를 가지고 살아가기 위하여 꼭 실현되어야 할 권리라고 하지 않을 수 없다.

2003년 말 현재 27만 5천명이 넘는 귀화한 재일동포가 있고 재일동포와 일본인 사이에 태어남으로서 일본국적을 가진 30만 명을 넘는 재일동포가 있다.

일본은 단일민족의식에 입각한 동화적 귀화정책을 수행해 왔지만 민족과 국적은 원래 다른 개념이고, 일본국적을 취득했다고 해서 한민족인 것은 부인할 수 없다. 귀화한 재일동포들은 한민족인 것을 숨기고 재일동포사회도 동화적 귀화제도에 대한 강한 거부감 때문에 일본국적 재일동포를 동포사회에 포용해가려는 자세가 약했다. 그러나 앞으로는 일본국적 재일동포의 고민이나 민족적 아이덴티티 함양에도 깊은 관심을 갖고 그들이 동포사회에 적극적으로 참여할 수 있도록 동포사회의 문을 열 필요가 있다.

3. 재일동포에 있어서 국적과 지방참정권

1. 재일동포와 일본국적

재일동포의 일본거주는 일본의 한반도에 대한 식민지 지배에 기인한다. 일본은 1910년의 한일합방조약으로 한국국민이 일본국민으로 되었다고 해석해 왔다. 식민지통치 법제하 創氏改名, 일본어 상용, 皇國臣民의 誓詞齊唱 등을 강제한 것이나 徵兵, 徵用 등으로 전쟁에 동원한 것은 모두 한국인이 일본국적을 취득했다고 여겨졌기 때문이다(그 반면에 일본거주의 한국인에게는 선거권·피선거권도 인정되었다).

일본의 패전으로 식민지 지배는 붕괴하고 샌프란시스코 강화조약 발효 (1952.4.28)에 의해 일본은 한국의 독립을 승인했다. 法務府(현 法務省) 民事局은 1952년4월19일, 民事局長 通達(民事甲 제438호)을 발하고 "조약 발효의 날부터 …조선인 및 대만인은 내지(일본)에 거주하고 있는 자를 포함하여 모두 일본국적을 상실한다"고 하였다.

* 이 글은 2004년 11월 24일 서울대학교 법학연구단 공익인권법연구센터와 일본의 '정주외국인의 지방참정권 실현을 위한 네트워크'가 서울에서 공동 주최한 정주외국인의 지방참정권 학술회의시 김경득 변호사의 주제발표문이다. 이 글은 『공익과 인권』 제2권 1호(2005)에 수록되어 있다. 원문의 각주는 생략함. - 편자 주.

民事局長 통달에 의한 일본국적 상실조치는 최고재판소에 의해 위법이 아니라는 판결이 내려졌지만(1961.4.6.대법정 판결), 국적선택권이 인정되지 않았던 것이나 법률에 의하지 않고 通達에 의하게 된 것으로 국제관습법 및 헌법상의 법적 의문이 있다.

그러나 한국이나 북한정부와 같이 한일합방조약이 당초부터 무효라고 해석하면 국적의 원상회복은 당연한 것으로 된다. 한국에서는 1948년에, 북한에서는 1963년에 각각 국적법이 공포 시행되었는데 남북 어느 쪽도 한일합방조약이 당초부터 무효라는 전제하에 자국민이 확정되어 있다.

한국인은 한일 합방조약 이전부터 일본의 식민지 침략에 대해 의병투쟁, 독립운동 등을 계속하여 국적회복을 당연하다고 생각하고 있었다. 재일동포도 또한 국적회복은 당연한 것으로 생각하고 한일합방조약에 의해 강요된 일본국적을 계속 보유한다는 생각에 가담하지 않았다.

재일동포가 전후 직후에 在日本朝鮮人聯盟을 조직하고 그후 조국의 남북분단에 의해 대한민국의 국시를 준수할 것을 내거는 대한민국 민단(1946)과 조선민주주의인민공화국 정부의 주위에 총결집할 것을 선언하는 在日朝鮮人總聯合會(1955)라는 2대 전국조직을 구성하여 현재에 이르고 있는 것도 그러한 역사인식에 유래하는 것이고 그들은 일본국적 상실조치에 이의를 제기하지 않았다.

2. 일본정부에 의한 차별적 동화정책

일본정부는 한일합방조약 전의 상태로 국적을 되돌린다는 원상회복의 논리에 의해 재일동포의 일본국적을 상실시켰지만 그것은 결과적으로는 일본국적이 없는 것을 이유로 한 재일동포에 대한 광범위한 법적 차별을 초래했고 식민지지배에 의해 재일동포가 입은 피해를 회복하여 민족성을 보장하는 것과는 정반대의 효과를 가져 왔다. 여기에 일본국적 상실조치가 원상회복이라는 미명하의 권리(국적) 박탈이라고 비판받는 이유가 있다.

재일동포의 국적차별 시정요구에 대해 일본정부는 귀국 아니면 귀화의 양자 택일을 강요했다. 또한 사회생활에 있어서는 민족차별을 받기 싫으면 일본이름(創氏改名에 유래하여 전후도 창씨를 일본이름으로 하는 자가 많다)의 사용 등 일본인답게 행동하는 것이 요구되었다.

이러한 동화적 귀화정책의 결과 2003년 말까지 27만 5000명이 넘는 재일동포가 일본으로 귀화했지만 그 대부분은 일본식 성명으로 귀화를 하고 한인인 것을 감추고 있다. 귀화자의 대부분이 한인계 소수민족인 것을 밝히지 않는 현상에서는 그들의 민족적 소수자로서의 문화나 언어, 아이덴티티는 행정상도 교육상도 전혀 보장되어 있지 않고 일본정부는 그들을 국제인권규약 제27조에 정하는 소수민족이라고 인정하지 않고 있다. 이러한 동화적 귀화제도에 대하여 재일동포사회는 강한 거절반응을 표시해 왔다.

3. 국적차별과의 투쟁

일본의 동화적 차별정책에 대하여 재일동포는 민족적 존엄성의 유지와 인권 확립을 위하여 국적차별 철폐를 내걸고 싸워 왔다.

국적차별은 소송, 청원, 언론·시위 활동 등의 재일동포 자신의 운동, 한일 법적지위협정(1965)이나 91년 한일 외무장관 각서 등의 본국 정부와 일본정부와의 외교교섭, 국제인권 규약(1979)이나 난민조약(1982)의 비준 등 일본에 몰려 오는 국제화의 압력 등으로 是正되어 왔다.

예를 들면 사회보장의 분야에서는 국민건강보험의 적용(1965), 住宅金融公庫法(1980), 公營住宅法(同), 住宅都市整備公團法(同), 地方住宅供

給公社法(同)에 관한 국적조항의 해석 변경, 국민연금법(1982), 아동부양수당법(同), 특별아동부양수당법(同), 아동수당법(同) 등으로부터의 국적조항의 철폐가 실현되었다.

그리고 직업선택의 분야에서는 히타치 제작소(日立製作所) 취직차별재판의 승소(1974), 사법연수생의 채용(1977), 국공립대학의 교수임용법안의 성립(1982), 國公立小中高校 교원채용 시험에 있어서의 전국적 규모에서의 국적조항의 철폐(1991), 지방공무원채용의 확대 등 취직에 있어서의 국적조항이 서서히 철폐되어 왔다.

또한 1980년대의 지문날인 거부운동으로 외국인등록법의 지문날인 제도도 철폐되었다 (영주자는 1992년, 1999년에 전 외국인).

이러한 국적차별반대운동의 연장선상에 국적보유자만이 인정받을 수 있다고 생각되어 온 참정권에 대해서 90년대에 들어가 지역주민의 입장에서 지방자치체 참정권획득운동이 활발하게 전개되어 현재에 이르고 있다.

4. 기속적 일본국적 취득제도

일본국적의 취득은 출생에 의한 것과 귀화에 의한 것이 있다. 출생에 의한 취득은 父 또는 母의 어느 쪽인가가 일본국적자인 경우에 일본국적자로부터 태어났다는 사실로 취득할 수 있는 권리이고 법무장관의 자유재량이 들어갈 여지는 없다.

그에 비해 귀화에 의한 국적취득은 귀화자가 어떠한 조건을 갖추고 있어도 그 허가 여부는 법무장관의 자유재량에 맡겨져 있다.

과거의 귀화행정에 있어서 귀화안내서등에 귀화 후에 사용하는 성명으로서 '일본식이름을 사용할 것'이라고 기재되어 있었던 사실에 상징되어 있듯이 동화적 귀화행정이 행해지고 있는 것도 귀화가 법무장관의 자유재량 하에 있기 때문에 가능하다고 말할 수 있다.

일본국적 취득이 법무장관의 자유재량이 아니고 재일동포의 의사에 의해 가능해지면 귀화에 여러 가지 조건을 붙이지 못하게 되어 일본국적 취득의 권리성은 높아진다. 따라서 귀화와는 별도로 특별영주자에 대해 기속적 국적취득제도(일정한 요건을 갖춘 경우에는 일본당국의 재량의 여지없이 국적취득을 인정하는 제도)를 창설하는 것 자체에 대해서는 일반적으로는 반대할 이유는 없다.

그러나 특별영주자에 대한 기속적 국적취득제도 창설에는 샌프란시스코 강화조약 발효를 구실로 한 일본국적 상실조치 및 그 후의 국적차별에 의한 동화정책의 부당성을 시정한다는 기본 인식이 있어야 한다.

따라서 그것은 단순한 기속적 국적취득 제도의 창설만에 머물러서는 안되고 戰傷病者戰歿者遺族等援護法 등 전쟁 희생자 원호입법의 적용이나 국민연금법의 국적조항 철폐의 경과조치 불비에 의해 발생한 고령자나 장애자의 무연금 상태를 없애는 등 국적차별에 의해 입은 불이익 상태를 소급적으로 소멸시키는 경과조치가 수반되어야 한다.

그리고 일본국적을 취득했다고 하여 한인으로서의 아이덴티티가 보장되지 않음으로 민족명에 의한 일본국적 취득은 물론, 언어·역사 등 한민족으로서의 교육을 받는 권리의 보장이나 고용촉진, 재일동포의 문화진흥책등 일본적 한인으로서의 아이덴티티가 보장되는 종합적 시책·제도가 만들어져야 한다.

또한 이상과 같은 내용의 기속적 일본국적 취득제도가 실현되었다고 하여도 그것이 외국인의 권리를 제약하는 근거로서 이용되지 않게 하기 위한 제동장치가 필요하다. 일본국적을 취득하여도 한민족을 표시하는 것이 가능해지면 국적차별이 동화에 연결된다는 비판을 피할 수 있기 때문에 굳이 외국적으로 있는 것을 선택하는 것이라면 국적차별을 감수해야 할 것이라는 논리에 악용될 위험성이 있기 때문이다.

5. 국적취득 특례법안

2001년5월, 여당3당(자민, 공명, 보수)의 프로젝트팀은, 「특별영주자 등의 국적취득의 특례법안」을 공표했다. 그것은 특별영주자의 신고로 민족명에 의한 일본국적취득을 가능하게 하는 것이지만 상술한 바와 같은 한민족으로서의 아이덴티티 보장을 위한 시책이나 과거의 국적차별에 의한 불이익 시정책은 전혀 고려되지 않고 있다.

재일동포의 귀화는 95년 이후 연간 약 1만명에 이르고 2000년 이후 귀화 허가자의 수는 귀화 신청자수를 상회하고 있다(전년 이전의 누적된 신청자의 허가가 들어가므로). 현재는 민족명을 사용하는 귀화도 인정되어 있기 때문에(단지 일본식 성으로서 사용하는 것이 인정되지 않는 한자를 사용하는 귀화는 실무상 제한되어 있지만 이것은 법률의 정함에 따르지 않아도 행정실무의 변경으로 가능하다) 프로젝트팀에 의한 「특례법안」은 실질적으로는 귀화 요건의 대폭 완화와 같은 효과를 초래하는 것에 지나지 않는다.

또한 2003연말 현재 47만 5,925명의 특별영주자 이외에 26만 7,011명의 일반영주자가 존재하므로 특별영주자에게만 신고로 일본국적 취득을 인정하려고 하는 「특례법안」은 외국인 지방참정권의 대체조치로는 될 수 없다.

후술한 바와 같이 「특례법안」은 영주외국인에게 지방선거권을 인정하는 법안의 저지를 위해서 내세운 것이며 그 동기에 대하여 반대하지 않을 수 없다.

특별영주제도는 「91년 협의」에 의한 「한일 외무장관 각서」에 기하여 만들어졌지만 「91년 협의」는 65년의 한일 법적지위협정에 유래한다.

65년 당시 재일동포에 대하여 자자손손에 걸치는 영주의 보장을 요구한 한국정부에 대하여 일본정부는 그것을 인정하는 것은 일본사회에 한인 소수민족문제를 만들게 되고 장래에 화근을 남긴다고 반대했다. 그 결과, 영주 3대 이후에 대해서는 25년 후에 재협의하는 것으로 하고 영주권은 2대까지에 한한다고 하여 협정이 체결되었다. 일본정부는 25년이 경과하면 대부분의 재일동포는 일본에 귀화, 즉 동화를 시킬 수 있다고 계산하고 있었다.

그러나 재일동포의 투쟁이나 일본의 국제화에 의해 국적차별은 서서히 시정되어 재일동포의 인권운동은 외국인에 있어서 가장 곤란하다고 평가되는 참정권의 획득에까지 발전하고 「91년 한일 외무장관 각서」에는 "지방자치체 선거권에 대해서는 대한민국 정부로부터 요망이 표명되었다"라고 명기되기에 이르렀다.

재일동포에 대한 국적차별의 시정은 일본정부 스스로에 의해 이루어진 것은 한번도 없고 전부가 재일동포 측의 오랜 세월에 걸치는 차별에 이기기 위한 고투의 결과 일본정부가 받아들이지 않을 수 없게 된 것이다.

국적차별 시정요구에 대하여는 일본정부는 항상 귀화하라는 것을 내세워 왔다. 「특례법안」은 한일 법적지위협정 체결 이전부터 면면하게 계속되어 온 귀화에 의해 재일동포를 일본사회에 동화시켜 소수민족으로서 존재할 일이 없도록 한다는 생각과 같고, 지방참정권법안을 저지하기 위한 궁여지책으로서 강구된 것이다. 그것은 식민지 지배의 결과 일본에 거주하게 된 재일동포를 전후 60년에 걸쳐서 계속 차별해 온 것에 대한 반성의 결여를 나타내는 것이라고 할 수 밖에 없다.

6. 재일동포에 있어서의 참정권

전후 60년이 경과한 현재, 재일동포사회는 1세로부터 4세, 5세를 헤아리게 되었다. 그러나 그동안 재일동포는 본국인 한국이나 북한에 대하여도 거주국인 일본에 대하여도 지방, 국정에 관계없이 한번도 선거권을 행사하지 못하고 있다.

민주주의국가에 있어서 참정권의 행사는 스스로가 소속하는 지역사회나 국가에 대한 민주적 참여의 기초인데도 불구하고 재일동포는 거주국, 본국의 어느 쪽으로부터도 그 사회의 본연의 자세를 정하기 위한 한 표를 던지는 길이 봉쇄되어 왔다.

귀국을 하고 본국에 주소를 정하면 지방, 국정을 막론하고 본국에서의 참정권의 행사가 가능하고, 일본국적을 취득하면 일본에서의 참정권의 행사가 가능해 진다. 그것은 귀국인가 귀화인가의 어느 쪽을 선택하고 거주지와 국적의 불일치를 해소시키는 것으로 실현되지만, 그것은 본국국적을 유지하면서 일본에 거주해 온 재일동포에 있어서는 비현실적이고 '在日性'자체의 부정에 연결된다.

재일동포의 일본거주는 식민지 지배에 기인하고, 정주화는 본국의 남북 분단에 유래한다. 재일동포는 인권과 민족적 존엄성을 걸고 일본의 차별에 저항하고, 본국국적을 유지하면서 남북이 통일되는 것을 기원하며 분단상황을 살아 왔다.

재일동포는 동화적 귀화를 강요하는 일본정부의 역사인식 시정을 위해서도, 지방참정권을 국적차별 철폐투쟁에 의해 쟁취해 온 제 권리의 정점에 위치하는 것으로서, 그 획득을 지향해 왔다.

재일동포사회의 일부에는 지방참정권 운동은 재일동포의 일본사회로의 동화를 촉진하게 된다고 해서 반대하는 의견도 있지만, 일본정부는, 재일동포의 권리요구에 대하여는 항상 "귀화하면 된다"라고 해 왔고 참정권 요구에 대하여도 국적취득을 내거는 것은 일본정부의 상투수단이며, 그것 자체는 특별한 것이 아니다.

지방참정권은 국정참정권과는 다르고 국방이나 외교와 같은 정책결정에 직접적인 영향을 끼치는 것이 아니고, 복지나 생활 등 지역사회에 밀착한 문제를, 지역주민의 총의를 흡수하여 해결하기 위해서 주민에 인정되고 (주민자치) 국민주권원리에 어긋나는 것이 아니다. 일본의 최고재판소도 재일동포가 지방참정권을 요구한 재판에서 "법률에 의해 지방공공단체의 장, 그 의회의 의원 등에 대한 선거권을 부여하는 조치를 취하는 것은 헌법상 금지되어 있는 것이 아니다", "조치를 취할 것인가 아닌가는 오로지 국가의 입법정책에 관련되는 사항"이라고 판시하고 있다(1995.2.28. 제3소법정 판결).

이 판결 이후 참정권문제는 일본의 국회가 외국인참정권을 인정하는 법을 정할 것인가 아닌가에 초점이 맞춰졌다. 98년 10월 이후, 민주당, 공명당, 공산당 등은 외국인에게 지방선거권을 인정하는 법안을 수차례 제출하고, 99년에는 자민, 자유, 공명의 3당 연립 정권의 발족시에 정책협정 안에 지방참정권 부여가 들어갔지만 자민당의 반대로 성립을 보지 않고 오늘에 이르고 있다.

2000년 1월에 公明, 自由 양당의 제안으로 국회에 제출된 법안과, 2004년 2월에 국회에 제안되어, 현재 계속 심의로 되고 있는 공명당안에는, '조선적'을 배제하는 취지의 규정이 있지만, 이것은 외국인 지방참정권에 반대하는 의원의 저항을 약하려고 하는 정치적 의도가 있었다고 한다. 그러나 재일동포의 일본거주의 역사적 경위와 생활실태, 외국인의 인권으로서의 지방참정권의 성격으로 보아서, '조선적'을 배제하는 것은 용납되지 않는 차별이다.

이러한 국회 움직임에 맞추어 외국인 참정권에 반대하는 의원들이, 이것을 저지하기 위해서 「특별영주자등의 국적취득의 특례법안」을 발표한 것은 상술한 바와 같다. 현단계에서는 「특례법안」이 노리는 동화적 국적취득을 저지하기 위해서도 재일동포의 일본에 있어서의 지방참정권 획득이 불가결하고, 그 실현이야말로 재일동포의 일본국적취득에 의한 동화를 막게 하는 것이다.

「특례법안」과 지방참정권의 대치는 귀화(일본국적 취득)에 의해 재일동포의 존재를 소멸시키려고 하는 일본정부와 국적차별에 저항해서 인권과 민족적 존엄성이 보장되는 환경을 확보하려고 하는 재일동포의 대치이며, 식민지지배를 합리화하려고 하는 일본정부의 역사인식과 그 잘못된 역사인식을 시정시키려고 하는 재일동포의 역사인식과의 대치이기도 한다.

지방참정권은 지금 '한국적', '조선적'의 구별 없이, 全재일동포의 운동으로서 실현하는 것이 요청되므로 동화에 몰린다고 해서 반대, 방관하고 있을 수 있는 상황은 아니다. 단, 국민국가의 틀이 유지되는 한 외국인 참정권이 인정되는 것은 지방참정권 뿐이며, 국정참정권은 본국에 대하여 요구해야 한다. 재일동포가 일본사회에 동화할 것을 막는 길은 지방참정권 획득운동에 반대하는데서 찾을 것이 아니라 본국 국정참정권 획득 등 국민으로서 본국에의 민주적 참여의 길을 닦는 것에 찾아야 할 것이다.

국제화, 내외국인 평등이 한층 더 진전되는 21세기에 있어서는 국적을 한국 혹은 북한(통일 후는 통일국가)에 두고 일본에 영주하는 재일동포는 본국과 일본을 국적이나 민족에 의한 차별이 없는 사회로 만들어 나가는 점에 있어서 중요한 가교적 역할을 할 수 있는 존재다. 일본에 있어서의 재일동포의 지방참정권획득 운동이 한국국내에 있어서의 정주외국인의 지방참정권문제를 부각시키고, 한국에서 2004년 1월에 정주외국인에 대한 투표를 인정하는 주민투표법이 성립된 것에 이어, 지방참정권의 부여 논의가 높아지고 있는 것은 그 하나의 례다.

한일 상호에 있어서 외국인 지방참정권이 실현되는 것은 식민지지배의 희생자로서 일본에 거주하게 된 재일동포가 한일 관계사에 있어서 타민족공생 사회의 실현이라고 하는 미래를 향한 문을 여는 역할을 짊어지는 것이기도 한다.

V. 김경득에 대한 추억

1. 김경득 변호사를 추모하며

강 신 옥(변호사, 법무법인 일원)

내가 김경득 변호사를 처음 만나게 된 일자에 대해서는 정확한 기억이 없다. 아마 김변호사가 한국에 와서 한국어를 배우고 가족법을 공부한 뒤 일본으로 돌아가기 전에 태륜기 변호사를 통하여 알게 되지 않았나 라고 생각될 뿐이다.

김경득 변호사를 알게 되었을 때는 김경득 변호사는 재일한국인으로서 일본 와세다 대학을 졸업하고 일본 사법시험에 합격하였으나 일본의 사법연수원 입소가 거부되자 그 입소거부에 법률적인 투쟁을 하여 재일 한국인이라도 연수원에 입소할 수 있는 권리가 있다는 것을 쟁취한 용기있는 법률가로서 알게 되었다.

재일 동포의 법적지위의 향상을 위하여 투쟁한 결과 많은 희생을 치르고 권리를 쟁취하였고 김경득 변호사 자신이 재일동포로서 와세다 대학을 어렵게 다녔고 대학을 나와도 일본에서는 제대로 좋은 직장을 구할 수 없는 재일동포의 현실을 몸소 체험하였음을 알고 존경하는 후배로 관계를 맺게 되었다.

그로부터 일본에서 살기 위해 재일동포는 권투선수같은 직업이나 구할 수 있겠다고 생각하여 권투선수가 되기 위한 훈련을 받았다는 이야기를 듣고는 놀라움을 금치 못했다. 몸도 크지 않은 김변호사가 권투선수가 되겠다고 결심하였으니 재일동포들의 생활실태를 알고도 남음이 있었다.

또 와세다 대학에서 청소부로 일했다는 것도 알게 되었다.

김경득 변호사가 일본에서 잘 살기만을 위했다면 일본 국적을 취득하고 재일동포의 지위를 버렸다면 쉬웠는데도 김변호사는 재일한국인의 법적 지위 향상을 위하여 한국인의 정체성을 의식하고 온몸으로 그 권리 향상을 위해 스스로 투쟁하고 변호사가 될 수 있는 길을 열어준 선구자의 길을 꾸준히 걸어갔다.

나 자신도 한국에서 변호사 활동을 하다가 변론 때문에 구속당한 경험이 있었기 때문에 김변호사와는 특별한 동지애를 느꼈고 그 때문에 아주 가까운 사이가 되었다.

그래서 김변호사 때문에 김변호사를 위해 많은 도움을 준 일본의 하라고 변호사와도 가까워졌고 하라고 변호사의 사무실에 김변호사가 근무할 때 그 곳 사무실에도 가 보았고 하라고 변호사의 훌륭한 인품에 매료되기도 했다.

김변호사 때문에 재일동포의 법률문제에 많은 관여를 해서 지문압날문제, 사할린동포문제, 전후보상문제 등으로 일본을 가서 많은 세미나에도 참여하였고 일본의 훌륭한 법률가들을 알고 우리 문제를 일본 법률가들이 더 걱정하고 있는 것을 보고 나 자신을 부끄럽게 느낀 것도 사실이다.

다나까 히로시 같은 훌륭한 학자, 우찌미 아이꼬 같은 소설가가 우리나라의 B, C급 전범자의 문제를 제일 먼저 제기하고 좋은 보고서를 작성하여 출판한 것을 보고 부끄러워하였다.

우리나라는 그래도 김경득 변호사 같은 정의감 있고 성실한 변호사가 있어서 우리를 덜 부끄럽게 하였고 우리들의 긍지를 높여 주었다.

김경득 변호사가 일본으로 돌아갈 때에는 본인이 그 부부를 워커힐 호텔에서 환송연을 베풀어주고 석별의 정을 나누었다.

그 후 김변호사는 86년 3월 1일 우연히 한국에 와서 그때 본인이 등산에 한참 열 올랐을 때여서 김변호사에게 국립공원 월악산에 등산가는데 같이 갈 수 있겠는가 하였더니 좋다고 하여 본인의 친구 7명과 같이 눈 덮인 월악산에 등반을 같이 한 즐거운 추억이 있다.

또 김변호사 때문에 내가 1988년 5월경 일본 동경에서 있는 민사재판에 일본인을 위하여 증인으로 참석하여 증언해 준 일이 있었다.

이 사건에 내가 관여하게 된 것은 김변호사로부터 어떤 일본인이 동경 시내 요지인 메구로구에 약 200평(?)쯤 되는 대지에 가옥을 소유하고 있는데 이 대지와 가옥이 해방 전 이 일본인의 아버지가 한국에서 사업을 하면서 이 동경 부동산을 일본인 회사의 명의로 등기하여 놓았다는 것이었다.

그런데 현재 그 아버지는 돌아가시고 그 부동산에 아들이 살고 있으나 아들 이름으로 등기를 할 수 없었다고 그 아들이 고민하다가 한국 재일동포들이 내는 신문에 한국 법을 잘 아는 사람의 이름으로 광고가 있는 것을 보고 찾아가 법률상담을 하였다는 것이다.

그런데 그 법률상담결과 일본인이 그 교포로부터는 아무런 도움을 받지 못하고 오히려 일본인으로부터 비밀로 알게 된 한국의 귀속 재산에 대하여 그 일본인 모르게 한국에 가서 한국에 있는 일본인 회사의 서류를 위조하여 동경의 부동산을 취득한 것처럼 해놓고 그 부동산의 소유권을 주장하는 소송이 제기되어 그 일본인이 한국인을 상대로 한국 경찰에 공정증서원본 등을 위조했다는 사실을 가지고 고소한 일이 있다는 것이었다.

그때 김변호사는 일본인을 위해서 사건에 관여하게 되고 한국 쪽의 고소사건을 잘 알아봐달라고 의뢰하게 되어 내가 그 일에 관여하게 되었다.

그 사건을 맡고 서울시경에 가서 알아보았더니 이미 한국인에 대한 수사는 종결되어 무혐의 불기소 처분이 된 것을 알게 되었다.

이때 경찰관들은 한국의 귀속재산을 한국인이 일본인으로부터 빼어 오는 것은 그렇게 비난할 것이 아니라는 것 때문이었는지 혹은 한국인 관련자로부터 부당한 로비를 받았기 때문이었는지는 모르지만 내가 보기에는 정의로운 법집행은 아니었던 것으로 보고 분노했던 것은 사실이다.

그때 일본인은 동경 부동산을 100여년 이상을 소유하고 점유하고 있었으나 단순히 한국의 귀속재산이기 때문에 등기이전을 못하고 있었을 뿐이었다는 주장이었고 그래서 동경의 법원에서 시효로 인한 취득을 주장하고 있다는 것이었다.

그때 나는 이미 한국의 국회의원으로 당선되어 있었을 때인데 그 일본인을 위하여 한국에 있는 상업등기소를 찾아가서 일본인 회사의 등기부원본을 열람해 볼 수 있었다. 그때 내가 그 등기부의 원본을 본 결과 최근에 그 원본에 조잡한 글씨로 회사의 청산절차를 밟은 것처럼 위조되어 있는 것이 내 육안에 확연하게 드러나 보였다.

해방 전 등기부 원본의 글씨는 글자체도 깨끗하게 정서되고 성실하게 적혀있는데 최근에 변조된 것으로 보이는 부분은 조잡한 글씨로 등기 서류 원본에 되어 있는 것을 확인하게 되었던 것이다.

이런 명백한 부정행위를 한국경찰이 한국인을 위해서라는 핑계로 용서해 준다는 것은 나의 사회정의관념에도 용납할 수 없었던 것이다.

나는 그때 이런 사실을 알고 법원 국정 감사시에 상업등기부원본의 감독 관리의 철저를 요구한 사실까지 있었다. 내가 짐작하건대 그 당시 귀속재산을 둘러싼 여러 가지 비행방법, 또 등기부원본 자체를 변조 혹은 위조하는 대담한 범행을 한국인이 자행했다는 것을 짐작할 수 있었다.

그리고는 그 위조된 서류로 동경의 부동산을 한국인이 합법적으로 취득한 양 등기이전까지 하고 그것을 담보로 금융까지 받은 사실이 일본인 부동산 등기부에 기재되어 있었다.

이런 재판에 동경에 와서 증언을 해주겠느냐고 제의해 와 나는 비록 일본인과 한국인이 싸우는 민사재판이지만 정의를 위해서 일본인을 위해 증언을 서주겠다고 흔쾌히 약속하고 국회의원 신분으로 증언을 서 주었다.

그때 증언을 서기 전 이름 모를 교포로부터 전보를 내게 보내어 증언을 서 주지 말 것을 내용으로 하는 협박성 전보까지 받았었다.

그 후 내가 국회의원 생활을 하면서 이 일로 나를 비난하는 모함성 협박을 들은 사실도 있다.

이 사건을 법률적으로 검토해보면 대한민국 정부가 동경 재산을 귀속재산으로서 돌려달라는 권리를 주장한다면 모를까 이 재산에 아무런 관련이 없는 한국인들이 불법으로 등기부원본을 위조하여 일본인의 재산을 불법적으로 취득하겠다는 것을 도와 줄 수는 없다는 것이 나의 법률적 양심이었고 그 정의감 때문에 증언하게 된 것이었다.

더군다나 이 사건의 시초는 일본인이 스스로의 비밀스런 법률상담을 받은 법률전문가가 물론 변호사는 아니었지만 상담받은 비밀을 알게 된 뒤 그것을 지식으로 하여 상담인의 재산을 불법으로 탈취하려는 아주 불순한 범행이 이루어진 것을 보고도 한국인을 위해서 침묵하는 것이 과연 옳겠는가 하는 생각으로 증언하였던 것이다.

그때 김변호사는 동경에 온 증인을 위하여 일회용 카메라로 사진까지 찍어주었으나 그 사진을 지금 가지고 있지 못하여 아쉬워하고 있다.

그 뒤 그 사건은 잘 된 것으로 기억하고 있다.

김변호사는 재일동포의 신분으로서 온 몸으로 재일동포의 법적 지위 향상을 위해 평생을 바친 존경스럽고 자랑스러운 대한민국의 법률가이다.

김변호사 같은 정의감과 사명의식이 뚜렷한 법률가가 더 건강하고 오래 살아서 충분히 활동할 수 있었는데도 56세의 젊은 나이에 죽게 되어 우리들을 슬프게 한다.

마침 김변호사의 아드님이 일본 연수원에서 공부를 하고 있다니 훌륭한 아버지를 본받아 아버지의 이상을 이어나갈 것이라고 믿으니 위로가 될 뿐이다.

김변호사님의 명복을 빌고 특히 김변호사 아드님께서 아버지의 이상을 계속 이어 나가는 결의를 굳게 하기를 빌면서 이 글을 마친다.

2. 진정한 인권운동가 김경득

경 수 근(변호사, 법무법인 소명)

내가 김경득 변호사를 처음 만난 것은 1980년대 초 무렵이었는데, 내가 그를 만나게 된 경위는 나의 아내와 김경득 변호사의 부인이 대학 친구지간이었기 때문이었다.

나는 처음 만난 그에게 그가 한국에 오게 된 이유에 대하여 물었다. 그는 일본 사법시험에 합격했지만 재일교포로서 국적이 한국이어서 일본 법조인 자격을 취득할 수가 없다고 하여 일본 최고재판소(우리나라 대법원)를 상대로 싸우면서 재일교포들의 인권문제에 대하여 관심을 갖기 시작했다고 한다. 그러기 위해서는 한국말을 할 수가 있어야 하겠기에 한국말을 배우러 한국에 왔다고 했다. 나는 그의 그러한 대답을 들으면서 감동도 받았지만 한편으로는 같은 법조인이면서도 재일교포의 인권문제에 대하여 무관심한 것에 대하여 부끄럽기도 하였다.

그러다가 그는 한국에서 공부를 마치고 아내와 당시 갓 태어난 아이를 데리고 일본으로 돌아갔다. 그가 일본으로 돌아간 후 얼마 안 있다가 내가 일본으로 유학을 가게 되었다. 나는 유학을 가면서 그의 도움으로 그가 살던 아파트 근처에 있는 아파트를 빌려 살게 되었다.

근처에 살면서 우리가족은 그의 가족과 같이 어울려 식사도 하고 소풍도 같이 하고 하였다.

때로는, 우리 가족은 그의 집에서 그의 가족과 어울리다가 늦으면 자고 오기도 했다.

그런 과정에서 그는 정말로 자상한 남편이자 아이들을 너무도 사랑하는 멋진 가장임을 알게 되었다. 그의 말이 지금도 귀에 생생하다. 재일동포들의 숫자가 적으므로 자기라도 아이들을 많이 나야 된다고 하는 말이었다. 그는 아이를 넷을 두었다. 다 잘 자랐고, 자라고 있다.

그뿐 아니라, 나는 그가 남달리 조국에 대한 애착과 재일동포들의 인권문제에 대하여 애정이 많은 것을 점점 더 알게 되었다. 그는 집에서 부인이나 아이들에게 절대로 일본말은 못쓰게 하고 한국말만 쓰게 하고, 이야기를 나눌 때에도 조국 한국과 재일동포의 인권문제 등에 깊은 관심을 나타냈기 때문이다.

나는 당시 게이오 대학에서 일본어 수업을 마치고 나면, 그의 사무실에 들러 연수를 하게 되었다. 나는 그의 사무실에서 연수를 하면서도 주로 그가 재일동포의 지문날인거부 등 재일동포의 인권문제에 대한 연구를 하면서 인권운동을 열정적으로 이끌어 가고 있는 것을 알게 되었다. 그는 당시부터 북한동포들의 인권문제에 대하여 관심을 갖고 있으면서 언젠가는 북한동포의 인권문제도 해결되어야 한다고 강조하기도 하였다.

그러다가, 나는 짧은 기간의 연수를 마치고 한국으로 돌아오게 되었다. 한국에 돌아 온 후에도, 그가 한국에 오게 되면 식사도 같이 하면서 계속 교제를 하였다.

그는 당시 변호사 사무실을 개설한지 얼마 안된데다가 재일동포들의 인권문제를 다루다 보니 경제적으로 여유가 많지 않은 것으로 알고 있었다. 그러한 그가 한국에 자주 오게 된 것은 한국 내에서 열리는 재일동포들의 인권문제 등에 대한 세미나에서 강연을 하기 위해서였다. 그 정도로 그는 재일동포의 인권문제에 대하여 심혈을 기울이고 있었다. 그의 그러한 희생적인 헌신 탓에 재일동포의 지문날인제도가 철폐되는 등 재일동포의 인권문제가 점차 개선되어 가고 있었다.

그는 거기에 그치지 않고 재일동포의 참정권회복 문제 등 재일동포의 다른 인권문제에 대하여도 새로운 운동을 펼쳐 나가는 등 전보다 더욱 열성적으로 인권운동을 펼쳐 나가기도 하였다. 그러면서 그는 그런 와중에서도 재일동포의 법적 지위에 관련된 서적들도 출판하기도 하였다.

그래서 재일동포의 인권문제하면 그를 따라갈 자가 아무도 없었다.

어느 날, 그 날은 그가 세상을 떠나기 전 5년 전 연말쯤으로 기억된다. 갑자기 그가 몸에 병이 생겨 큰 수술을 하였다는 것이다. 그래서 우리 가족은 문병차 오랜만에 그 집에 들러 하룻밤을 자면서 그를 위로하며 그의 완쾌를 위하여 기도를 하기도 하였다. 그 때 내가 그에 대하여 다시 한 번 더 놀란 것은 그같이 몸이 불편한 상태에서도 재일동포의 법적 지위문제에 관한 서적을 저술하는 준비를 하고 있을 정도로 재일동포의 인권문제를 포함한 법적 지위 문제에 대하여 심혈을 기울이고 있었기 때문이다.

그는 완쾌되어 가더니 그로부터 약 5년이 지난 어느 날, 갑자기 그가 세상을 떠났다는 비보를 접하게 되었다. 아직 할 일도 많고 세상을 떠나기에는 너무나 젊은 나이었다.

그러나 한편으로는 비록 그의 생애는 짧았지만 그 짧은 생애 동안에도 너무도 많은 그리고 귀중한 업적을 남기고 떠났기에 그의 짧은 삶은 더욱 값진 것이었다.

그는 재일동포들의 법적 지위를 위하여 살다가 간 진정한 인권운동가이자 멋진 가장이었다.

그러기에, 나는 그가 지금도 하늘 나라에서 재일동포들의 법적 지위를 위해 기도하고 있을 것이라고 생각한다.

3. 우리 시대의 진정한 영웅을 기리며

김 석 우(전 통일부 차관)

김경득 – 크지 않은 체격에 온화한 목소리의 인권변호사, 그는 목청을 높이는 일이 없었지만, 항상 주위에 필요한 사람들을 끌어 모을 수 있었고 상대방을 설득하는 마력이 있었다. 재일한인으로 태어나 성장기의 차별과 멸시를 감내하고 일본 사법시험에 합격한 후, 일신상의 편안함보다는 재일한인이 받는 차별의 고통을 일본사회에 알리고 없애기 위해, 일본 최고재판소의 귀화종용에 결연하게 맞서 결국은 최초의 외국인 변호사가 되었다.

필자가 김 변호사를 자주 만났던 것은 주일 한국대사관 정무참사관으로 근무하던 1987년 봄부터 89년 가을까지의 기간이었다. 그때 이미 그는 차별을 자신 스스로의 힘으로 깨뜨리고, 이어서 자신의 정체성을 확립하기 위한 한국유학을 마친 다음, 일본에 돌아가 변호사 사무실을 차리고, 지문날인제도철폐운동 주도와 재일한인을 위한 법정변론 등을 통해 일본내 인권운동의 중심적 역할을 하고 있었다. 재일한인사회, 일본 내 인권그룹, 한국사회를 연결하고 힘을 결집하는 중심축이 되었다.

고 김경득 변호사가 짧은 인생을 불꽃같이 살라 재일한인의 차별철폐를 위해 지대한 공헌을 한데 대하여 한국 정부는 2007년 1월 13일 대한민국훈장·무궁화장을 추서하였다.

이제 고인의 서거를 애도하면서, 필자가 대일 외교교섭에서 경험했던 역사적 배경에 비추어 그가 우리시대의 진정한 영웅이었다는 평가를 다시 새겨보고자 한다.

1965년 한·일 국교정상화와 재일한인 문제

본래 1965년 한·일 국교정상화는 숱한 우여곡절을 거친 후 박정희 정부에 들어서 제7차 회담에서 타결되었다. 1961년 5·16으로 집권하게 된 박 대통령은 그 당위성을 국민들에게 보여 주어야 했다. 그래서 한민족을 세습적 빈곤으로부터 해방시키기 위한 경제건설에 최우선 목표를 두고, 그에 필요한 재원을 마련하기 위해 일본의 식민통치에 대한 배상을 청구권자금 명목으로 받아들이게 되었다. 재일교포의 법적지위에 관한 교섭은 상대적으로 비중이 크지 못했다.

경제건설 목표추구 우선정책 이외에도 재일교포 법적지위문제 타결이 미흡했던 원인은 몇 가지 더 추가할 수 있다.

첫째, 냉전체제 하에서 6·25 남침 경험이 생생한 한국 정부는 안보위협에 극도로 민감하였고, 북한의 대남 전진기지라 할 수 있는 일본교민사회에서의 지지기반을 강화하는데 역점을 두었다. 72년 남·북한의 경제력이 역전되기 전에는 남·북간 대리전이 이루어지는 일본의 위치는 너무 중요하였고, 결과적으로는 재일교포 개개인의 인간으로서의 기본적 권리보다도 국가적 정책목표들이 우선하게 되었다.

둘째, 식민통치에서 갓 벗어난 신생독립국이었던 한국 정부가 인재풀을 총동원하여 유진오, 홍진기, 이한기 등의 당대 최고 대가와 가장 유능한 외교관들이 대일 교섭을 하도록 하였으며, 지금도 그 당시 회담기록을 보면 한국대표단이 최선을 다하는 눈물겨운 노력을 읽을 수 있다. 그러한 애국심에도 불구하고, 경험이나 정보 면에서 일본측 대표단에 비해서 교섭력에 큰 차이가 있었던 것으로 보인다. 교섭에 임하는 한국 대표단원들이 2차대전 이후 국제사회에서의 '인권'에 대한 진전동향에 너무 어두웠던 것 같다.

유엔은 그 설립 목적 중 하나로 '인권'증진을 헌장에 규정하고, 그에 따라 1948년 12월 10일 역사적인 세계인권선언을 채택하였다. 이 세계인권선언 내용을 조약으로 만드는 작업은 냉전 체제하의 동·서 양 진영 간의 입장 차이 때문에 그 후 18년이나 걸렸다. 1966년에야 '시민적·정치적 권리에 관한 규약(B규약)'과 '경제적·사회적·문화적 권리에 관한 규약(A규약)'이 채택되었다. 이는 1965년 한일협정 체결 다음해의 일이다.

그러나 우리의 외교력을 유엔에서 남·북한 대표권문제 대결에만 쏟지 말고, 유엔 인권위원회나 총회 제3위원회와 같은 국제적 토의과정도 충실하게 파악했더라면, 한·일 교섭과정의 중간에라도 국제적 동향에 맞추어 재일교포의 법적지위에 관한 내용을 더 개선할 수 있지 않았을까? 그 당시 분단된 신생독립국인 우리의 외교력으로는 무리였다고 하더라도, 우리가 반성해야 할 점이다.

셋째, 거기에 더해 일본 제국주의의 식민통치에 대항하여 민족의식이 형성되어 항일 독립정신을 고취하는데 기여한 것은 좋았으나, 역으로 한국사회는 일본의 국수주의적 민족관의 영향에서 벗어나기가 어려웠던 것 같다. 일본을 욕하면서 무의식 중에 일본을 닮아간 셈이다. 또한 일본 식민통치 기간 중 가혹한 문화말살 정책으로 언어와 이름까지 빼앗겼다가 겨우 독립을 얻었기에, 초대 대통령 이승만은 민족적 정체성을 회복하기 위하여 강한 반일정책을 취하였다. 한국은 일본에 대해서만은 국수주의적일 정도로 민족감정을 고취하였고, 그 결과 재일교포 개개인의 인권문제는 민족이라는 명분에 가려 부차적인 문제로 취급된 셈이었다.

일본의 재일한인 차별정책

그러면 재일한인들이 물리적으로 거주하는 일본 쪽의 상황은 어떠한가?

먼저, 차별문제의 핵심은 일본의 재일교포 정책에 있다. 식민통치 당시 일본은 전쟁수행 목적을 위해 '내선일체'라는 명목으로 조선 사람들을 각종 징용이나 징병으로 200여만 명을 동원하였으나, 막상 전쟁이 끝난 후에는 일방적으로 재일교포의 일본국적을 박탈하고, 일본의 부담을 줄이기 위해 가급적이면 한반도로 송환하도록 하였다. 심지어는 인도주의적 사업이라는 명분으로 적십자사를 앞세워 1959년 말부터 1984년까지 근 10만 명의 재일교포를 북송하기도 하였다.

전후 일본에 잔류한 재일교포는 대략 60만 명 정도였다. 대부분 생활근거가 빈약하였으므로 일본정부는 그들을 기본적으로는 범죄가능성이 많은 잠재적 우범자 취급을 하였다. 그러기에 재일교포를 치안대상으로 보아 통제를 쉽게 하기 위해 일본인과는 달리 지문날인이나 외국인등록증 상시휴대와 같은 의무를 부과하였다. 정주외국인들에게 일률적으로 적용한다고 하지만, 당시 일본거주 외국인의 9할 이상이 재일한인이었다. 1947년 당시 재일 외국인 총수 64만 명 중 재일한인이 60만 명이나 되었다.[1] 사회생활의 각 분야에서 차별을 당연시해서, 각종 법령이나 조례에서 합리적 범위를 벗어나서 국적조항을 강조하였다. 식민통치 당시 조선인에 대한 우월감, 식민사관에 의한 멸시가 근저에 깔려 있었다고 볼 수밖에 없다.

둘째, 일본 당국은 또한 메이지유신(1868년)을 통해 근대 유럽의 민족국가개념을 받아들이고, 제국주의 정책을 추구하는 과정에서 '야마토' 민족의 우월성을 강조하는 허황한 '신화'를 만들어 국민들을 세뇌하였다. 그러한 단일민족 지상주의에 몰입하여 일본내에 소수민족의 존재를 인정하려 하지 않았다. 따라서 유럽의 전후처리 과정과는 달리 재일한인을 소수민족으로 인정하지 않고, 개별적으로 민족적 정체성을 버리고 귀화하여, 일본인으로 완전히 동화하도록 유도하였다.[2] 따라서 평소에도 재일한인들은 열등감 속에서, 본명이 아니라 일본 이름(소위 통명通名)으로 생활하게 되었다. 자신의 옆자리의 친구들에게 자신이 재일한인이라는 사실을 숨기고 일본인인 것처럼 행세할 수밖에 없는 기막힌 이중적 생활을 하게 만들었다. 심지어 남들이 조선인이라는 것을 알

1) 정인섭, 『재일교포의 법적지위』(서울대학교 출판부, 1996), p.5.
2) 초기 한국 정부도 국제법상, 특히 유럽 관행에서는, 민족과 국적이 흔히 일치하지 않을 경우 소수민족이 보호되어야 한다는 주요 원칙에 착안하지 못하였고, 일본에 귀화하는 재일교포를 민족반역자인 것처럼 대하였다. 이러한 국가주의적 사고는 그 후 30년이 지나 교포3세 문제 교섭준비 과정에서 '국적을 일본 정부의 은혜로서가 아니라 교포 개개인의 권리로서 선택할 수 있어야 한다'는 국적선택권 구상에 관한 논의에서도 마찬가지였다.

게 될까봐 부모와 길에서 마주쳐도 피하기까지 하게 만들었다. 중·고등학생들의 사춘기에 자신의 정체성에 관해 심각한 혼동을 일으켜 정신적으로 방황하게 만들었다.

셋째, 전후 일본은 경제재건을 신속히 이룩하여 1980년대에는 세계 제2의 경제대국이 되었으나, 대부분의 일본인의 의식구조는 단일민족신화에서 벗어나지 못하고, 인류의 보편적 가치인 인권에 관해서는 세계조류에 뒤쳐져 있었다. 게다가 일본의 외교교섭 자세는 일반적으로 대국다운 아량을 보이지 못하였다. 외교교섭에서 상대방도 10 가운데 4.5나 4 정도는 가지도록 배려하기보다는 완벽주의 논리에 치우쳐 10중에서 9나 10을 자신이 다 차지하는 것이 국가이익이 된다는 자세였다. 그러기에 상대방이 항상 불만을 가지도록 하였다. 오히려 그것이 국제사회에서 일본의 정치력을 왜소하게 하는 원인이 된 것 같다.

그러한 결과로 1965년의 재일교포 법적지위에 관한 협정은 체결 당시부터 차별을 잉태한 채 태어났을 뿐 아니라, 매년 열리는 재일교포 법적지위 개선에 관한 양국간 협의에서 문제가 제기되어도 개선 속도는 너무 느렸다. 재일한인문제는 한·일관계가 악화될 경우에는 불더미에 기름을 붓는 소재로서 골칫거리였으며, 한·일관계 악화의 주요 요인으로 작용하였다.

1980년대 상황에서 취업차별의 관점에서 재일한인사회를 보면, 매년 1만명 정도의 재일한인 젊은이가 학업을 마치고 취업전선에 나서게 되는데, 그 중 1천명 정도가 일본의 중소기업에 취직하였다. 일본의 대기업은 거의 채용하지 않았다. 5천 명 정도가 한인계 작은 기업에 취직하고, 나머지는 일정한 직업도 없이 어두운 환경에서 방황하게 되었다. 이에 따라 그들은 범죄의 유혹에 빠지기 쉽게 되고, 그들의 자녀교육에도 등한시할 수밖에 없게 된다. 그 자녀들이 성장해서 또 다시 취업상의 어려움을 받게 된다. 이것이 바로 재일한인 차별의 악순환이라고 할 수 있는데, 한국 정부는 일본정부 관료들이 진정으로 이러한 악순환의 고리를 끊어 줄 것을 끊임없이 촉구하였다.

한국 정부는 일본인과 재일한인의 평균수명이 6년이나 차이가 난다는 통계까지 인용하여 일본측의 차별철폐를 압박하였다. 지문날인제도를 철폐해야 하고, 연금제도상 일본인과 동일한 취급을 해야 하고, 재일교포의 민족교육을 과감하게 지원해야 하고, 일본정부나 기업이 재일교포 청년들을 적극 채용토록 촉진해야 한다고 촉구하였다. 그러한 요구가 실현될 경우 차별의 악순환 고리가 끊어져, 재일한인들이 일본사회에 공헌하는 일꾼이 되고, 한·일간 공동협력을 위한 교량역이 될 것이며, 일본도 국제사회에서 인권후진국이라는 비판을 면할 수 있을 것이라고 강조하였다.[3)]

인권후진국 비판과 차별정책의 시정노력

1965년 체결된 재일교포법적지위에 관한 협정이 세계 인권선언이나 그것을 규범화한 인권규약 등 국제적 기준에 비추어 너무 미흡하다는 것이 널리 알려지게 된 것은 1970년 중반의 일이었다. 1975년 남베트남 패망에 따라 백만명 이상의 보트 피플이 발생하였다. 일본정부가 그들의 구조를 외면하도록 유도한 비인도적 행정지도가 알려지게 되자, 일본은 국제사회 여론으로부터 심한 비난의 대상이 되었다.

그래서 일본정부는 실추된 이미지 개선을 위해 1979년과 1981년에

3) 김석우, 『남북이 만난다 세계가 만난다』 (고려원, 1995) pp.112-114 참조.

국제인권규약과 난민협약에 각각 가입하게 되었고, 그 조약의 기준을 적용해보니 일본과 관련이 전혀 없던 난민에 대한 대우보다도, 일본의 식민통치 희생자로서의 특수한 관계를 가진 재일한인에 대한 대우가 미흡하다는 것이 나타나게 되었다. 이 난민협약 가입을 계기로 1981년 연금 등 사회보장제도나 특례영주권 제도 등 일부 분야에서 난민협약상 기준에 맞추는 개선이 있었으나, 구체적인 집행과정에서는 일본의 국내 관계부서는 아직도 과거의 타성에서 벗어나지 못하고 인색하였다.

일본정부의 이러한 비인도적 자세가 국제사회의 비판을 받게 되자, 인권후진국이라는 오명을 벗어나기 위한 움직임이 일본내에서 일어났다. 도쿄대학의 오오누마 야스아끼 교수, 류코꾸 대학의 다나카 히로시 교수, 다까키 겐이찌 변호사 등 일부 인권관계 학자와 활동가들이 움직임을 이끌었다. 김 변호사는 그러한 사회적 운동의 중심에 서 있었고, 그의 발언과 행동은 대단한 무게를 지니고 있었다.

한편, 한국으로서는 경제발전에 이어 정치민주화를 달성하였다. 87년 6월민주항쟁을 거쳐 개정 헌법에 따라 그해 12월에는 대통령을 국민의 직접선거에 의해 선출하게 되었다.

필자가 동경에서 정무참사관으로 근무하던 외교현장에서도 본국정부의 정치적 약점이 해소되니, 정당한 요구라면 거의 다 외교적으로 관철시킬 수가 있었다. 민주정부인가 아닌가에 따라 외교역량은 하늘과 땅의 차이가 있다는 것을 절감하였다.

교포 3세 문제 교섭과 차별문제의 포괄적 해결

이 때 인권문제, 특히 재일교포문제는 과거사 문제와 관련하여 일본 외교의 아킬레스 힘줄에 해당하는 부분이었다. 주일 한국대사관 내에서는 1965년 한일협정 제2조에 규정되어 있는 교포3세 문제에 관한 교섭을 한·일간의 전반적 갈등을 해소하기 위한 핵심적 과제로 인식하고, 높은 전략적 우선순위를 두고 일찌감치 준비를 시작하였다.

(고)이원경 대사의 전폭적 신임 하에 정무참사관이 중심이 되는 태스크 포스를 구성해서 준비하게 되었다. 그 당시 서현섭(전 주 파푸아 뉴기니 대사), 이규형(주 러시아 대사), 문봉주(외교부 대사), 신각수(주 이스라엘 대사), 박석환(주일 경제공사), 이현주(주중 정무공사), 조희용(외교부 대변인), 우동주(한나라당 기획위원), 하태윤(KOICA 이사), 김창범(외교부 인사기획관)과 같은 정무담당 외교관들이 참여하여 연구와 토론을 계속하면서 구체적 대책을 마련하였다. 필자는 그 당시 이원경 대사의 미래지향적인 사고와 태스크 포스에 참여하는 외교 실무자들의 노력으로 교포 3세문제 교섭을 성공적으로 마무리 지음으로서 한·일간의 교섭 패턴에 근본적 변화를 가져왔다고 본다.[4)]

기본 전략으로서는 재일교포의 문제가 단순히 한·일간 외교 현안이라는 차원을 넘어 인권이라는 국제사회의 보편적 가치를 일본이 존중하느냐 않느냐의 차원에서 접근했다. 한국의 입장이 국제 여론의 뒷받침을 받는다면, 얼마든지 공세적 교섭을 할 수 있었고, 일본 측은 수세적일 수밖에 없었다. 우리 실무진들은 3세문제 교섭을 성공시켜 전체 재일교포의 차별을 철폐해야, 그 것을 통해 한·일 양국민간의 편협한 우월의식이나 열등의식을 해소하고 상호 신뢰관계를 구축하게 된다는 사명

4) 10여년 후인 2004년 일본의 김 수입 쿼터제 협상을 타결하기 위해 한국정부가 일본의 보호주의적 관행을 WTO에 제소하여 단번에 쿼터량을 240만 속에서 1,200만 속으로 5배 확대시킨 교섭도 교섭 패턴을 변화시킨 좋은 예이다.

감을 가지게 되었다. 우리 태스크 포스 팀은 그러한 사명감으로 많은 준비를 하여 국제사회의 정론으로 무장하여 일본과의 교섭에 임하였고, 일본측이 과거와 같이 거부하기 힘들었다. 그 결과로 교포들의 차별대우도 대부분 한꺼번에 해결하는 결과를 가져왔다. 일본으로서도 국제사회에서의 인권후진국의 오명을 씻게 되어 상호 윈-윈하는 게임이 되었다.

물론 정부간 교섭이었기 때문에 담당자들이 법 이론을 철저하게 준비해야 했지만, 실제 재일교포들이 일본에서 차별을 받고 있는 구체적 실태를 파악하고, 그에 대한 대책을 협의할 뿐만 아니라, 인권단체들과의 역할분담과 유기적 협조가 필요하였다.

이를 위해 우리 한국대사관은 재일교포들로 구성되는 자문위원회를 구성하였다. 교포의 권익을 옹호하는 중심체인 민단이 주축이 되지만, 모든 교포의 이익을 반영시킨다는 생각으로 민단 밖에 있는 중도성향 인사나 심지어 조총련 측의 입장을 이해하고 있는 인사들까지도 초청하였다. 김경득 변호사와 가와사키의 이인하 목사, 민단의 정해룡 부단장, 교포신문의 김총령 주필, 모모야마 대학의 서용달 교수 등이 적극 참여해 주었다.

당시 김경득 변호사의 역할은 매우 중요하였다. 우리 교민사회의 의견을 수렴하고, 차별철폐를 촉구하는 각종 집회 연설, 법정 변론을 하면서, 특히 1만명에 이르는 지문철폐 거부자들의 압력을 결집하여 일본정부를 설득하는데 온 힘을 기울이고 있었다. 재일한인뿐만 아니라, 일본의 양심적 지식인·인권운동가들과의 긴밀한 유대관계는 문제해결을 위해 없어서는 안될 귀중한 자산이 되었다.

이와 같이 주일대사관 태스크 포스가 중지를 모아 준비한 기본대책에 따라 양국간 아주국장 회의와 실무자회의를 통해 교섭을 진행하였다. 1990년 4월 30일 한일외무장관 합의의 형식으로 후손 법적지위에 관한 6개항의 중간합의에 드디어 도달하였다. 당초 65년 협정에서 뒤로 미룬 교포3세의 법적 지위가 1세나 2세보다 최소한 불리하지 않아야 한다는 대전제 위에서 차별철폐의 범위를 확대해 나가는 접근방식을 취하였다.[5] 왜냐하면, 3세들은 1세, 2세보다도 일본사회와의 연관성이 더 깊어지기 때문에 그 법적지위가 당연히 더 강화되어야 한다는 논리를 부정할 수 없기 때문이다.

중간 합의의 구체적 내용은 3세에 대하여 1)기속적 영주권을 인정하고, 2)강제퇴거 사유는 내란·외환의 죄 등 중대범죄로 한정하고, 3)재입국허가의 출국기간을 최대 5년으로 하고, 4)지문날인을 하지 않으며, 5)외국인등록증 휴대제도의 개선책을 모색하며, 6)기타 교육문제, 지방자치단체 공무원 및 교사 채용문제, 지방자치제 선거권 문제 등은 계속 협의한다는 내용이었다.

그 후 수차례의 양국 외교부간 공식·비공식 회의를 거쳐 최종 합의에 도달하여 1991년 1월 10일 가이후 일본 총리의 방한에 즈음하여 양국 외무장관 간에 각서를 교환하게 되었다.

형식상으로는 1965년 법적지위협정 제2조상의 교포3세 문제에 관한 교섭이었지만, 이와 연관시켜 1세, 2세 교포들이 받고 있던 차별대우의 핵심사항들을 동시에 해결하는 것을 목표로 하였고, 결국 그것은 성

5) (고)배재식 교수는 일본측이 본래 1965년 법적지위 체결 시에 3세 이하의 문제를 25년 후에 협의하자고 한 배경에는, 그들의 동화정책으로 재일교포들이 대부분 일본에 귀화하여 소수민족문제는 사라질 것으로 예상하였기 때문이라고 하였다.

공하였다.[6] 외무장관 간의 합의각서로 일본 정부가 구체적 조치를 앞으로 취한다고 약속하였고, 일본측은 그 후 국내입법이나 행정조치를 통해 성실하게 그 약속을 이행하였다.

다만, 지방자치단체 참정권에 관하여는 한국 정부의 요망이 표명되었다고 하는 선에서 머물렀다. 1998년 일본 중의원에 지방참정권 법안이 제출되었으나, 중의원 해산 등 정국교착으로 인해 폐안-재 제출-폐안의 과정을 반복하여 아직 실현되지 못하고 있다. 유럽에서 시행되는 이 지방참정권 제도는 오히려 한국에서 먼저 도입하여 2003년 11월 주민투표법과 2005년 6월 공직선거법 개정으로 한국에 있는 정주 외국인들의 지방참정권을 이미 인정하였다.[7] 일본에게는 또 하나의 무거운 압력이 아닐 수 없다. 앞으로 양국의 인권개념의 신장, 한일관계의 진전 등에 맞추어 재일한인들의 지방참정권 요구가 결국은 반영되지 않을 수 없을 것이다.

종합적으로 보면, 3세 문제에 관한 양국간 교섭은 절차적으로도 재일한인들의 의견을 충분히 수렴하고, 필요한 민간단체들과의 협력을 얻어 추진하였다. 뿐만 아니라 실질 내용면에서도 과거와 달리 차별철폐 효과가 상당히 컸기 때문에 교포사회에서도 1965년 협정 체결 당시와 같은 반발은 보이지 않고 대체적으로 긍정적인 반응을 보여 주었다.[8]

---

6) 1990년 1월 10일 한·일 외무장관 간 합의각서 제1항과 제2항에서 재입국 허가기간 연장, 퇴거강제 요건완화, 지문날인 철폐 등 핵심 사안에 대하여 교포 3세 뿐만 아니라 1, 2세에 대해서도 적용하기로 하였다.(정인섭, 앞의 책, pp.75-76 참조)

7) 실제로 2006년 5월 31일 실시된 통일지방선거에서 19세 이상의 정주외국인(대만 6,511명, 일본 51명, 기타 17명)에게 투표권을 부여하였다.

8) 정인섭, 앞의 책, p.86.

대등한 한·일 관계 실현과 진정한 우리의 영웅

되돌아보면, 일제식민통치의 경험, 양국 간의 현격한 국력의 차이, 한국의 권위주의 정치행태 등의 원인으로 한일관계는 상당기간 대등하다고 보기는 어려웠다. 개별 외교교섭에서도 일본은 인색한 편이었고, 한국 측은 종종 논리보다 억지를 쓰는 경우가 많았기에 그러한 벽을 깨기 힘들었다. 양국간 외교교섭은 상호 불신이 강하여 철야교섭을 하는 관행이 지속되었다.

그러한 한일간의 대등하지 않은 관계는 한국이 정치적·경제적으로 발전하고 일본이 세계여론을 의식하지 않을 수 없게 되었기 때문에 점차 대등한 관계로 바뀌어 갔다. 일본이 조선을 멸시하던 과거의 자세는 크게 개선되었다.[9)]

이러한 한일관계의 전반적인 변화 속에서, 외교관계의 질적 변화가 이루어지는 데에는 교포 3세 문제 교섭이 중요한 계기였다. 과거사 문제와도 밀접하게 관련성이 있는 이 교섭을 성공적으로 이끌어 가는데 김경득 변호사의 역할은 지대하였다. 재일한인 차별철폐 역사, 나아가 한일관계사에서 식민 종속적 잔재를 불식하고 새로운 시대의 대등한 협

9) 1965년 국교정상화 당시 년간 2억 달러였던 양국간 교역이 2006년에는 785억 달러를 기록하였으며, 인적 교류도 같은 기간 중 년간 1만명 정도에 불과했던 것이 2006년에는 년간 470여만 명이 상호 방문하여 1일 1만3천명수준으로 늘어났다. 양국간 대중문화교류 억제의 금기도 깨어져서 양국의 톱스타 연예인들이 상대국에서 공연하는 문화개방의 시대가 되었다. 80년대 초반까지만 하여도 일본사람들이 김치나 불고기가 마늘냄새가 난다고 기피하였으나 88서울 올림픽 이후에는 건강식으로 선호하게 되었다. 유명환 주일 대사는 과거 70년대에는 도쿄에서 한국 외교관도 아파트를 임차하기 어려울 정도였었는데, 이제는 그런 차별의식이 없어졌다고 말하고 있다.

력 파트너관계로 질적 변화를 가져오는데 김 변호사의 공헌이 지대하였다는 점이 높이 기록되어야 할 것이다

그는 차별을 정면으로 돌파하는 용기를 보여주었다. 그 후 일본정부를 설득하기 위한 전문지식을 구비하였고, 인권에 관한 시대적 흐름을 읽고, 재일동포의 권익실현을 위해 투쟁하는 대열에 앞장섰다.

인간이 정의를 아는 것은 중요하다. 그것을 실천하는 것은 더 중요하다. 인간이 시대의 흐름을 읽는 것도 중요하다. 그러나 흐름이 지나간 다음에 읽는 것보다는 그 전에 읽는 것이 더 중요하다. 바로 김경득 변호사가 그렇게 한 분이었고, 그러기에 우리시대의 진정한 영웅으로 우리 가슴 속에 길이 남게 될 것이다.

그는 우리에게 인권의 힘이 얼마나 강한지를 가르쳐 주었다. 재일교포지문날인 폐지 운동은 처음에는 계란으로 바위를 치는 것과 같은 투쟁이었다. 그러나 최창화 목사가족 같은 용기와 신념을 가진 재일교포들이 개인의 희생과 불이익을 감내하면서 지문날인거부를 시작하여, 그 수가 1만명에 이르고, 김 변호사와 같은 활동가가 여론을 더욱 환기하고, 국제사회가 이를 지원하니, 그 힘은 무섭게 커졌다. 결국 교포 3세 문제 교섭을 통해 일본의 외국인 지문날인 제도는 철폐되었다. 우리들은 여기서 인권의 중요성과 인권운동의 힘이 얼마나 큰지를 깨닫게 되었다.[10)]

---

10) 필자도 인권문제는 신념과 용기를 가지고 노력하면 결국은 인권을 추구하는 쪽이 목적을 이룰 수 있다는 확신을 가지게 되었다. 인류의 보편적 가치는 국제 여론이 지원하기 때문이다. 재중 탈북자 인권문제도 우리가 노력하면 노력하는 만큼 그 해결 속도가 빨라질 것이다.

그가 떠난 오늘의 우리는 그의 유업을 이어받아 재일한인의 차별을 완전히 없애고, 일본내 소수 민족으로서 당당하게 살아가도록 해야 한다. 그들 재일교포가 한·일 양국간 협력에 없어서는 안될 귀중한 자산이 되게 해야 한다. 일본은 단일민족지상주의에서 벗어나 인류의 다양성을 포용하는 대국다운 아량을 보여야 한다. 그럼으로써 한·일 양국이 민주주의, 인권, 법의 지배, 시장경제의 가치관을 공유하는 상호 신뢰하는 이웃으로서 동아시아의 평화와 번영을 이끄는 지도력을 발휘하도록 해야 한다.

한국사회도 마찬가지로 주한 화교, 외국인 근로자, 조선족, 베트남, 몽골 등 외국에서 시집오는 신부들로 점차 사회구성이 다양화될 수밖에 없는데, 이제는 단일민족이 최고라는 식의 구시대적 미몽에서 벗어나 세계와 호흡하는 성숙한 열린사회를 지향해 나가야 한다. 그래서 인권 불모지역인 아시아에서 인권네트워크를 주도하는 인권선진국이 되어야 할 것이다.

이러한 차원 높은 우리의 인권운동을 이끌어갈 지도자를 너무 빨리 잃은 것이 너무 애석하다.[11)]

(2007. 11. 3.)

11) '아시아 인권센터(www.achumanrights.org)'를 설립하기에 앞서 2005년 가을 방일한 저명한 인권운동가인 목사님을 김 변호사에게 소개하였다. 그 목사님을 우리법률사무소에서 따듯하게 맞아 준 김 변호사는 이미 말기 암과의 투병 중이었기에 직접 동참하지 못하는 것을 못내 아쉬워하였다. 김 변호사의 응원 덕분으로 이 단체는 인권 불모지인 아시아지역에 인권의 횃불을 높이 들어 앞으로 나아가고 있다.

4. 김경득과의 만남과 교류

金 疇 洙(경희대 법대 객원교수)

김경득 변호사와 만난 해가 언제쯤이었는지 확실하게 기억이 나지 않지만, 1981년인 것 같다. 김 변호사가 서울에 유학한 해가 1981년이니까 틀림이 없는 것 같다. 내가 연세대학교에 교수로 근무할 때 한국가족법학회 회장직을 맡고 있었는데, 1981년 늦 가을에 연세대학교에서 총회 겸 학회를 열었다.김 변호사는 그해 우리말과 한국법을 공부하기 위하여 서울에 유학을 와 있었다. 김 변호사는 신문에서 가족법학회가 총회를 연다는 기사를 보고 총회에 참석해 주었다. 그 때 나는 김 변호사를 대뜸 알아보았다. 나는 법률신문의 기사와 일본의 법률잡지에 난 기사에서 김 변호사의 사진을 본 일이 있기 때문이다. 나는 회의 도중이었지만, 회원 일동에게 김 변호사를 소개하면서, 그는 일본에서 한국국적으로 처음으로 변호사 자격을 취득한 분이라고 소개하였다.

김 변호사는 1976년 일본 사법시험에 합격한 후 한국국적으로 사법연수소에 입소하려니까, 일본최고재판소 측에서 사법연수소생은 일본

공무원이기 때문에 일본 국적이 없으면 입소할 수 없으니, 일본으로 귀화하는 조건으로 입소할 수 있다는 통보를 받았다.

김 변호사가 일본사법시험에 합격하여 변호사가 되려고 한 것은, 흔히 말하는 출세를 하거나 돈을 벌기 위해서가 아니라, 재일동포의 인권을 지키기 위하여 변호사가 되려고 한 것인데, 일본에 귀화한다면 변호사가 되려는 목적이 상실되므로 그러한 조건으로는 사법연수소에 입소할 수 없다는 반대의사를 제출하기에 이르러, 그해에는 사법연수원에 입소할 수 없게 되었다.

그 후 하라고(原後山治) 변호사를 중심으로 "김경득 군을 지원하는 모임"이 결성되어, 일본최고재판소에 청원서가 제출되자, 이것이 신문사에 알려져, 신문에도 보도되기에 이르렀다. 내 기억에 의하면, 그 청원서의 요지는 이렇다. 일본변호사법에 의하면 외국인이 일본변호사가 될 수 없다는 규정은 없다. 그런데 일본변호사가 되려면 사법연수소에 입소하여 수료를 하여야 변호사 자격을 취득하는데, 외국국적을 가진 사람이 사법연수소에 입소할 수 없다는 것은 앞뒤가 맞지 않는다는 것이다.

김 변호사가 일본사법시험에 합격한 후 한국국적으로 사법연수소에 입소하기 위하여 투쟁 중이라는 위와 같은 기사를 일본 법률잡지에서 보고, 이러한 훌륭한 분을 꼭 한번 만나보고 싶다는 생각을 가지고 있었다. 그 이듬해인 1977년에 일본최고재판소에서 외국인이라도 상당한 이유가 있는 경우 사법연수생으로 채용하기로 결정을 내려서, 외국 국적 제1호로 김경득 변호사의 입소가 허용되었다.

1979년에 사법연수소를 수료하고, 변호사 등록을 마치고, 하라고(原後) 종합법률사무소에 입소하여 변호사로 활동하다가, 재일동포를 위하여 일하기 위해서는 우리말과 한국법을 공부할 필요가 있다고 생각하여, 하라고 변호사의 권고도 있고 해서 1981년에 한국유학을 하게 되었다.

김 변호사가 서울에 유학을 왔다는 기사를 법률신문에서 읽었는데, 놀랍게도 그 기사에서 김 변호사는 우리말을 배운 후에 가족법을 공부하기 위해서 나를 만나고 싶다는 것이었다. 그래서 김 변호사는 그 날 나를 찾아 주었던 것이다. 이렇게 해서 김 변호사와의 나와의 교류는 시작되었다.

그 이듬해인 1982년에 김 변호사는 나의 대학원 세미나에 참석하게 해 달라고 요청을 해왔다. 나는 기꺼이 승낙하였고, 이리하여 김 변호사와의 관계는 더욱 가까워지게 되었다.

어느 날 세미나를 마치고 같이 점심식사를 할 때, 김 변호사는 나에게 이런 얘기를 해서 나를 감격시켰다. “저는 돈을 벌기 위해서 변호사가 된 것이 아니라, 재일동포의 인권을 지키기 위해서 변호사가 된 것입니다. 그래서 한국국적으로 변호사가 되려고 했던 것입니다. 그러기 위해서는 한국법을 알아야 하기 때문에 한국에 유학을 오게 되었습니다.” 일본에서는 국제사법상 재일동포의 친족과 상속사건에 관해서는 한국법이 준거법이 되기 때문에 한국의 친족법과 상속법의 지식이 필요하다. 그 후 일본 동경에서 만났을 때에도 김 변호사는 “제가 변론사건을 맡는 것은 주로 재일동포의 인권에 관련된 것입니다. 그러나 가족과 같이 먹고 살아야 하기 때문에 필요한 정도로 돈도 좀 벌지요”라고 나한테 말한 적이 있다. 김 변호사는 끝까지 변호사라는 직업이 돈벌이를 위한 것이 아니라는 생각을 가지고 있었다.

김 변호사는 그 후 내 세미나에 열심히 참가하였고, 종강기념으로 대학원생들과 북한산을 등산하는 데에도 같이 와서 즐거운 시간을 보내고, 우리 집에까지 같이 와서 담소를 하였던 기억이 지금도 또렷하다. 한편으로는 나에게서 석사지도를 받으면서 내 세미나에 출석하고 있는 이화여대 대학원생인 손영란 씨와 교제를 시작하여 서로 사랑하는 사이가 되었다.

김 변호사는 한국에 올 때에 낯선 이국땅에서 고생시켜서는 안 되기 때문에 한국여성과는 사랑하지 않겠다고 마음속으로 다짐했다고 한다. 그런데, 그 후 부인이 된 손영란 씨를 만나서는 그 다짐을 지키지 못하게 되었다고 나에게 얘기한 일이 있다. 사랑 앞에서는 그러한 다짐은 아무 힘도 쓰지 못했던 것이다.

그 이듬해인 1983년 정월 초하루에 김 변호사가 나의 집에 세배를 와서 기쁜 마음으로 담소를 나누었지만, 손영란 씨와 곧 결혼할 것이라는 짐작은 하지 못했다. 그러나 며칠 후 김 변호사는 손영란 씨와 같이 나의 집을 찾아와서 결혼하게 되었으니, 주례를 서달라는 것이었다. 깜짝 놀랐으면서도 참말로 반가운 소식이었다. 나는 기꺼이 승낙하였고. 김 변호사내외는 1월 30일 이화여대의 강당에서 나의 주례로 결혼식을 거행하고 행복한 부부가 되어 준수한 아들과 딸을 낳았다.

그 후에도 김 변호사는 서울에 머물다가 1985년에 일본에 돌아가서 동경 요쯔야(四谷) 3쬬매(丁目)에 '우리법률사무소'를 열었다. 김 변호사는 일 때문에 서울에 올 때마다 내가 필요로 하는 자료나 책을 직접 가지고 나의 연구실을 찾아 주곤 하였고, 내가 필요한 자료를 부탁하면 이를 마다하지 않고 급한 것은 우편으로 보내 주었다. 김 변호사를 만날 때마다 동경에 갈 일이 있으면 꼭 법률사무소를 구경하고 싶다고 얘기하곤 했었는데, 1988년 4월 초에 국제가족법학회가 동경에서 열리게 되어, 드디어 동경에 갈 기회가 왔다. 1988년에야 김 변호사의 사무실을 찾게 된 것이다. 그 때 데리고 갔던 제자가 여럿이었는데도, 김 변호사는 이를 마다하지 않고 점심식사를 거하게 내서 나의 체면을 지켜 주었다. 같은 달인 4월 21일부터 3일간 열리는 히또츠바시(一橋)대학 법학부 주최의 국제심포지엄에서 내가 "한국에 있어서의 일본법의 연구, 교육의 현상과 과제"라는 제목으로 발표를 하게 되어 있어서, 다시 동경을 방문하게 되었다. 그 때에도 김 변호사는 바쁜 틈을 타서 나를 만나

이런저런 얘기를 주고받았다.

1989년 가을학기에 히또츠바시(一橋)대학 법학부에서 집중강의 형식으로 12월에 한국사법강의를 하게 되었는데. 그 때에도 먼 길을 마다하지 않고 게스트하우스까지 찾아 주었다. 나는 1991년에는 10월부터 시작되는 가을학기에 한국사법을 강의하기 위하여 히또츠바시대학 게스트하우스에 장기 체류하게 되었다. 그 때는 김 변호사가 동경의 교외인 다마(多摩)뉴타운에 살고 있었는데, 내가 체류하고 있는 구니다치(國立)시와는 상당한 거리가 있다. 그래도 그것을 마다하지 않고 김 변호사는 우리 내외를 찾아 주었다. 김 변호사가 우리 내외를 집으로 초대해 주어서 다마 뉴타운에 있는 댁을 방문하여 부인이 정성스럽게 차린 저녁 식사를 대접받았다.

그 후 나는 1993년 10월에 마지막으로 한 학기 동안 히또츠바시대학에서 한국사법강의를 맡게 되어 또다시 히도츠바시대학 게스트하우스에 장기 체류하게 되었다. 그 때에는 마침 김 변호사가 김영달 선생과 함께 '일본가제출판사'에서 '한국, 북조선의 법제도와 재일한국인, 조선인'이라는 책을 펴내기로 되어 있었다. 그 기획의 하나로 되어 있는 좌담회에 나도 참석하게 되어 있어서, 온천장인 하꼬네(箱根)에 있는 '일본가제출판사'의 별장에서 김 변호사 외에 여러분들과 교류를 할 기회를 가지게 되었다.

히또츠바시대학에 체류하는 동안에는 김 변호사는 먼 길을 직접 운전하고 게스트하우스에 와서 우리 내외를 데리고 지기 집에 가서 저녁 식사를 내기도 하고, 어떤 때에는 내외가 불고기 전문집에 초대해서 식사를 내기도 했다. 그리고 우리가 1994년 봄에 히또츠바시대학을 떠날 때에는 김 변호사 내외가 일본식당에 초대해서 이별파티를 해 주었다. 그 극진함은 이루 말할 수 없었다.

동경에 체류하는 동안 김 변호사는 나한테 한국민법 제840조(이혼

원인) 제6호(파탄주의규정)에 대한 감정서를 부탁하여 일본어로 써 주었더니, 예상외의 감정료를 주어서 지금도 그 때를 잊을 수 없다.

우리 내외가 동경을 떠날 때, 일본에서 구독하던 일본 법률잡지의 서울배송을 잡지사에 부탁했더니, 안 된다고 해서 단념하기로 하였다고 김 변호사에게 얘기하였더니, 자기가 다달이 보내 주겠다고 약속하고는 계속해서 돌아가실 때까지 보내 주었다. 이러한 정성은 다른 사람에게서는 도저히 기대할 수 없다고 나는 생각한다.

동경에서 돌아 온 후에도 김 변호사는 서울에 오게 되면 꼭 나에게 전화를 걸어 주었고, 시간이 나면 만나서 담소를 나누며 식사를 같이했다. 김 변호사는 어려운 병을 치료한 후 내외가 서울을 방문했을 때에는 우리 집을 방문해 주기도 했다. 그 때 우리 내외는 얼마나 반가웠던지 모른다.

2002년 10월에, '일본가제출판사(日本加除出版社)'에서 내가 저술한 '주석대한민국상속법'이 출간되어, 출판사에서 출판기념회를 해 준다고 해서, 우리 내외가 동경에 가게 되었다. 김 변호사는 내가 동경을 떠난 후에 그 전에 살던 집에서 동경의 세따가야(世田谷)로 이사해 있었기 때문에, 우리가 동경에 갈 기회가 있으면, 꼭 방문하고 싶다고 약속해 놓고 있었다. 그래서 김 변호사의 초청을 받고 우리 내외는 세따가야의 댁을 방문하게 되었다. 집도 훌륭하였고, 자녀들도 커서 장남 차호군은 동경대학 법학부 학생이었다. 부인이 만든 맛있는 음식을 포식하면서 담소를 나누다가 호텔에 돌아왔다. 김 변호사는 그 이튿 날 열린 출판기념회에도 참석해 주었다.

우리 내외는 출판기념회가 끝난 이튿 날 출판사의 배려로 구사츠(草津)온천에 있는 별장으로 떠났다. 김 변호사 내외는 그 이튿 날 우리가 묵고 있는 별장에 와서 하루 밤을 같이 자고 그 이튿 날 김 변호사가 운전하는 차에 동승하고 동경에 돌아왔다. 그것이 김 변호사와의 마지막 만남이었다.

나는 우리나라의 가부장제 가족제도의 개혁에 평생을 걸고 외롭게 노력해 왔지만, 김 변호사는 이를 이해하고 성원해 준 법조인 중의 한 분이었다. 김 변호사는 한국유학을 마치고 떠날 때, 나와 약속한 것이 하나 있었다. 그것은 내가 저술한 '친족상속법'을 한국유학기념으로 일본어로 번역하여 '일본평론사(日本評論社)'에서 출판하겠다는 것이었다. 그러나 김 변호사는 일이 너무 많아, 종내 그 약속을 지키지 못했다. 참 아쉬운 일이다.

5. 金敬得이라는 資産

金 總 領(전 통일일보 편집장)

필자는 재일한국인 신문사에서 기자생활을 했다. 金敬得 씨와는 1980년경 부터 기고를 받고, 재일동포 인권문제에 관해서 기사와 논설을 위해 많은 자문을 구하는 등 공사에 걸쳐 사귀어 왔다. 그렇다고 그의 활동의 전부를 아는 것은 아니지만, 곁에서 본 金敬得에 대해서 쓰고자 한다.

이전 수첩을 보니 金敬得 辨護士와의 山行이 1999年부터 잦아지고 있다. 많은 山을 같이 갔다. 누구나 가는 도쿄(東京) 근처의 나지막한 山으로 부터 2,000m급, 3,000m급까지 올라 갔다. 敬得 씨는 발을 멈추면서 몇번이고 '산은 참 좋구나' 했었다. 언제나 敬得 씨로 부터 山行을 먼저 권유해 와, 나는 따라가는 쪽이었다. 敬得 씨는 山 가기를 망설이는 부인을 "끌어 낸다"고, 내 아내를 데리고 와 달라며, 두 부부 네사람으로 간 적도 있었다.

등산 좋아하기가 보통이 아니었다. 내가 같이 가기는 많아야 한해

10번 정도인데, 敬得 씨는 그 3배는 山에 갔을 것이다. 지방에 講演으로 나갈 때도 근처의 山을 골라 등산화를 가지고 가기도 했고, 한라산 등 모국의 산도 올라갔다. 등산 경력은 20수년이 될 것이다.

이런 일도 있었다고 한다. 딸 둘이 아직 초등학교 시절, 이 두 애를 대리고 2,500m급의 유명한 산 두 개를 이틀 사이에 오르 내렸었다. "그건 너무 무리였지?"하니까, "그런 모양이야. 그 다음부터는 산에는 잘 따라오지 않게 되어 버렸소"라면서 웃었다.

어느 해 가을, 중학생이 된 그 작은 딸이 아버지 효도 삼아서 山에 따라왔다. 그런데 그다지 높은 山은 아닌데 올라가면거 "등산과 같은 슬픈 스포츠는 없다. 내려가기 위해서 올라가는 구나"고 야유하듯이 되풀이 했다. 내가 가볍게 "사람 인생도 닮았다. 죽기 위해 태어난다"고 대꾸하자, 敬得 씨는 "세상에는 부조리(不條理)가 깔려있다"면서 시지포스 神話 이야기를 꺼냈었다. 떨어지는 큰 바위를 산 위까지 올려 놓으면 바위는 다시 밑으로 굴러 떨어져, 그것을 다시 올려 놓아야 하는 겁(劫) 벌 이야기다. 농담으로 시작된 이야기인데 옛 문학청년이 끼어들어온 것이다.

金敬得은 재일동포 2세, 3세의 화신(化身)이 된 인물이라고 본다.

먼저 2세로서의 '독립선언'과 '인권선언'을 실천했다.

일본 사법시험에 합격한 후, 일본국적으로 '귀화'하기를 거부하여 한국국적으로 사법수습생에 채용할 것을 요구하여 최고재판소 앞으로 제출한 「청원서」가 그 것이다.

일본에서 태어난 2세들은 극심한 가난 속에서 자라났다. 그 가난에서 벗어나기 위해서는 재일동포에 대한 차별의 벽을 넘어서야 하는데, 차별의 장벽은 적어도 1970년대 중반까지는 절망적으로 거대한 것으로 인식하지 않을 수가 없었다. 그래서 한국인임을 숨기고 일본사람을 가장하면서 자그마한 수입 자리를 얻으려고 애를 썼다.

또한 2세들은 무식하고 더러운 1세들과 같은 부류로 보여지기를 몹시 싫어해, 길가에서 부모나 아는 어른 분을 만나면 모르는 척하기가 일쑤였다. 비굴과 자기분열증이 겹쳐 있었던 것이다. 金敬得도, 비록 부모를 모르는 척 하지는 않았겠지만, 그러한 2세의 한사람이었다고 회고하고 있다(1985년, 『나의 조선인으로의 길』).

다른 의식화된 2세들은 조국의 통일, 경제건설, 민주화 등 조국의 앞날에 희망을 거는 활동에 몸을 던졌다. 필자도 그러한 사람 중의 하나다. 이들이 활동적이란 의미에서 2세들의 '주류(主流)'를 형성했다. 그러나 거기에는 그 민족적인 열정에도 불구하고, 자기가 서있는 곳을 넘어서 한발 떠있는 요소가 있었음을 부인할 수 없다.

최고재판소에 제출된 金敬得의 '청원서'는 자기가 사는 일본에 발을 디디면서 그릇된 제도와 사회에 대하여 도전장을 들이댄 본인의 '독립선언'이자 2세들의 '인권선언'의 역할을 했다. 물론 그 이전에 재일동포의 인권을 주장한 많은 저항과 대중운동이 있었고, 2세 취직차별사건 재판에서 승리판결이 나왔었다. 그러나 일본의 '법과 정의'를 대표하는 최고재판소가 만든 제도에 대한 정면 도전이야말로 가장 선명한 '선언'이 되었다.

본인은 이 '선언'대로 인생을 살았다. 초지일관(初志一貫)한 것이다.

金敬得은 자기 인생에서 이 '선언'이 '제로'지점이고, 그 이전을 '마이너스'로 규정짓고, 앞으로는 '플러스'를 축적하여 '자기 탈환'을 하겠다고 했다. 실제로는 그럴 리 없고, 이전이든 이후이든 다 연속된 자기 인생이다. 그러나 金敬得은 자기개조와 민족소양 축적을 '자기 혁명'으로 본 것이다.

본인의 초기의 한국어는 발음도 부정확하면서 일본 오오사카 지방 사투리의 억양이 썩긴 독특한 한국어였기에, 심포지엄 석상에서 "그 한국말을 통역 좀 해달라"고 야유 받기도 했으나, 본인은 전여 개의치 않았다. '혁명'은 계속 밀고 나가기만 하는 것이다.

변호사가 된 후 세상을 떠나는 해인 2005년 1월까지 계속된 일련의 인권재판, 정력적인 사회운동 등등은 잘 알려져 있다.

인상깊은 일이 있다. 1985년 10월 지문날인을 거부해서 형사고발 당한 2세의 변호변론을 했을 때, 그리고 2004년 12월 東京都 공무원 관리직 시험 응시를 거부당해 소송을 제기한 2세 여성을 위해 최고재판소에서 변론을 했을 때, 당사자의 이제까지의 인생을 진술하는 것을 들은 다음, 金敬得은 변론을 시작하자니 울먹이면서 한동안 말이 안 나왔다. 재일 2세 공통의 쓰라린 체험이 그의 몸과 마음에 관통돼 있었음을 말해 준다.

나아가 金敬得은 인생의 마지막 시간대까지 자기가 자신에게 부과한 책임을 실천했다.

2001년 11월 담관 암이 갑자기 발견되어 10시간이 넘은 수술을 받았다. 이후 부인의 헌신적인 간호를 받으면서 요양생활을 계속하다가 체력을 빠르게 회복시켜, 대외활동을 서서히 재개해 갔다.

그 무렵, 재일동포 지위향상문제는 얼어붙고 있었다. 북한이 일본인 납치실행을 시인, 사과했음에도 그의 명확한 청산조치를 취하지 않아, 일본 국민감정은 북한에 대해 펄펄 끓어올랐다. 그 눈총은 재일동포에게도 향했다. 일부 동포조직의 납치 방조를 뒷받침할 수 있는 사실들이 나온 탓이다. 또한 일반 일본인은 남북을 잘 구별하지 않았다.

金敬得은 돌파구를 연다고 재일동포, 일본, 한국의 시민운동 세력에 호소하여 '해방 60주년인 2005년 중에 한·일 양국에서 영주외국인 지방참정권을 실현시킨다'는 목표를 걸어 정력적인 활동을 시작했다. 그의 희망대로 한국의 민주적인 인사들의 협력으로 2005년 6월 영주외국인에게 지방선거권을 부여하는 법개정이 한국국회를 통과했다. 아시아에서 처음의 외국인 지방참정 실현이다. 이는 또한 가사(假死)상태에 빠진 일본에서의 지방참정권운동에 숨통을 넣어주었다.

한편, 장래 재일 조선학교와 한국학교를 융합하여 국제화사회의 인재를 기를 수 있는 새로운 민족학교 설립계획에 찬동하여 적극적으로 참가했다.

달에 두번의 준비회합에 꼭꼭 출석하여 오오사카를 다녔다. 지방참정권 활동과 병행이었고, 05년 8월 악화된 위암이 발견될 때까지 10개월간 계속되었다. 이 학교는 중고6년제 학교로서 08년 4월 개교될 예정이다.

84년 도쿄에서 재일동포 학부모모임을 결성한 이래, 일본학교에 다니는 동포자녀를 위한 東京都당국에 대한 끈질 긴 운동, 아시아 나라 아이들과 같이 하는 운동회 개최 등 민족교육을 위한 계속적인 노력 또한 잘 알려진 일이다.

金敬得은 또한 흔들리지 않은 축(軸)으로 있으면서 국경을 넘어서 역할을 하는 재일동포의 존재가치 정립을 향해 애를 썼다.

05년 11월 투병의 침대에서 전화로 구술한 마지막 글에서 '유언'처럼 몇가지를 제안했다. 재일동포에 대해서는 다음 3가지다. (1) 평화의 구현자로 있을 것 (2) 양 동포단체가 동포 생활자 위주로 구조조정 할 것 (3) 전동포적인 민족학교로의 개조를 서둘자는 것이다. '평화의 구현자'는 지방참정권에 반대하는 일본 보수파에 대한 회답에서 나온 것이다. 즉 "국가에 대한 충성심에 의문이 있는 재일한국-조선인에 대해서는 지방차원이라도 참정권을 줄 수 없다. 가령 만일 전쟁이 일어났을 경우 그들은 총을 어디로 향해 댈 것인가?"라는 보수파 주장에 대해, 金敬得은 "재일동포는 부모의 나라에 대해서도 자라난 일본에 대해서도 총을 들이댈 수 없는 존재"라고 답하였다. 이는 일본국회 상임위원회의 참고인진술로서도 남아있다고 기억한다.

본국에 대해서는 "재외국민으로서 재일동포의 한국 국정참정권을 행사시킬 것"을 요망했다. 재일동포가 본국국적을 유지하면서 살아가는 의미를 추구하면서 오래전 부터 주장해 온 것이다. 본국 정쟁(政爭)에 관여시키는 뜻이 아니라, 일본에 재외국민등록을 한 재일동포를 대상으로 '해외선거구'를 설치하여 재일영주동포의 대표를 선출해서 한국국회에 보내, 본국과 재일동포의 가교역할을 담당시키자는 구상이다.

실은 이에 대해 재일동포 젊은 세대의 평은 좋은 것만은 아니었다. '본국과 떨어져 사는데 무슨 본국 참정권인가'. 즉 생활실감이 없다는 것이다. 본국에서도 이해하는 사람은 아주 적었다. '납세의무도 수행하지 않고 병역도 치르지 않는 재일동포에 무슨 참정권인가'.

그러나 金敬得은 마지막까지 확고했다. 본국에 대해서는 납세나 병역이 참정권 부인의 이유가 못된다는 원론적인 명제를 지적하면서 너무 협소한 국수주의적인 감정을 비판했다. 재일동포에 대해서는 "지방참정권은 생활현지인 일본에서, 국정참정권은 본국에서" 행사하는 것이 미래의 구도라고 끈질기게 설명했다. 재일동포는 식민지주의와 협소한 민족주의에 시달려 온 역사의 산 증인이기 때문에, 한국인이면서 이렇게 국경을 넘어서는 존재가 되어, 한일 양국의 내부 국제화를 추진하는 시민이 된다면, 이를 이해받고 환영 받을 것이다. 이는 또한 재일동포 차세대들의 새로운 활동 환경을 준비하는 일이다.

2007년의 지금 변화가 일어났다. 본국 헌법재판소 판정에 따라 장기체류재외국민의 선거권 행사와 함께 해외영주국민의 국정선거권 행사를 위하여 선거법을 개정하게 되었다. 그 배경에는 자유무역협정(FTA)에 상징되는 급속한 국제화가 있음은 두말 할 필요가 없다. 650만명에 달하는 재외동포를 활용하자는 새로운 기세가 본국에서 올라 와 있다고도 들린다. 본국도 재일동포사회도 金敬得의 구상을 잘 살려 나갈 수 있는 시기가 된 것이다.

金敬得은 재일동포 2세, 3세들에게 새로운 용기를 주었다.

민족적인 차별에 대하여 정면으로 싸워 이겨 나갈 수 있다는 것을 보여주었으며, 조국의 발전에만 의존하지 않고, 재일동포의 삶의 현장인 일본에서 재일동포가 자기 아이덴티티(독자적인 주체성)를 가진 존재로서 그 입지를 확보할 수 있다는 것을 실증해 주었다. 물론 이러한 존재 근거 공간 확보는 많은 동세대들이 노력한 성과이지만, 金敬得은 그의 삶의 방식을 통해서 이를 상징하는 인물이 되었고, 동포들의 존경을 받아왔다.

더욱 중요한 것은 '평화, 인권, 공생 = 더불어 살기'라는 보편적인 가치와 논리의 관철이 재일동포의 최대의 사회적인 재산임을 명확히 한 점이다.

재일동포는 한국인의 일본에 대한 '한'만을 근거로 인권투쟁을 한 것은 아니다. 보편적이어야 하는 인권이 왜 재일동포에는 적용이 안되는지를 추궁해 온 것이다. 그 결과 낡은 국민국가의 사고와 제도만으로서는 국제적인 인권보장시대에 적합하지 않은 것을 밝혀 내게 되었다.

이것은 비단 재일동포 뿐만이 아니라 일본에 정착하여 사는 다른 외국인에 대해서도 존재 공간을 확보해 주는 결과를 가져왔다.

이는 낡은 국민국가가, 적어도 출생과 민족 및 문화적인 배경을 달리 하는 주민들을 동등한 지역사회 구성원으로 받아들이는 '시민국가'적인 요소를 받아들여야 그 국가와 사회가 건전하게 유지될 수 있음을 의미한다.

나아가 오랜 전통을 가진 국민국가가 장래의 '시민국가'로 탈피해 가는 과정이 불가피함을 시사하고 있다고 보여진다.

金敬得은 이러한 지평(地平)을 열었다고 본다. 그가 역설한 '조국에 대해서도 일본에 대해서도 총을 대들지 못하는 절대 평화의 존재'로서의 재일동포, '지방참정권은 일본에서, 국정참정권은 일본에서' 행사하는 재일동포란 이 점을 말하고 있을 것이다. 이러한 흐름의 체현자(體現者) 역할을 담당하는 것이 재일동포의 존재가치라는 것이다.

그런데 수많은 일을 담당한 金敬得으로서 그 짐들이 무거웠을 것이다. 인권문제의 10년 재판을 2005년 1월까지 3건이나 주대리인으로 병행했다. 전상으로 신체장애자가 된 구 일본군 군속인 재일한국인의 전후보상 청구소송, 재일동포 위안부의 전후보상 청구소송, 그리고 상기한 東京都 공무원 관리직시험 응시거부 취소청구 소송이다. 시민 운동체와 함께 10년을 싸운 것도 힘겨운데, 이 3건 모두 최고재판소에서 패배했다.

먼 동네에서 도둑질로 잡힌 한국인이 어렴풋한 기억으로 '김 아무개'를 변호인으로 신청해 와 거기로 나가야 했었고, 주일대사관으로 부터 여러 안건이 오기도 했으며, 한일간 법무 일도 많았고, 재일동포들이 민사, 형사 소송이나 법률상담들을 가져왔다. 이 여러가지 일 중에는 보통이상으로 복잡하고 무리한 내용도 적지 않았을 것이다.

金敬得은 체력 만만이었다. 변호사등록 직후 무렵에는 몸 단련이라고 모래 주머니를 다리에 달고 등산했다고 한다. 법률사무소 일을 마치고 저녁 늦게 집에 돌아가면서, 이제 밤새 원고 써내야 한다, 대학 비상근 강사로서 집중강의 준비를 마쳐야 한다고 하는 장면을 여러 번 보았다. 그러나 심신의 피로가 없을 수 없다. 비상하게 자꾸 山에 간 것도 그 축적된 피로를 풀자는 것이었다.

1989년부터 90년에 걸쳐 金敬得의 '우리 법률사무소'에서 일본 도쿄대학 법학교수를 중심으로 재일한국인 법적지위 '91년 문제'에 대응하여, 일본국회 의원입법을 목표로 '특별법안'을 작성하는 연구회가 연속 개최되었다. 그 때 놀라운 것은, 이 법학교수가 관련 학자들 뿐만 아니라 일본정부 각성청의 젊은 관련 공무원들을 속속 이 연구회 자리에 호출한 일이다. 이 공무원들이 다 이 교수의 제자들인 것이다. 재일동포에게는 이러한 사회적인 역량 축적의 길이 장기간 제도적으로 봉쇄되고 있었던 것이다.

지금 생각해 보니, 金敬得은 이러한 축적이 크게 부족한 상태에서

‘최초의 변호사’로서 재일동포의 모든 인권문제를 맡아야 했었으니, 이것이 金敬得의 숙명이며, 그 ‘스트레스’의 가장 큰 원인이 아니었을까.

위암이 좀좀 진행되어 고형물 먹기가 곤란해졌을 무렵, 집의 침대위에서 “7월 달에 산에 가면서 같이 먹은 소시지가 참 맛이 있더라”고 하면서 소년처럼 웃은 그 얼굴을 잊을 수가 없다.

그러나 우리가 金敬得이란 자산을 가지게 된 것은 정말 행운이다.

절망적으로 보인 장벽에 솔선 도전하여, 일관분투하며, 마지막까지 그 책임을 수행했다. 그러한 인간상을 우리는 가졌다.

재일동포에 대한 부조리에 도전하면서 ‘낡은 국민국가’의 한계를 꿰뚫어 보며 보편성을 추구하는 혜안(慧眼)을 金敬得을 통해서 가지게 되었다.

--끝--

6. 영원한 청년, 김경득 변호사를 기리며

김 평 우(변호사)

내가 처음 김경득 변호사를 만난 것은 서울에서, 1988년 가을로 기억된다. 물론 김경득 변호사의 이름을 안 것은 훨씬 이전이다.

김경득 변호사가 재일교포로서 어려운 일본의 사법시험에 합격하였는데 외국인이기 때문에 사법연수원 입학이 거절되자 사법부를 상대로 청원을 하여 일본 역사상 최초로 외국인으로서 사법연수원을 졸업하여 일본 법조인 자격을 획득하였다는 것이다.

나는 1988년 함정호 회장님 밑에서 서울지방변호사회의 국제이사직을 맡았는데 당시 함정호 회장님은 88올림픽을 계기로 외국변호사회와의 국제교류를 적극적으로 추진하고 계셨다.

우선 가까운 일본과의 교류를 목표로 하여 평소 "사할린 교포문제 위원회"를 함께 하여 친분이 깊은 일본의 다까기(高木健一)변호사를 통하여 일본측에 교류 의사를 전하셨다.

그리고 재일교포 변호사의 대표격인 김경득(金敬得)변호사에게도 교류 의사를 전하셨다. 그런데 공교롭게도 다까기(高木健一)변호사와 김경득(金敬得)변호사 두 분은 모두 제2동경변호사회 소속변호사시다.

그리고 나중에 안 사실이지만 두 분은 같은 일본 와까야마시(和歌山市)출신이시다. 그리고 두 분 다 일본 변호사로서 재일교포의 법적지위를 되찾기 위하여 평생을 투쟁하신 분들이다. 마지막으로 두 분 다 한국정부의 훈장을 받았고, 노래를 아주 잘 한다.

어쨌든 이 두 분의 적극적인 노력으로 제2동경변호사회는 서울지방변호사회와 자매결연을 맺기로 하여 다미야(田高) 회장과 임원들이 1988년 올림픽 때 서울을 방문한 것이다.

스위스그랜드호텔에서 서울지방변호사회 임원들과 상견례를 가졌는데 김경득 변호사는 양측의 중매인 겸 일본측의 통역인으로서 참석한 것이다.

나는 이 자리에서 처음 김경득 변호사와 인사를 나누었다.

"김경득 변호사입니다"라고 쇠소리가 나는 짜랑짜랑한 목소리로 자기 소개를 하며 인사하는데 순간 나는 어리둥절했다.

사실 그때까지 나는 "김경득 변호사"라고 하면 조선인 차별로 악명높은 일본 사회의 두터운 법률 장벽을 깨고 재일교포들에게 한국인의 국적을 지키면서 법조인으로 활동할 수 있는 길을 개척한 인권변호사라는 이미지를 가지고 있어서 투사형의 야심찬 법률가를 생각했는데 내 앞의 김경득 변호사는 삼각형의 사슴 눈에 수줍은 미소를 띈 천진난만한 소년의 모습이었다.

머리도 짧게 깍았고 한국말도 약간 빠르고, 짧게, 서툴러 영락없는 순박한 시골 청년이다.

나는 속으로 재일교포의 자존심을 일본 땅에 세운 법률가가 이렇게 앳된 순진한 청년이라니 하고 놀랐다.

어쨌든 처음 만난 김경득 변호사의 인상이 너무 좋아 나는 단번에 그에게 친밀감을 갖게 되었다. 나이도 네 살 아래 밖에 안되어 쉽게 말이 통했다. 이듬해 서울지방변호사회의 임원들이 동경을 방문하여 제2

동경변호사회와 정식으로 교류협정이 체결되었다. 이때에도 김경득 변호사는 중매인 겸 통역인으로 참여하여 양회의 교류를 맺어주었다. 그 이래 지금까지 양회는 매년 국제교류를 이어가고 있다. 한·일 변호사회의 국제교류를 배후에서 주선한 사람이 바로 김경득 변호사이다. 아마도 이 사실을 아는 사람은 많지 않으리라 싶어 여기에 적었다.

그 뒤에도 몇 차례 나는 교류회를 통하여 김경득 변호사를 만났다. 함께 골프도 치고, 목욕도 하고, 여러 가지 이야기도 나누었다.

그때까지도 나는 일본사회의 한국인 차별이 그렇게 심각한 것인지 전혀 모르고 있었다. 김경득 변호사의 이야기를 통하여 비로소 나는 일본사회에서 한국인 국적을 지키면서 변호사로 일하며 사는 것이 얼마나 힘들고 고달픈지, 또 얼마나 많은 희생과 헌신 그리고 고상(高尙)한 용기(勇氣)가 필요한 것인지 알게 되었다.

그 힘든 투쟁을 시작한 사람이 바로 김경득 변호사이다. 그를 보는 나의 눈이 새삼 달라진 것은 물론이다. 그러고 보니 순진한 소년같은 앳된 얼굴이지만 얇은 입술에 꽉다문 입이 아주 야무지다. 자기 말대로 일본인에게 지지 않으려고 학교에서 권투를 하여 몸과 마음을 다진 것이다. 그야말로 외유내강(外柔內剛)의 '의지의 사나이'구나 하는 생각이 들었다.

더 나아가 그 뒤로 나는 김경득 변호사의 뒤를 따라 한국국적을 지키고 있는 재일교포 변호사들을 보는 눈도 달라졌다. 이들이 일본식으로 이름을 바꾸고, 국적을 일본국으로 고치면 얼마든지 편하게 일본인으로서 잘 살 수 있을 텐데 굳이 한국의 국적을 지키고, 한국식 이름을 써서 자신이 한국인임을 드러내어 스스로 사회활동에서의 온갖 차별을 자초하고 심지어 자녀들에게까지 미치는 교육과 직업상의 불이익을 감수하는 그들의 정신세계를 어렴풋이 이해할 수 있게 된 것이다. 한국이 일본으로부터 독립한지 반세기가 넘었지만 이들은 아직도 일본 속에서 독립투쟁을 계속하고 있는 것이다. 어쩌면 이들은 지구상에 유일하게 남아있는 조선 왕조 말기의 '독립운동가'들의 정신적 후계자들인지 모르겠다. 그 뒤 나는 기회만 있으면 재일교포 변호사들에게 작은 힘이라도 보태려고 노력하고 있다. 2년 전인 2005년에 재일교포 변호사들이 오오사까(大阪)에서 세계한인변호사대회(IAKL)를 개최하고, 금년 10월에는 서울에서 열린 세계한인변호사대회에 십수명이 참석하였다. 세계 각국에서 온 한국계 변호사들도 재일교포 변호사들이 온갖 개인적 위험과 불이익을 무릅쓰고 일본땅에서 한국인의 자존심(정체성: 正體性)을 세우는 현대판 민족독립운동을 하고 있다는 사실을 알고 이들에게 커다란 격려의 박수를 보냈다.

김경득 변호사의 업적은 한 두가지가 아니지만 내가 본 김경득 변호사의 업적은 일본인에게 굴복하지 않고 한국인으로서의 자존심과 정체성(正體性)을 지키는 고상(高尙)한 용기를 몸소 실천하여 선례(先例)를 보여준 것이 아닐까라는 생각이 든다.

끝으로 그의 노래실력에 대하여 한마디하고 싶다.

언젠가 한·일 변호사들의 교류회 뒷풀이 자리에서 가라오케 프로가 있었다. 김경득 변호사 차례가 되었는데 조용필의 '한오백년'을 부르는 것이다. 힘차면서도 애잔한 목소리가 프로가수 이상의 솜씨였다.

마치 그가 일본에서 한국인의 아들로 태어나 격은 수많은 한과 아픔을 가슴속에 품고 있다가 노래로 쏟아내는 것 같았다. 너무 감동적이라 나도 모르게 눈물이 났다.

그로부터 십여 년 뒤 제주도 가는 비행기에서 우연히 그를 만났는데 제주도에서 골프장 사업하는 재일교포의 일 때문에 간다고 했다.

그런데 왠지 안색이 좋지 않고 목소리에 힘이 약했다.

속으로 변호사 하여 가족을 부양하랴, 재일교포들의 인권투쟁을 앞장서랴, 학교에서 후배들을 가르치랴, 정말 너무 바쁘고 힘들게 사는구나 생각하며 그래도 대학 때 권투로 다져진 강건한 그의 건강을 믿어 '병'이 있다는 생각은 전혀 못했다.

얼마 뒤 갑자기 그가 변호사 사무실을 접고 투병생활을 한다는 이야기를 전해 듣고도 백전불굴(百戰不屈)의 '의지의 사나이'니까 끝내 병마를 물리칠 것이라고 믿어 의심하지 않았다. 그런데 아마도 짧은 기간 동안 남보다 너무 많이 달려온 탓이었을까 ......

뜻밖에도 병마를 이기지 못하고 이 세상을 떠났다.

그의 커다란 꿈이 다 피지 못하고 중도에 졌으니 너무나 아쉽다.

이 글을 쓰면서 다시 한 번 20년 전 그를 처음 만났던 때 내가 본 사슴 눈의 앳된 미소의 청년, 김경득 변호사의 얼굴이 떠오른다.

부디 차별이 없고 거짓이 없는 하늘나라에서 이곳에서 못다 한 꿈을 활짝 펼치시오, 김경득 씨.

7. 金敬得을 回想하며 韓國 法曹에 바람

陶 斗 亨(변호사, 법무법인 세종)

고 김경득 변호사를 본인이 처음 뵌 것은 사법연수원에서 연수를 받던 때로 1981년 가을 경이었다. 당시 김경득 변호사는 한국에 유학을 와서 한국어를 열심히 공부하던 중이었고, 마침 우리 사법연수원에 와서 1주 정도 연수를 참관하고 있었다. 김 변호사가 강당 수업을 참관하였을 때 다른 여러 연수생들과 함께 인사를 드렸는데 많은 연수생이 모여 있었으므로 김 변호사가 본인을 특히 기억하였으리라고는 생각하지 않는다.

본인이 김 변호사를 다시 만난 것은 일본에서였다. 본인은 1989년 8월부터 1992년 3월까지 일본 와세다대학에서 유학을 하였는데, 그 기간 중 두, 세번 가량을 만났다. 일본에서 본인은 유학생활로, 김 변호사는 변호사로서 각자가 바쁘게 지내던 중 잠깐 잠깐 만난 게 전부였지만 김 변호사의 조언과 격려는 본인의 유학생활에 많은 도움이 되었다.

본인은 1992년 3월 일본 유학을 마치고 귀국하여 변호사 생활을 재개한 후 서울지방변호사회와 일본의 제2 토오쿄오 변호사회 및 오오사까 변호사회 간에 교류회가 있을 때면 열심히 참가하곤 하였는데, 그 과정에서 김 변호사와 다시 재회하게 되었다. 교류회 참가를 열심히 하자 서울지방변호사회는 교류회의 세미나에서 본인에게 통역을 해 줄 것을 부탁하곤 하였고 시일이 지남에 따라 일본측에서는 김 변호사가 한국어를 일본어로 통역하고, 한국측에서는 본인이 일본어를 한국어로 통역하는 역할 분담을 하게 되어 본인과 김 변호사는 '통역팀'의 멤버로서 한일 변호사 교류에 조그만 기여를 하게 되었고 그러한 과정에서 김 변호사와의 우의가 더욱 돈독해졌다. 통역 외에도 김 변호사의 한국측 발표자료를 모두 일본어로 번역하는 등 열심히 노력하였다. 그러나 2002·3년 무렵부터인가 김 변호사가 건강 악화를 이유로 일본측 통역으로 관여하시지 못하게 되었고, 짝을 잃은 본인도 역할이 애매하게 되어 그 후 한일 변호사회의 교류는 유감스럽게도 '변호사 통역'에 의하지 않고 전문 동시통역사에게 의뢰하여 진행하는 방식으로 바뀌어 현재에 이르고 있다. 이는 일본측에서 김 변호사만큼 통역을 할 수 있는 분을 찾기가 쉽지 않았기 때문, 즉 김 변호사 외에 한국어 실력이 통역을 할 수 있을 정도에 이른 재일동포 변호사가 드물었기 때문이었다.

본인은 김 변호사의 작고 사실은 신문을 통해서 알게 되었다. 그 동안 김변호사의 건강이 나쁘다는 사실을 알고 있었지만 김 변호사에게 무슨 병이냐고 물어볼 수도 없는 일이어서 쾌차하기만을 바라고 있었는데, 작고 사실을 접하고 나니 만감이 교차하면서 김 변호사가 활약한 시대가 드디어 끝났구나 하는 생각을 하게 되었다. 즉 자신의 한국인으로서의 아이덴티티를 지키며 갖은 난관을 몸으로 부딪히며 투사처럼 살아온 김 변호사의 시대는 고인의 작고로 막을 내리고 만 것이다.

본인은 지난 2월 24일 일본 토오쿄오에서 개최된 고 김경득 변호사의 1주기 추도모임에 다녀 왔다. 본인은 서울지방변호사회가 1월경 회원들에게 보낸 팩스를 보고 위 모임 개최사실을 알게 되었는데, 지난해의 추도모임에 참석하지 못했던 것이 못내 마음에 걸렸던 차에 이번에 큰 마음을 먹고 참가하게 되었다. 금번의 추도모임은 토오쿄오 스이도오바시에 소재하는 재일본 한국YMCA회관에서 개최되었고 2부로 나뉘어 진행되었다. 1부는 오후 3시부터 5시반까지 2시간반 동안 진행되었는데, 먼저 고 김경득 변호사에 대한 국민훈장 무궁화장의 추서가 있었고, 이어서 고인의 과거 활동상과 지난해 있었던 추도모임을 보여주는 비디오 상영이 있었다. 이어서 과거 고인과 관계를 맺었던 10명의 지인들의 회고담이 이어졌다. 회고담을 개진한 사람들은 과거 고인과 함께 재일동포에 대한 차별의 철폐, 재일동포의 인권옹호 활동을 하였던 일본 변호사들에서부터 여직원에 이르기까지 다양하였는데 고인의 생전의 다양한 면모가 가감없이 회고되는 것을 듣노라니 전혀 지루함을 느낄 수 없었다. 마지막으로 고인 가족들의 소개 및 인사, 그리고 참가자들의 영정에의 헌화로 1부가 끝났다. 2부는 YMCA 회관의 9층에 있는 홀에서 진행되었는데, 자유로운 분위기에서 테이블에 앉아 부페식 식사를 들면서 사회자의 호명에 따라, 또는 자발적으로 참가자가 앞에 나가 1부에서 미처 하지 못했던 회고담 기타 소감을 술회하는 식으로 진행되었다. 2부에서 본인은 초면의 재일동포와 일본인과 같은 테이블에 앉아 이들이 주는 맥주를 마셔 금새 안색에 빨간 빛이 뚜렷이 드러난 상태가 되었는데, 사회자가 누군가를 통해 한국의 변호사가 참석하였다는 사실을 파악하였는지 갑자기 본인을 호명하면서 앞에 나와 한 말씀 하라고 부탁하는 것이 아닌가. 호명된 사람들은 모두 다른 참가자들을 위해 일본말로 소회를 말해야 했는데, 본인은 호명되리라고 전혀 예상을 하지 못해 아무런 준비도 하지 않은 상태였으므로 매우 당황스러웠다. 게다가 본인은 맥주에 약간 취한 상태여서 실수하지 않을지 걱정되기도 하였지만 마음을 굳게 먹고 앞으로 나가 고인에 대한 본인의 단상을 말하게 되었다. 그 내용은 대략 본인과 고인과의 과거 교류 과정, 고인이 활동하던 시대에서의 고인의 역할과 역사적 의미, 과거와 다른 현재 상황에서의 후배 재일동포 변호사들에게 기대되는 역할 등이었다. 추도모임 2부는 오후 5시반에 시작하여 7시반경에 종료되었는데, 1부와는 달리 비교적 자유로운 분위기에서 같은 테이블에 앉은 사람들끼리 환담을 하면서 고인을 회고하였다. 추도모임 참가자들에게는 고인의 추도문집이 한 권씩 배부되었다. 추도모임이 모두 끝난 후 본인 옆 테이블에 앉았던 어느 재일동포 어르신께서(알고 보니 본인이 수학한 와세다대학 선배였다) 본인을 놓아주지 않아 함께 우에노 근처에 가서 환담을 하며 맥주를 과음하게 되었는데, 결국 본인의 약한 체력으로 인하여 한국에 돌아와 감기로 좀 고생하는 신세가 되었다.

고인의 추도모임에 다녀와서 느낀 점을 몇 가지 말씀드리고자 한다. 첫째, 한국법조계에서 본인 1명만 참가한 것은 매우 부끄러운 일로 생각되었다. 추도모임에는 고인이 회원이었던 제2 토오쿄오 변호사회, 일본변호사연합회의 관계자들의 면면도 보였는데, 재일동포의 인권신장, 한일 변호사단체 교류에 헌신한 고인의 추도모임에 한국의 법조단체에서 아무도 오지 않았다는 것은 실로 매우 부끄러운 일이 아닐 수 없다. 본 추도모임을 마련한 준비모임은 본 추도모임을 끝으로 해산하므로 앞으로는 이러한 추도모임에 참가하고자 하여도 참가할 수 없게 되었으니 더욱 아쉽게 느껴졌다. 추도모임에서 어느 재일동포 여성운동가는 자기는 일본정부도 싫지만 한국정부 기타 단체도 싫다는 말을 했는데, 그 말의 의미가 새삼 느껴지는 순간이었다. 둘째, 고 김경득 변호사의 장남은 작년 토오쿄오 대학 법학부 재학중에 사법시험에 합격하였고 장녀도 케이오 대학 로스쿨에 진학하게 되어 4 자녀 중 2 자녀가 고인과 마찬가지로 법조인의 길을 걷게 되었다는 말을 듣고 고인의 뜻을 이으려는 자녀들을 뜻이 가상하게 느껴졌고 우리들이 이들을 도울 수 있는 방안이 무엇인지 생각해 보아야겠다는 마음이 들었다. 셋째, 대부분의 재일동포 변호사들은 대개 변호사가 된 후 한국말을 공부하는 경우가 많고 따라서 한국말이 서툰 경우가 대부분이다. 그런 점에서 본다면 비록 변호사가 된 후 본격적으로 한국말 공부를 시작하여 매우 능숙한 수준의 한국말을 구사할 정도에 이른 고인의 노력은 정말로 대단하다고 생각된다(본인이 아는 범위 내에서 고인보다 한국말 구사가 뛰어난 재일동포 변호사는 없는 것으로 생각한다). 많은 재일동포 변호사들이 본국과의 유대를 깊이 하고자 한국에 유학하는 경우가 많지만 대부분 자비유학으로 경제적으로 큰 어려움을 겪는 경우가 많은데 향후 우리 법조단체가 이들을 경제적으로 지원하여 이들이 향후 민족의식이 투철한 재일동포 변호사로 성장하는 것을 지원할 필요가 있다고 생각되었다. 비록 고인은 한창 활동할 나이에 저 세상으로 갔지만 고인의 업적과 뜻이 헛되지 않도록 고국의 우리 법조인들이 한층 더 분발하고 노력하여야 하지 않을까.

(2007. 10. 31.)

8. 아름다운 만남

문 미 란(삼성 고른기회 장학재단 사무총장)

하늘 가득 눈이 내리던 날, 눈꽃으로 뒤덮인 이화여자대학교 중강당에서 김변호사님과 손영란 씨가 결혼을 했다. '결혼식날 눈이 많이 오면 잘산다'는 하객들의 덕담에 순수하고 진지한 신랑과 활달하고 화사한 신부가 기뻐하며 행복해 하던 모습이 눈에 선하다. 창호, 미사, 유미, 인호- 다복한 2세의 축복은 수북히 눈 쌓이던 결혼식날 이미 예견된 일이었던가 싶다.

대학 동창인 영란은 잘 웃고 활달한 건전한 여대생이었다. 당시 흔히 많이 하던 미팅이나 여대생 특유의 멋 부리기보다는 법학과 학생답게 학업과 동아리 활동에 열심이었다. 대학을 졸업하면서 은행에 취업한지 몇 달 만에 더 공부하고 싶다며 대학원에 진학했다. 좋은 직장을 그만두는 것이 아깝기는 했지만 은행원으로서의 삶보다는 좀 더 역동적인 삶이 어울리는 그런 친구였기에 잘한 선택이라고 생각했었다.

마침 연대에서 유학 중이던 김변호사님은 이대 대학원생이던 영란을 연대와 이대의 교환수업시간에 만났다고 한다. 직장까지 포기하고 학업을 계속하고자 학교로 돌아온 믿음직한 친구가 제대로 임자를 만나 인생의 진로가 바뀌는 계기가 되었던 것이다. 남다른 삶을 살아온 사람과 만나 전혀 생소한 환경에서 겪을 가정생활의 중압감이나 사회적 부담 등에 대한 아무런 망설임 없이 두 사람의 만남은 아름다운 결실을 맺게 되었다.

부부가 된 두 사람은 큰 아들 창호를 낳은 후 일본으로 돌아갔다. 사랑하는 아내와 아들까지 동행한 김변호사님의 일본귀환은 참 신나고 자신감 넘치는 일이었던가 보다. '한국에서 가장 아름다운 여인이 우리 집에 왔으니 오늘 저녁에 다들 우리 집에 오라'고 친구들을 집들이에 초청하는 바람에 정작 영란은 친구들 앞에서 몸둘 바를 몰랐다고 하니 말이다. 김변호사님이 한국인으로서의 긍지와 소신으로 일관된 삶을 살아오며 이룩하신 오늘날의 업적들은 이국땅에서도 흔들리지 않고 열심히 살아낸 영란의 긍정적이고 안정감 있는 내조의 힘이 크게 작용했으리라 믿는다.

서로의 삶이 바빠 자주 만나지는 못했지만, 일본과 한국을 오갈 때면 만나려고 서로 노력하는, 늘 만나고 싶은 친구이다. 네 자녀들을 남달리 훌륭하게 키우고 아이들과 남편의 뒷바라지에 최선을 다하며 열심히 살아가는 영란의 모습은 친구들의 자랑이고 본보기였다. 큰아들 창호가 동경대 법대에 합격하고 나서 입학까지 두 달여 남는 기간 동안 부부는 창호를 한국에 보내 조국을 배우게 했다. 창호가 잠시 우리 집에 머물 동안, 참 잘 키운 친구의 아들을 곁에서 보는 흐뭇함을 누릴 수 있었다. 짧은 기간이나마 한국을 많이 경험하려고 노력하는 창호의 성실하고 검소한 자세는 당시 중고등학생이던 우리 아이들에게도 큰 교훈이 되었다.

친구들과 만나 자녀들의 교육문제에 대한 이야기를 나눌 때면 영란은 남편인 김변호사님께 그 공을 돌리곤 했다. 열심히 찾아서 칭찬하는 아버지, 자녀들의 교육에 최선을 다하고 몸소 실천하려는 아버지를 본받아 열심히 공부하는 아이들이 된 것 같다고도 했다. 꿈도 많고 학업에 대한 욕심도 많았던 영란이 네 자녀를 키우고 남편을 내조하는 전업주부로의 삶을 살 수 있었던 것도 그러한 자신의 노력과 수고에 감사하고 가치를 인정하는 남편이 있었기에 가능했다고 했다. 수고하고 애쓰는 어머니의 희생과 가르침을 아버지가 자녀들 앞에서 감사히 여기고 인정했기에 자녀들이 바르게 잘 자랄 수 있었고, 영란의 삶도 행복할 수 있었다는 것이다. 부부생활을 하는 사람이라면 누구나 알만한 기본적인 사항이지만 생활 속에서 실천하기가 쉽지 않은 덕목이기에 그 가치가 더 크다고 하겠다.

재일한국인으로서 일본사회에서 살아가야할 아이들을 생각할 때, 부부의 걱정과 관심은 당연히 자녀들의 교육문제로 이어졌고, 아이들은 용케도 부모의 그러한 바람을 잘 받아들였던 것 같다. 긍정적이고 성실하며 조국을 사랑하는 부모의 자세는 자녀들에게 그대로 이어졌다. 듬직하고 성실한 큰 아들 창호, 재주 많고 창의적인 미사, 활달하고 배려깊은 유미, 차분하고 인정 많은 인호 .... 김변호사님은 가셨지만, 그 분의 정신과 사상은 훌륭한 네 아이를 길러낸 어머니 영란의 내공과 존경하는 아버지의 뒤를 이으려는 자녀들의 꿈과 희망 속에 면면히 흐르고 있음을 본다.

아버지의 빈자리를 채우기 위해 서로 더 사랑하며 열심히 살아가고 있는 다섯식구에게 큰 박수를 보내며, 사랑하는 자녀들이 모두 조국인 한국과 일본 사회를 위한 큰 일꾼으로 성장할 것임을 믿어 의심치 않는다.

9. 김경득을 그리며

서 용 달(日本 桃山大學 명예교수)

한조선 청년의 인간회복선언

"나는 대학 졸업시에 맛본 사회적, 직업적 차별을 계기로 일본인의 앞에 조선인으로서의 나의 존재를 드러낼 것을 결심하였습니다"(1976년 11월 20일 최고재판소에 대한 김경득의 청원서). 일본의 사법시험을 돌파한 김경득에 귀화를 강요한 최고재판소에 대하여 자신의 의사를 고수하였다. 이 멋진 인간회복선언에 가슴을 두드린 사람들이 많았다. 곧바로 原後山治 변호사와 田中宏 교수를 중심으로 하는 지원그룹이 결성되어 전국으로 파급된 것은 당연의 결과였다.

대학 졸업시에 취직 차별로 인하여 대학원에 진학하였던 필자도 마찬가지로 박사과정을 수료할 무렵에 "국립대학에 좋은 취직 자리가 있다"며 귀화를 권유받았다. 필자의 체험이 곧 바로 김경득 지원활동으로 가게 되었다. "재일한국 조선인 대학교원간담회"(서용달 대표)는 당시 국공립대학 외국인 교원채용운동으로 문부성, 국립대학협회, 공립대학

협회 등과 투쟁에 한창으로, "당연의 법리"를 구실로 하는 국적차별철폐운동을 전개하고 있었기 때문에 김경득의 문제를 좌시할 수 없었다. 그래서 바로 대학교원간담회는 76년 가을부터 활동을 시작하여 다음해 77년 1월 7일자로 "재일한국인 김경득의 사법연수생 채용문제에 관한 요망서"를 최고재판소 장관 藤林益三 씨 앞으로 제출하고 기자회견을 하였다. 그 골자는 다음과 같았다.

1) 귀화요구는 기본적 인권의 침해이다.
2) 최고재판소의 태도는 일본 변호사법에 반한다.
3) 사법연수생은 공무원이 아니다.
4) 최고재판소는 솔선하여 차별철폐에 모범을 보여야 한다.
5) 재일한국 조선인에 대한 조치는 국제감각의 시금석이다.

이 같은 요지는 다음 날 아사히, 마이니찌, 요미우리 등의 전국판에, 이어서 동아일보, 한국일보, 공동신문, 동화신문, 동양경제일보 등에 보도되었다. 대학교원간담회는 계속해서 요망서를 법무장관, 검찰총장, 내각 법제국장 등에 제출하였고, 그것은 각 신문에 크게 보도되었다.

한편 우리들은 오사카의 건국고등학교, 금강학원고교 학생들에게는 엽서를 보내 최고재판소에 김경득의 사법연수생 채용을 진정하라는 운동도 주동하였다. 기타 여러 단체의 동향에 관하여는 原後·田中 편 "司法修習生=辯護士と國籍"(日本評論社, 1977년 10월)에 상세. 한국 민단 중앙본부의 요망서는 좀 늦어져 같은 해 3월 17일에 제출되었다.

최고재판소의 역사적인 사법연수생 채용 결정은 77년 3월 23일 내려졌다. 김경득은 그 해 사법연수소에 입소하여 1979년 정주외국인 변호사 제1호로 등록하였다. 그리고 77년 2월 19일자 서용달의 "국제감각과 혈통주의 – 길이 봉쇄된 정주외국인"이 아사히신문 문화면에 게재되었다. 여기에는 필자의 조어인 '정주외국인(permanent alien residents)'

가 최초로 등장하여 일본 사회의 구성원으로서의 '정주외국인' 이란 용어가 그후 '시민권'을 얻어 '일본인 대 외국인'이라는 획일적 구분에 의한 일본의 차별행정에 커다란 개선을 가져 왔다.

김경득을 보낸 날 김 변호사의 친부모라고도 할 수 있는 原後山治 선생과 마음 절실히 유능한 인재는 명이 짧다며 슬퍼하였다.

한국 외무부의 재일문제자문위원

김 변호사의 경력중 한국 외무부의 '재일한국인자손문제자문위원회'위원이라는 것이 있다. 1989년 5월경부터 91년 4월 경까지의 위원으로 이인하 목사와 필자 3인에다 민단중앙본부에서 2명, 모두 5인 당시 이원경 대사 주재의 위원회에 참가하였다. 이 인선에 앞서 일본 외무성 아시아국 주최의 서용달의 강연 "일본의 국제화를 위한 정주외국인 정책," 한국에 있었던 심포지움의 보고가 있었고, 주일 대사관의 참사관이 며칠을 숙박하며 오사카에서 필자를 방문하여 연구한 적이 있다. 이인하, 서용달, 김경득 3인이 추천된 것은 당연하였는데, 민단중앙본부는 이 3인의 인선에 이의를 제기하여 몇 차례나 위원회에 결석하였다가, 대사관측의 설득으로 후에는 참가하였다.

이 위원회는 1965년 한일 법적지위협정에서 남겨 놓은 재일한국인 3세 이후의 법적지위에 관하여 25년 후에 재협의를 한다는 것에 따른 대책위원회로 이른바 "91년 문제"라고 하는 한일 정부간 교섭의 자문회의였다.

한일 양국정부의 합의에 의한 법적지위협정은 당시 미국의 극동전략, 달러 방위에 의한 아시아 방위의 인수, 6·25 전쟁 부흥자금 보조의 한국내 사정 등이 작용하여 당사자인 재일한조선인의 의사가 반영될 기회가 없었다. 또한 내외국인 평등을 기본으로 하는 국제인권의 조류를 파악하고, 재일동포의 법적지위를 이론적으로 연구하고 주장할 수 있는 인재가 당시 민단중앙에는 적었기 때문이다.

민단의 운동사에서 보아도 오랜 기간 대 조총련과의 조직 방위활동, '녹음문제'로 상징되는 대내 권력투쟁, 재일한국청년동맹이나 한국학생동맹의 제명 정권 문제 등을 보면, 재일 한조선인 전체의 법적지위 향상, 권익옹호나 장래문제 등을 연구하지 않은 것이 사실이다. 그 사이 자발적으로 성립된 시민단체가 권익옹호운동을 먼저 전개한 사실은 부정할 수 없다(상세는 서용달, 『韓國朝鮮人の現狀と將來』, 社會評論社, 1987년).

그 때까지 한국내에서 개최된 심포지움 등에 있어서도 시민단체의 대표들이 초청된 사례가 많았다. 예를 들어 1989년 3월 서울의 신라호텔에서 대대적으로 개최된 심포지움 「재일동포의 현황과 장래」(재단법인 중산육영회 부설 아세아정책연구원 민관식 원장)에도 이인하, 김경득, 배중도, 김환, 서정우, 필자 등이 초청되었고, 민단 당사자의 모습은 보이지 않았다.

어째든 우여곡절 끝에 '91년 문제'는 일본의 가이후 수상이 8년만에 한국을 공식 방문한 다음 날인 91년 1월 10일 서울에서 이상옥 외무장관과 나까야마 외무장관이 "재일한국인의 법적 지위 및 대우에 관한 각서"에 서명하여 91년 문제는 일단락되었다고 보도되었다.

그러나 필자는 "각서가 장래에 있어서의 새로운 인권문제를 발생시킬 문제를 내포하고 있다"고 지적하였다(서용달 편저, 『21세기 한조선인의 공생비전』, 일본평론사, 2003년, 564-567쪽 참조). 김 변호사와 함께 위원회에서 대사관 영사들에게 문제점을 설명하였으나, 외교는 그것만의 문제는 아니라는 답만을 들었다. 다만 각서에서 "지방참정권에 관하여는 대한민국 정부로부터 요망이 표명되었다"라고 기재되어 핵심은 남았다.

김경득 구상의 심포지움

김변호사는 그를 변호사로 만든 많은 후원자의 기대에 어긋나지 않게 적극적인 활동실적을 남겼으며, 그것이 그의 죽음을 재촉하지 않았나 생각되기도 한다. 2004년 9월 결성된 "정주외국인의 지방참정권을 실현하는 日韓在日 네트워크"의 완결은 뒤로 남겨졌으나, 여기서는 변호사 활동 고유의 소송 등은 전문가에 맡기고 우리 시민운동 레벨의 공동 투쟁을 몇 가지 회고하며 그를 추모하려고 한다.

재일한조선인은 한일조약에 의한 법적지위협정에도 불구하고 지문날인 강제, 외국인등록증(소위 개패)의 상시휴대의무, 취업 취직의 규제와 차별, 영주허가가 있는데도 자기 집에 돌아 오려면 재입국허가가 필요한 것 등 불합리한 여러 문제가 산적하였다. 이를 국제적 레벨에서 연구하기 위하여 1987년 10월 "국제재일한국조선인연구회"가 발족하고, 재일한국장학회 등과의 공동 주최 등으로 33번의 심포지움을 하기에 이르렀다. 김경득도 그 위원이었다.

재단법인 중산육영회 부설 아세아정책연구원 주최하고, 국제한국조선연구회가 후원한 앞서의 서울 심포지움은 1989년 3월 28일, 29일 신라호텔에서 많은 정치인, 학자들의 참가로 성황을 이루었다. 주제 보고로서 김경득의 재일한국인의 법적지위 확립과 동포사회의 전망, 田中宏의 일본의 전후책임과 전후보상, 이인하의 민족차별과 투쟁하는 연락협의회 운동의 궤적과 전망, 서용달의 재일동포 지방자치체 참정권 획득, 최창화의 재일한민족의 인권과 국적 등 다채로왔으며, 토론자로 서정우, 배중도, 김환 등과 한국의 이광규, 한승헌, 김수한, 신오경, 정인섭, 박춘호, 백충현, 조순승, 이영훈 등 많은 분들이 참가하였다.

이어 3월 30일 민관식 선생의 안내로 정계 거물인 박준규, 김영삼, 김대중, 김종필 씨 등을 예방하고, 조찬 오찬 차 등을 같이 하였다.

이어 1990년 12월 「일본의 전후보상을 생각한다」 심포지움을 추진하는 모임(서용달 대표)이 주최하고 마이니찌신문 등이 후원하여 동경의 朝日홀을 가득 채운 500명 규모의 대대적인 심포지움은 배중도의 사회, 서용달 기획으로 진행되어 강재언, 田中宏, 김영달, 김동훈, 김경득, 内海愛子 등이 토론자로 참여하였다.

같은 모임의 두 번째 전후보상 심포지움은 1991년 10월 아사히신문사 등의 후원으로 동경에서 개회되어 배중도 사회, 서용달 기획으로 진행되어 토론자로 林에이타이, 강덕상, 内海愛子, 김경득, 高木健一, 고 김영달 등이 참가하여 이번에도 500명 규모의 커다란 심포지움을 성사시켰다.

끝으로 國際韓朝硏 주최의 제10회 심포지움 「정주외국인은 공무원이 되지 못하는가」는 1992년 11월 14일 기이하게도 '김경득을 추모하는 회'의 회장과 같은 동경 全電通홀에서 아사히신문사, 마이니찌신문사, 재일한국청년상공인연합회, 민투련의 후원으로 개최되었다. 보고는 岡崎勝彦(島根大), 浜川清(法政大), 新美隆(변호사) 3인이 하였다. 토론자로는 浦部(神戸大)와 김경득, 송영자, 정영혜, 岡義昭 등이 참가하였다. 결론적으로 정주외국인의 공무취임권은 '당연의 법리'에 묶여 있지 않았다. 심포지움을 마치며 민투련 대표인 이인하 목사가 성명문을 채택하며 심포지움을 종료하였다.

이러한 여러 모임을 회고하면 김경득의 웃는 얼굴로 서 있는 것과 같은 느낌을 지울 수 없다. 거듭 진심으로 김 변호사의 명복을 빈다.

10. 歷史의 傷痕에 대한 回想

孫 京 漢(성균관대학 법과대학 교수,
법무법인 아람 대표변호사)

2007. 10. 24. 서울대학교 법과대학의 정인섭 교수로부터 전화를 받았다. 김경득 변호사에 대한 제2추모집을 간행하려 하니 김 변호사와의 인연에 관한 글을 하나 써 달라는 취지였다. 난감했다. 나보다 훨씬 더 많은 인연을 김 변호사와 맺은 사람이 많을 터인데 구태여 나를 지목하다니. 거절할까 생각을 하다가 나 자신의 처지를 되돌아보고 싶은 생각이 문득 들어 김 변호사와의 얕은 인연에도 불구하고 집필을 수락하기로 하였다.

막상 집필을 수락하기는 하였으나 무엇을 써야할지, 내가 김 변호사를 만난 것이 언제였는지, 모든 것이 아득하고 막연하였다. 지난 28년간 해오던 변호사 일을 정리하고 교수로 전업하는 것을 준비하는 중이라 내 기억을 보충해 줄 스탭도 없었다. 고민하다가 김 변호사와 같이 저녁을 하였던 당시 국민일보 주일 특파원을 지낸 조양욱 일본문화연구소

소장에게 전화를 하여 그게 언제였는가를 물어보았다. 그러나 그런 질문이 얼마나 큰 우문인가를 즉시 깨달았다. 왜냐하면 조양욱 소장은 체일 기간 중 무수히 김 변호사를 만났을 터이어서 나보다 더 기억하기 어려운 상황일 것이므로.

김 변호사와 나의 간접적 인연은 1976년으로 거슬러 올라간다. 나는 1974년 군복무를 마치고 1975년 잠시 취직을 하였다가 다시 사법시험에 도전하기로 결심함에 있어 가장 큰 고민은 사법시험에 합격하더라도 법조인 특히 하고 싶은 법관이 될 수 있는가 하는 문제였다. 당시 명확하지는 않았으나 나의 부친은 북한에 생존해 있고 또 고위직에 있다는 풍문이 있었기 때문이었다. 만약 그렇다면 당시 유신치하에서 사법시험 3차 면접시험을 통과할 수 없었음은 물론, 요행히 3차 시험에 합격하더라도 법관은 고사하고 변호사도 할 수 없게 될 가능성이 높았기 때문이었다.

그러한 상황 속에서 사법시험을 준비함에 있어 큰 힘이 된 것은 김경득 변호사 사건이었다. 김 변호사는 1976년 일본 사법시험에 합격하고서도 국적이 한국이라는 이유로 일본 사법연수소 입소가 거부되었으나 투쟁 끝에 사법연수소에 입소를 할 수 있었다. 이러한 신문보도를 접하고 외국인도 사법시험에 합격하면 사법연수원에 넣어주는데, 하물며 자국민을 배척할 수는 없을 것이라는 생각이 들었다. 사법시험 최종합격이나 사법연수원 입소과정에 어려움이 있다하더라도 일단 사법시험 2차 시험까지는 합격해 보겠다는 결심을 다졌다.

아니나 다를까 나는 1977년 사법시험에는 최종합격하였으나 사법연수원 입소가 취소되었다. 김경득 변호사의 투쟁선례를 본받아 요로에 진정서를 제출하였다. 그 진정서에서 김경득 변호사의 사례를 들어 나의 사법연수원 입소거부가 부당함을 지적하였다. 마침내 대법원은 나의 연수원 입소를 허가하였다. 나는 하고 싶었던 법관에 임관되지는 못하였으나 변호사 자격을 얻어 국제거래사건 전문 변호사가 될 수 있었고, 중재인이나 조정인으로서 타인간의 분쟁을 해결하려고 노력함으로써 보상받고자 하였다.

일본 사법연수소를 수료한 김경득 변호사는 1980년 경 한국 사법연수원의 청강생으로 와서 한국말과 한국법을 공부하였다. 당시 나는 김경득 변호사를 직접 만나지는 못하였으나 연수원을 다니고 있던 권영훈 후배를 통하여 김 변호사의 행적을 전해 들었었다. 그러다가 내가 김 변호사를 만난 것은 1993년 경 이었던 것으로 기억된다. 동경에 출장가면서 김 변호사에게 연락을 하여 만날 것을 청하였다. 일과 후 김 변호사의 사무실에 들렀다. 법률사무소 이름이 우리법률사무소였다. 재일한국인들의 권익을 옹호하고 한국인들의 일체성을 강조하자는 뜻이 담겨 있는 것으로 이해되었다. 조양욱 기자와 셋이서 부근의 활어 횟집으로 옮겨 공동관심사를 논의하였다. 김 변호사는 일본어 엑센트를 없애지는 못하였으나 대화하는데는 큰 불편이 없을 정도로 한국어를 잘 구사하였다. 내가 1990년 동경에서 북한에서 온 부친을 상봉한 이야기로부터 시작하여 우리는 체제도 국적도 없는 사회에서 각자가 자신의 본분을 다하며 평화롭게 살 수 있는 방안을 생각해 보았다. 역사의 아픔을 후세들에게는 물려주지 않아야 함을 다짐하였다. 한국사회와 일본사회의 차이와 그 이질감의 해소방법도 언급하였다. 조양욱 기자의 재담은 분위기를 더욱 고조시켰다. 우리는 좋은 인연을 지속하기로 약속하였다.

그리고 수년이 흘렀다. 내가 변호사로서 수임하였던 재일일본인 사건들은 대부분 한국과 일본에 거주하는 자녀들 간의 유산분쟁이었다. 그 중 1건을 일본인 변호사에게 의뢰하였으나 지지부진. 일본인들의 상대방에 대한 배려는 소송사건에서도 예외는 아니었다. 그래서 김경득 변호사에게 연락하여 수임을 부탁하였다. 김 변호사는 매우 신중하였다. 이미 다른 변호사가 수임하고 있는 사건이므로 기존의 변호사와 공동대리하는 경우에 한하여 맡을 수 있다는 것이었다. 그러나 나는 공동대리를 선호하지 않는다. 대리인 간의 의견 차이와 책임전가로 단독대리보다 좋지 못한 결과를 낳는 경우가 많았기 때문이다. 결국 김 변호사에게로 사건을 이관해서 진도를 내어 보려는 나의 계획은 좌절되었다. 일본사회가 인간관계를 매우 중시함을 것을 체감한 사건이었다.

그 후로는 앞서 언급한 권영훈 후배 변호사를 통하여 김경득 변호사의 활발한 변호활동을 들어오다가 2005년 갑자기 별세했다는 소식을 접하였다. 김 변호사의 의로운 투쟁에 일조하지 못한 채 김 변호사와의 인연이 끝났다는 자책과 함께 많은 할 일을 남기고 일찍 떠나버린 고인의 명복을 빌었다.

일본에 이어 한국 사람들이 뜻을 모아 김경득 변호사의 제2추모집을 발간한다고 한다. 우리는 경제적 번영을 누리고 있고 민주화도 달성하였지만 우리의 아픈 역사는 기록되어야 한다. 그리고 그 상흔을 어루만지며 다시는 그런 아픔을 되풀이하지 않도록 하는 노력을 아끼지 말아야 한다. 나의 이 어줍잖은 글도 김 변호사의 일생이 다른 사람의 생에 어떤 영향을 주었는가에 관한 역사적 기록의 단편이 될 것이다. 내가 변호사를 할 수 있었던 것은 김 변호사의 간접적 격려에 힘입은 바큼을 이 글을 통하여 밝힌다. 다시 한번 김경득 변호사의 노고와 희생에 감사하며 그 뜻을 우리가 계속 이어가야 할 것을 다짐해 본다.

(2007. 10. 31)

II. 매형이 맺어준 중국 연구라는 인연

손 안 석(일본 가나가와 대학교 준교수)

일본의 대학교에서 중국근현대사를 강의하는 교단에 선지 근10년이 되어가고 있다. 한국 사람으로서 일본의 가나가와 대학교 중국어 학과에서 중국 근현대사를 강의하는 나를 동료 교수들과 학생들은 '국적이 동아시아인 사람'이라고 불러 주고 있다. 내가 공부하는 대상이 동아시아 3국이니 이러한 호칭은 나에게는 고마운 평가가 아닐 수 없다. 그런데 이렇게 내가 중국 연구를 시작하는 인연을 맺어 준 것이 다름 아닌 김경득 변호사=매형이었다. 짧은 글이지만 매형과의 만남을 회상하면서 아직은 젊은 나이인 56세에 타계하신 매형을 기념하는 글로 삼고자 한다.

변화하는 일본과 아시아

최근 10년 간의 일본의 교단생활에서 느끼는 가장 큰 변화 중의 하나는 일본이라는 사회와 젊은 대학생들의 아시아 특히 중국과 한국에 대한 인식이 크게 변했다는 것이다. 물론 역사 교과서 문제와 종군 위안부 문제등 정치에서 보이는 일본의 모습은 이전과 다름없는 폐쇄적인 일본의 모습이 남아 있는 것도 사실이다.

그러나 한일 월드컵 공동개최, 한류 붐, 북경 올림픽, 상해 엑스포 등에 관한 매스컴의 보도로 일본의 아시아를 보는 시선 또한 많이 변하고 있다. 내가 일본에 처음 도착했던 20년 전인 1987년 경에는 중국의 개혁개방 정책이 실시되기는 하였으나 아직 그 성과가 눈에 보일 정도로 확대되지 않았을 때였고, 1989년의 천안문 사건으로 중국에 대한 불신감이 증대되고 있던 시기였다. 한국에서도 군인 출신인 노태우 대통령의 강권 정치가 아직 활보를 하고 있었을 때였으며, 대만에서는 38년에 걸쳐 계속된 계엄령이 1987년에 간신히 해제는 되었으나 아직 사회 전체가 민주와 자유를 어떻게 향유해야 하는지 눈치만 보아야 하는 시기였다. 일본에 처음 도착하였을 당시의 느낌을 지금 회상해 보면 사회의 모든 면에서 한발 앞서가는 일본을 느꼈다는 것이 솔직한 감상이었다.

그러나 20년이 경과한 지금 일본의 하네다 공항에서 김포를 경유해 상해에 도착하면 동경, 서울, 상해가 함께 성장하고 있다는 것을 실감할 수 있다. 일년 내내 건설 공사가 끊이지 않는 상해의 교통과 소음이 다소 신경이 쓰이기는 하지만 세계의 경제를 견인하는 중국을 대표하는 경제도시라는 것을 상기하면 못 참을 정도도 아니다. 상해에서 가장 큰 서점인 상해수청에 가면 1층에 놓여 있는 여행 관련 서적과 요리에 관련된 코너에 많은 사람이 모여 있는 것을 알 수 있다. 윤택한 생활을 향유하는 중산계층의 폭이 두터워지면서 다양한 레저를 즐기려는 욕구가 증대되는 것은 일본, 한국, 중국이나 큰 차이는 없다. 또한 아름다움을 가꾸려는 여성들의 욕망은 화장품 사용에 관한 앙케이트 조사에서도 찾을 수 있어서 2006년에 실시된 중국 소비자의 생활조사 앙케이트에 의하면 여성 조사대상자의 화장품 사용률이 루즈 70%, 파운데이션 56%, 마즈카라 43%, 아이샤도우 43%, 아이라이너 34%에 이른다고 한다. 지금부터 30년전의 사회주의 중국에서는 쌀과 설탕, 소금 등 모든 생활 필수품을 구입하기 위해서 양식표가 있어야 했다는 것이 정말로 믿어지지 않을 정도의 변화이다.

김경득 변호사=매형이 맺어준 중국 연구

최근의 동경과 서울, 그리고 상해에서 느끼는 사회의 변화는 위에서 적은 바와 같지만 내가 중국 연구를 시작하게 된 가장 중요한 계기가 되었던 것은 매형의 소개에 의한 것이었다.

1987년 당시 성균관 대학교에서 한문 공부를 하고 있던 나에게 있어서 일본 유학이라는 선택은 쉽지 않은 결단이었다. 지금은 유학이라면 기본적으로는 유학에 필요한 경비가 보장이 된다면 비교적 선택의 폭이 넓다고 할 수 있다. 그러나 당시는 유학을 하기 위해서는 어학 시험이라는 장애를 넘어야 했고, 무엇보다도 사전에 유학을 희망하는 대학교의 지도교수로부터 지도를 승낙한다는 서류가 필요하였다.

이때에 이화여자 대학교 법학부 대학원에서 공부하고 있었던 작은 누나 (손영란)가 김경득 변호사=매형과 결혼을 하게 되면서 나의 유학 수속을 매형이 도와주게 되었던 것이다. 누나와의 결혼으로 나에게는 김경득 변호사라는 든든한 배경을 얻은 것이니, 누나에게도 감사하지 않을 수 없다. 이후로 나는 김경득 변호사라는 칭호 대신에 '매형'이라는 호칭을 쓰게 되었고, 매형은 나를 '안석아'라고 부르게 되었다. 자택의 병상에서 내가 매형에게 건넨 마지막 말도 '매형'이라고 하는 울먹인 소리였다고 기억한다.

매형이 지도교수로서 소개해준 분이 동경대학교 지역문화 연구과에 있는 고지마 신지 교수님이었다. 당시 이미 중국의 태평천국의 농민반란에 대한 연구로서 유명하신 고지마 선생님은 중국 근현대사 뿐만 아니라 한국 근현대사와 사회문제에 대해서도 깊은 관심을 가지고 있었으며, 김경득 변호사의 법정투쟁을 지원하는 과정에서 교류가 있었다고 한다.

1987년에 서울에서 실시한 해외 유학시험에 간신히 합격은 하였으나 당시의 나의 일본어 실력은 히라가나를 겨우 외울 정도였다고 생각된다. 이렇게 해서 나는 매형의 소개로 동경대학교 고마바 캠버스에서 고지마 선생님과 첫 대면을 하게 되었다. 그 날의 대화가 어떠한 내용이었는지 사실 나는 전혀 기억을 하지 못하고 있다. 동경에 도착한 이틀 후에 도착한 고마바 라는 곳이 어디인지도 모르는 내가 매형과 고지마 선생님이 무슨 말을 하고 있는 지 알아 들을 수가 없었던 것이다. 다만 고지마 선생님은 모택동 연구보다는 다른 테마가 좋겠다는 것, 대학원 시험에 영어가 포함되어 있으니 영어 공부가 필요하다는 것, 중국 연구를 하게 되면 한문이 필요하다는 것을 매형의 통역으로 이해할 수가 있었다.

일본에 도착한 이틀 후에 고지마 선생님과 면담을 하고 난 며칠 후 나는 고마바료(기숙사)에 들어가는 면접을 보게 되었고, 이후 7년간을 나는 고마바 기숙사에서 생활하였다. 7 년간의 기숙사 생활 초창기에는 매형과 누나의 집에 정말로 빈번하게 신세를 지었다. 대학교를 졸업한 아직 20대 초반인 나에게 있어서 생활비를 절약하는 가장 좋은 방법은 왕성한 식욕을 해결하는 것이었다. 평상시의 영양부족을 해결하는 곳이 다름이 아닌 누나 집이었던 것이다. 누나 집에 전화도 없이 처들어 가서는 한국 음식과 김치, 그리고 고기를 실컷 먹었다는 기억이 선명하니 아마도 틀림없는 사실일 것이다. 매형과 누나는 "안석이 왔나"라는 인사와 함께 항상 풍성한 음식으로 나를 반겨주었다.

그런데 음식을 대접받은 기억은 선명한데 매형으로부터 공부에 대한 잔소리는 거의 들은 적이 없다는 생각이 든다. 내가 공부하는 내용이 매형이 생활하는 법학이나 법조계와는 동떨어진 중국 연구 였다는 점도 관련이 있으리라고는 생각되지만, 매형은 일본의 정치와 사회에 대한 잡담을 들려주는 이외에는 그다지 잔소리를 하지 않으셨다. 지금 생각하면 매형은 공부라는 것은 본인이 생각하고 느껴야 한다는 것을 전해 주었던 것이리라고 생각된다.

동경대학교의 석사와 박사과정을 끝내고 박사 학위를 받았을 때도 매형은 "아! 수고 했네"라고 가볍게 한마디 해 줄 뿐이었다. 그러나 내가 박사논문을 제출한 이후 매형은 나를 인생의 동료로서 대접해 주었다. 한국의 정치에 대해서 의견을 함께 토로하는 시간도 있었고, 일본의 보수적인 논조를 설파해주는 기회도 때때로 있고는 했다. 이후 결혼, 취직으로 잡다한 업무가 늘고 그다지 인사도 못하고 시간은 흘러 갔다.

가족과의 시간을 소중히 했던 매형

가까운 곳에서 본 매형의 가족에 대한 사랑은 각별한 것이었다. '우리법률사무소'가 개소되면서 한국과 일본에 관한 업무가 바빠지는 와중에서도 매형은 창호, 미사, 유미, 그리고 인호을 데리고 도서관에서 책을 빌리고 수영장에 가는 자상한 아버지였다. 지금은 8살이 된 딸이 있는 나도 도서관에서 책을 빌리고 수영장에 데리고 가는 일을 담당하고 있지만 이것이 그다지 쉬운 일이 아니라는 것을 실감하고 있다. 소학교 3학년 때에 일본의 국어 교과서를 소리내서 읽고 가는 것이 학교 숙제라고 삼촌인 나에게 큰소리로 민들레 '오오바꼬'라는 단원을 낭독했던 창호도 이제는 성인이 되어 매형의 뒤를 이어 변호사가 되었다는 것이 믿어지지 않을 정도이다.

매형이 설거지나 청소 등 가사 일을 하는 모습은 그다지 본적은 없지만, 불고기를 굽고 고기를 나누는 일은 매형의 몫이었다. 야끼니꾸라는 불고기 가게를 경영하였던 매형의 부모님의 영향이라고 하면서 고기의 어떤 부위를 어느 정도 굽는 것이 맛이 있는지를 즐겁게 설명해 주던 매형의 모습이 눈에 선하다.

처음 간암 수술이 있고 난 이후의 매형은 가족과의 시간을 더욱 소중히 하려고 애쓰셨다. 신주쿠에서 출발하는 산행 버스를 이용해 가족들과 함께 등산을 가는 기회가 늘었으며, 동경의 근교에 있는 온천 여행 안내서가 테이블 위에 가득 쌓여 있곤 했다.

서울에서 작은 누나의 친정부모님이 왔을 때에도 미국에 거주하는 큰 누나의 가족이 동경을 방문했을 때에도 나는 학교의 수업을 핑계로 그다지 안내를 해드린 기억이 없는데 누나와 매형은 하꼬네, 북해도 등으로 여행을 가곤 했다. 아마도 간병을 하고 있던 누나에 대한 감사의 기분도 있었겠지만 매형의 가족 써비스는 특별한 것이었다고 생각된다. 한국 출장이 많았던 만큼 가족과 함께 할 수 있는 시간은 철저하게 가족들과 함께 즐거운 시간을 보내고자 했던 것이라고 상상해 본다.

남은 사람들이 짊어져야 할 몫

21세기를 맞아 일본과 한국 그리고 중국을 둘러싼 국제정치는 모든 분야에서 새로운 관계를 모색하는 움직임이 활발해지고 있다. 이러한 시기에 매형이 타계한 것은 정말로 유감스럽지 않을 수 없다. 병상에 있으면서도 “이제 큰일을 할 수 있는 준비가 되었는데” 라며 안타까와 하시던 매형의 얼굴이 떠오른다. 매형은 재일교포의 법적지위 향상을 위한 일본 사회여론을 환기하기 위해 강연회 등도 활발히 개최하고 있었던 까닭에 병상에 누워있는 시간을 참으로 아까워했다.

그러나 매형이 못다한 일은 남은 사람들이 조금씩 짊어지고 해결해 나가야 할 수 밖에는 없다. 매형이 활약했던 법조계에서도 한일간의 새로운 관계를 위한 변화가 있으리라고 생각지만 내가 소속하고 있는 중국연구, 아시아 연구에도 새로운 변화가 보이고 있다. 동아시아 3국의 역사연구를 토론하는 본격적인 무대가 마련되고 있는 것도 환영할 일이지만 그러한 큰 구상은 나의 능력의 한계를 넘어서는 일이다.

그러나 자그마한 일이라면 내 몫도 없지만은 않다. 최근 5년간 매년 8월말 경에 내가 소속하고 있는 대학교의 3, 4학년 약 20명과 함께 상해를 찾아가고 있다. 미디어 제작 프로젝트라는 명분을 걸고 학생들 스스로 과제를 정해 상해에서 인터뷰 등을 마련하여 비디오를 찍어 요꼬하마의 학교에 돌아와서는 TV 다큐멘타리 작품을 만드는 실험을 하고 있다. 매년 테마별로 주제를 정하여 3반으로 나누어서 제작한 다큐멘타리 필름도 이미 15작품에 이르고 있고, 상해의 촬영에 참가한 학생도 벌써 100명 이상이 되고 있다. 학생의 어학력과 기획력을 시험해 볼 수 있는 미디어 제작 프로젝트에 참가한 학생들의 성장은 괄목할 정도여서 지금은 가나가와 대학교의 스페인어학과, 국제 교류학과가 미디어 교재를 작성하는 프로그램에 참가하고 있다.

아직까지는 일본의 대학생이 중국을 취재하는 정도에 그치고 있지만 기회가 되면 한국과 일본, 그리고 중국의 대학생이 상대방의 나라에 대하여 각각 알고 싶은 테마를 스스로 정하여, 국내에서의 사전준비를 거쳐 현지 촬영과 인터뷰를 거쳐 다큐멘타리 필름을 제작하는 활동으로 확대되기를 빌어본다. 나에게 남겨진 작은 몫이지만 실현을 위해서 한 걸음씩 착실히 걸어가고자 한다.

12. 인권보호의 파수꾼

신 각 수(주 이스라엘 대사)

기나긴 재일한국인 인권 투쟁사에 굵은 한 획을 그은 김경득 변호사에 대한 추모의 글을 쓰려니 시계 바늘은 훌쩍 20년 뒤로 되돌아가게 된다. 30년 가까이 되는 외교부 생활 가운데 일본과 연을 맺은 기간이 동북아 1과장 시절을 포함하여 절반에 달하니까, 개인적으로 재일한국인 문제에 많이 관여하게 되었고 그 과정에서 김 변호사를 알게 되었다. 물론 김 변호사의 어려운 환경에서 일본 사법시험에 합격하고 외국인으로서는 처음으로 사법연수원 입소를 쟁취한 얘기는 이미 대학시절 신문 보도를 통해 잘 알고 있었으며, 그의 의로운 투쟁에 깊은 감명을 받았었다.

재일한국인 문제는 내가 외교부에 들어간 1970년대에 한일관계 소용돌이의 한 가운데 있었고, 한일관계에 관심을 가진 한국외교관으로서 이에 큰 관심을 기울인 것은 어쩌면 당연한 일인지도 모른다. 그러나 재일한국인 문제를 포함하여 인권 보호에 각별한 관심을 가지게 된 것은 이미 작고하셨지만 대학 시절 국제법 은사이신 배재식 교수님의 영향이 컸다.

자신이 재일한국인 법적 지위 문제로 박사 학위를 받으시고 다른 인권문제에 관하여 많은 연구를 하셨기 때문에, 국제법 수업 시간에 재일한국인의 열악한 인권 상황과 이를 구제하기 위한 정부의 노력 필요성을 자주 강조하셔서 자연스럽게 그런 의식이 형성되었다고 보여 진다. 당시만 해도 한국의 국력이 요즈음과 같지 않았기 때문에, "강대국은 힘에 의존하는 국제정치에 신경을 많이 쓰게 마련이지만, 약소국일수록 법과 정의에 호소하는 것이 유리하다."고 하시면서, 국제관계상의 여러 가지 권리문제에 있어서 국제법 활용의 중요성을 강조하신 배 교수님의 말씀이 아직도 귀에 쟁쟁하다.

재일한국인 문제는 기본적으로 일제 점령기 식민통치의 유산으로 형성된 식민 모국내의 소수민족이 일본 사회에서 단일민족의 그릇된 신화와 허상으로 다양한 차별을 받는데서 비롯된 것이다. 따라서 이 문제는 한일간의 다른 어떤 문제보다도 국제법적 관점에서의 접근이 실효적인 효과를 거둘 수 있는 문제라 할 수 있다.

자신이 일본사회에서의 높은 벽과 뿌리 깊은 차별을 직접 경험한 피해 당사자로서 일본법을 전공하여 변호사 자격을 취득한 전문가라는 점에서, 김 변호사만큼 일본 정부를 상대로 효과적인 투쟁을 할 사람은 없었다고 본다. 김 변호사의 두툼한 연보를 펼쳐 보면 김 변호사가 얼마나 철저하게 재일한국인의 인권 신장과 차별 철폐를 위해 헌신하였는지 쉽게 알 수 있다. 그는 변호사로서 일본 사회에서 편안한 생활이 보장되어 있음에도 불구하고 온몸을 다 바쳐 재일한국인 인권 보호의 파수꾼 역할을 담당하였다. 아직도 재일한국인의 인권 보호문제가 한국과 일본의 진정한 마음의 교류를 가로막는 장벽의 하나로 남아있다는 사실에 가슴 아파 하면서, 김 변호사가 일찍 세상을 뜬 것이 얼마나 우리에게 커다란 손실이며 세상을 뜨기까지 얼마나 값진 노력을 하였는가를 절실히 깨닫게 된다.

김 변호사와 처음 만나게 된 것은 1987년 주일 대사관 영사과장으로서 재일한국인 지문날인 철폐문제를 담당하면서다. 김 변호사는 1985년 서울에서 유학을 마치고 일본으로 돌아와 동경에서 우리 법률사무소를 열었다. 그리고 자신도 지문 날인을 거부하고 민단의 "지문날인철폐위원회" 위원장으로서 지문 철폐를 위해 활발히 활동하고 있을 때였다.

대사관에서는 정무과가 이 문제의 대일교섭 창구인 외무성과의 접촉을 맡았지만, 영사과장인 필자는 이 문제 해결의 중요한 열쇠를 쥐고 있는 법무성과의 접촉을 담당하며 교섭을 도왔다. 또한 실제 피해당사자인 재일한국인의 대표단체인 민단과 우리 정부와의 연결 고리 역할을 담당하였다.

그리하여 종종 김 변호사를 만나 이 문제를 해결하기 위한 방안을 숙의하고 일본 정부 내의 동향에 관해 의견을 교환하면서, 재일한국인 사회의 결집된 의지를 정부 교섭에 반영하기 위해 애를 썼다. 김 변호사의 해박한 법률 지식과 현실을 감안한 의견은 이 일을 처리해 가는데 큰 도움이 되었다. 특히 김 변호사가 1987년 공저한 "지문제도 철폐에의 논리"라는 저서는 우리 논리를 세우는데 많은 참고가 되었다. 결국 지문철폐 문제는 재일한국인 사회와 한국 정부의 끈질긴 노력으로 1989년 일본 외국인 등록법이 개정되면서 해결을 보았다.

또한 김 변호사는 1985년부터 2005년까지 오랜 기간 민단의 '권익옹호위원회' 위원으로 활동하였다. 이런 관계로 김 변호사는 광의의 재일한국인 인권문제와 연관되는 전후보상, 군대위안부, 사할린 한인문제 귀환문제, 재일한국인 3세 법적 지위 문제, 정주외국인의 지방참정권 문제 등에 폭넓게 관여하였다. 김 변호사는 일생을 이렇듯 일본 식민지 지배에서 비롯된 거의 모든 인권문제의 해결을 위하여 온몸을 던져 매진하였다.

필자는 외교관으로서 한일관계의 큰 틀 속에서 이런 문제들에 부딪쳐왔고, 외교관계에서는 법적 접근만으로는 문제를 풀 수 없는 제약이 있다. 특히 한국 정부로서는 이 문제들이 한일관계의 가시로 미래지향적 한일관계로 향하는 발목을 잡아 왔기 때문에 원만한 해결을 서둘러야 할 입장에 있었다. 김 변호사와 필자는 서로 다른 차원에서 이런 문제들에 접근하였지만, 김 변호사의 재일한국인 인권 보호를 위한 불타는 정열과 깊은 혜안에 많은 도움을 받았다.

김 변호사와 가장 접촉이 많았던 문제는 재일한국인 3세의 법적 지위(소위 1991년 문제)였다. 1988년 주일대사관 정무과 근무 시절 필자는 재일한국인 3세의 국적문제를 해결하는 데는 국가의 관점뿐만 아니라 개인의 관점에서도 국적을 보아야한다는 견지에서 3세 이후 재일한국인 후손에게 국적선택권을 부여해야 한다는 개인 보고서를 작성하였다. 국적문제가 한일간에는 이성적으로만 다루어질 수 없다는 점을 잘 알고 주저하였지만, 이번 추모문집에 같이 기고한 당시 대사관 김석우 정무참사관의 적극적 후원으로 용기를 내게 되었다.

당시 재일한국인 후손의 상당수가 일본인과 결혼하는 현상이 주류가 되고, 일본 정부가 국적의 양성 평등주의를 채택하여 일본인과 결혼하는 외국인 배우자가 남녀 구분 없이 일본 국적을 취득할 수 있게 됨에 따라 일본인을 배우자로 하는 재일한국인은 일본 국적을 취득할 수 있게 된 점이 고려되었다. 국적선택권 제도는 기본권으로서 자신의 선택에 따라 국적을 취하는 제도로서, 까다로운 귀화 요건이 부과되지 않기 때문에 자신의 동일성을 유지할 수 있다. 귀화 또는 혼인으로 인해 재일한국인들이 일본 사회에서 주체성과 동질성을 잃고 함몰해 가기 보다는 자신의 의지로 선택한 일본 국적을 통해 소수민족으로 당당하게 살아가는 길이 현실적이고 인권에 부합된다고 보았다.

이 보고서의 적실성을 알아보기 위해 동경에서는 물론 오사카까지 출장을 가서 재일한국인 사회의 주요 인권관련 인사들을 폭넓게 접촉하였고 김 변호사도 그 대상이었다. 그러면서 국적에 관한 우리 관념이 한국이든 재일한국인 사회에서든 굴절된 한일관계에 의해 크게 지배되고 있다는 것을 깨닫게 되었다. 우리 손으로 재일한국인에게 일본 국적을 선택할 길을 권리로서 요구하는 것에 대한 심리적 반감이 강하였다. 물론 김 변호사도 유사한 생각이었다. 그리고 대사관 내에서도 소수 의견에 해당되어 보고서는 결국 햇빛을 볼 기회가 없었다.

이번에 김 변호사에 관한 글을 준비하면서 옛날 30여 쪽에 달하는 빛바랜 보고서를 꺼내보았다. 당시 우리가 보다 적극적으로 국적선택권을 일본 정부에 요구하였더라면 증가 추세에 있는 일본국적 취득 재일한국인들이 주체 의식을 가진 소수민족으로서 형성될 길이 열렸지 않았을까 하는 아쉬움이 짙게 남는다. 그렇지만 한국인으로서 정체성 확보에 노력하였고 또한 본인이 그렇게 철저히 살아왔던 김 변호사가 나의 국적 선택권 주장에 동의할 수 없었다는 점도 충분히 이해가 간다. 국적선택권 제도는 철저한 이성에 의한 계산이 아니면 어려운 사안이기 때문이다.

김 변호사 활동은 재사할린 한인 귀환문제에 관한 필자의 관심에도 큰 영향을 미쳤다. 물론 이 문제에 대한 개인적 관심은 1975년 서울 법대 재학시절 국제법 모의재판에서 다룬 주제였다는 애정과 함께, 1984년 유학하였던 동경대 법대의 오누마 야스아끼 교수의 적극적 활동의 영향도 받았다. 김 변호사는 1979년 변호사 등록을 마치자마자 사할린 한인 귀환청구 소송 변호인단에 참가하였다. 또한 일본변호사연합회의 '사할린잔류 한국인문제 위원회'위원으로 사할린 귀환재일한국인회사건 제1차 보고서 원안을 집필하기도 하였다. 소송의 진행과정에서 1986년 소송 원고였던 박노학 씨를 만나 대사관 차원에서 가능한 지원을 해주었던 기억이 새롭다.

이 소송은 1989년 원고의 귀환과 사망으로 취하되고 다시 1990년 2차 소송이 제기되었다. 필자는 주일대사관 근무를 마치고 동북아 1과 차석으로 근무하고 있던 때였다. 그 후 소송은 계속 진행되었고 동북아 1과장으로 근무하던 1994년 무라야마 내각 당시 일본 외무성과의 협의를 통해 재사할린 한인의 영주귀국을 위한 지원 사업예산을 확보하는데 성공하였다. 이러한 한일간 합의를 이끌어내는 데는 김 변호사를 비롯한 활동가들의 적극적 활동과 법적 권리로서의 귀환권 주장에 힘입은 바 크며 이 분들께 감사의 마음을 가지고 있다. 개인적으로는 사할린 동토의 땅에서 조국으로의 귀환을 위해 반세기 넘게 무국적의 차별도 불사하면서 애타게 귀환을 기다려온 재사할린 동포들에게 조국 귀환의 길을 열어 드렸다는 작은 보람과 함께, 보다 근원적 해결책을 마련하지 못 했다는 자괴감도 느낀다.

1990년 중반 이후에는 대일외교에서 벗어난 길을 걸었기 때문에 김 변호사와 교류를 계속할 기회는 없었지만 일본과 재일한국인에 관한 개인적 관심은 놓지 않았기 때문에 김 변호사의 활동상은 간접적으로 접했었다. 그 후 유엔 대표부에서 2회에 걸쳐 5년간 일하면서 세계의 다양한 인권문제에 관여하게 되었다. 국제형사재판소와 인권이사회의 설립과정에 직접 참여하고, 유엔 총회 3위원회에서 민감한 인권문제도 다루어보았다.

그래서 인권이 안보, 개발과 함께 유엔 활동의 3개 축 가운데 하나를 구성할 정도로 중요한 테마지만, 실상은 국가주권의 미명 아래 수많은 인권이 유린당하고 있으며, 이를 예방 또는 구제하기 위해 인권활동가들이 매우 어려운 여건에서 힘든 활동을 벌이고 있다는 것을 잘 안다. 그렇기 때문에 김 변호사의 업적이 얼마나 소중한 것이며 값진 유산이라는 점을 누구보다 절실히 깨닫는다. 유엔 대표부 차석대사로 근무하고 있던 2005년 말 지상을 통해 김 변호사가 향년 56세 한창 일할 나이에 타계하였다는 슬픈 소식을 들으며 너무 안타까웠다.

재일한국인은 이웃인 한국과 일본을 잇는 가교이자 한국이 일본을 보는 거울이다. 정주하고 있는 일본에서나 고국인 한국에서나 마음을 두지 못하고 일종의 경계인으로 살고 있는 현실을 보면 가슴이 아프다. 한국 외교관으로서 세계 여러 곳을 다니면서 그 곳에 사는 한국인들을 만나게 되지만, 재일한국인들처럼 순수하게 그리고 절실하게 조국을 생각하는 한국인들을 만나보지 못하였다. 그런 점에서 한국에서도 재일한국인에 대해 마음을 활짝 열고 대하여야 한다.

세계화 시대에 재일한국인이 한일 양국을 좋은 이웃 관계로 이끌어 가는데 중요한 일익을 담당하기를 기대하면서, 이런 일이 가능하도록 재일한국인 인권문제에 일생을 바친 김 변호사의 명복과 함께 그의 유지가 계속 이어지기를 기원해 본다.

13. 김경득 변호사와의 추억을 회고하면서

양 문 수(일본 변호사, J & K 법률사무소)

나는 재일한국인3세 변호사이지만 변호사로서 오늘의 내가 있기까지는 바로 故 김경득 변호사의 존재가 있었기 때문에 가능하였다.

김 변호사님은 일본에서도 최난관이라는 사법시험에 많은 사람들이 도전하다 좌절하는 가운데 한 줌의 사람 밖에 얻을 수 없는 사법시험에 합격하시면서도 굳이 한국 국적을 유지한 채 변호사가 되기 위하여 대법원과 싸우신 분이다. 진정으로 인생을 건 싸움이었다고 말할 수 있다. 그리하여 재일동포들에게 변호사라는 길을 열어 주셨다. 그 결과 현재 50명이 넘는 재일동포 변호사가 탄생하기에 이르렀다.

이렇게 김변호사님의 변호사 인생은 일본사회의 재일동포들에 대한 차별과의 싸움으로 시작되고 그 싸움은 변호사 인생에 막을 내릴 때까지 계속되었다.

김 변호사님은 재일한국인의 첫번째 변호사로서 재일동포사회에서 항상 주목 받는 존재였고 동시에 동포들의 기대도 이만저만이 아니었다. 그 정신적인 중압은 헤아릴 수 없는 것이었다고 생각되지만, 김 변호사님은 변호사로서 재일동포들을 위해 조금이라도 공헌하는 것이 하늘이 주신 자신의 사명이라 생각하시고 항상 선두에서 재일동포사회를 리드해 오셨다.

내가 김 변호사님 밑에서 근무하던 당시도 김 변호사님은 전후 보상문제, 참정권문제 등 재일동포들의 인권문제에 많은 힘을 기울이셨고 업무의 반 이상을 소비하셨다. 그 때문에 비지니스로서의 변호사 업무는 최소한의 범위에 머물러 사무소의 경영이 결코 순탄한 것만은 아니었지만 김 변호사님은 "변호사란 다른 사람의 눈치를 보지 않고, 하고 싶은 말, 하고 싶은 일을 할 수 있는 직업이기 때문에 자신의 소신대로 일을 지속할 수 있다"라고 하시면서 자신의 신념을 굽히지 않으시고 업무 스타일을 바꾸려고 하시지 않았다.

나는 재일한국인으로서 변호사가 된 이상 한일간의 법률문제에 영향을 미치는 업무에 종사하고 싶다는 생각이 있었다. 내가 김 변호사님의 사무소에서 일하게 된 것은 재일한국인의 법률문제에 정통하시고 한일간에서 활약 중이신 김경득 변호사님의 사무소를 방문한 것이 계기이다. 김 변호사님과 나와의 만남은 그 때가 처음임에도 불구하고 내가 김 변호사님의 사무소에서 일하는 것을 쾌히 승낙해 주셨다.

김 변호사님은 언제나 재일동포와 재일동포사회의 장래를 진지하게 생각하시고 재일동포사회를 위해서도 자신을 계승할 재일동포 변호사가 한 사람이라도 많이 자라주었으면 좋겠다고 입버릇처럼 말씀하셨다. 김 변호사님이 나를 사무소에서 일하도록 해 주신 것도 김 변호사님의 이러한 생각으로 부터 이루어 진 것이라 느끼며 감사하고 있다. 결국 나는 1990년 4월부터 한국 유학의 1년간을 포함하여 7년간 김변호사님 밑에서 근무한 셈이다.

김변호사님은 매우 소탈한 인품이며 주위에 있는 사람을 지루하게 만드는 일은 없었지만 업무 이야기가 되면 결코 타협을 허용하지 않는 매우 엄격한 분이었다. 사소한 점이라도 자신이 납득할 때까지 논의하고 내가 조금이라도 애매한 대답을 하기라도 하면 김 변호사님에게 엄격하게 꾸중을 들었다. 김 변호사님이 질문 하실 때마다 어떤 난제에 부딪치게 될지 언제나 긴장하고 있었던 것을 지금도 기억한다.

일을 통해서 김 변호사님에게서 재일한국인의 역사나 재일한국인의 현상 등 돈으로는 대신할 수 없는 소중한 것을 배웠다. 김 변호사님으로부터 배운 것은 지금의 저에 있어 귀중한 재산으로 남아 있다.

현재 변호사로서의 내가 있는 것은 김 변호사님이 재일동포에게 변호사의 길을 열어주셨던 것 뿐만 아니라, 변호사로서 여러 가지 일들을 지도해 주신 덕분이라고 깊이 감사하고 있다.

김 변호사님은 이전부터 재일동포 변호사를 모아 큰 사무소를 만들어 한일간의 법률업무에 특화한 한일의 징검다리가 되는 법률사무소로 키우고 싶다는 큰 희망을 가지고 계셨다. 그리고 2004년 1월에는 '우리법률사무소'로부터 'J&K (JAPAN & KOREA)법률사무소'로 명칭을 변경하고, 당시 독립하고 있었던 나도 다시 김 변호사님과 함께 일을 하게 되었다. 김 변호사님이 쓰러지셨던 것은 새로운 사무소의 목표실현을 향해 재출발 하자마자였다.

김 변호사님이 돌아가신 후 오늘의 나에 있어 김변호사님이 남겨주신 J&K법률사무소를 진정한 한일의 징검다리로 키우는 것이 김 변호사님께 얼마 안되는 보은이라고 생각하고 있다.

또한 김 변호사님의 유지를 받들어 한일 양국간에 상호 유대를 돈독히 하고 이해를 증진시키는데 더욱 더 노력해 갈 것을 다시 한번 굳게 다짐한다.

14. 내가 만난 김경득 변호사

이 광 규(서울대학교 명예교수, 전 재외동포재단 이사장)

김경득 변호사를 알게 된 것은 그가 1980년 대 초반 한국에 한국어를 공부하러 왔을 때였다. 작고하신 민관식 선생님이 댁으로 오라 하시기에 가 보았더니 김경득 변호사를 소개하시는 것이었다. 당시 민관식 선생님이 재일한국인이라는 저서를 집필하고 계시면서 자주 만날 기회가 있었고 김경득 변호사를 세 번 정도 민관식 선생 댁에서 만났었다.

그로부터 20여 년 동경에 갈 기회가 있으면 그의 우리변호사사무소를 찾아갔다. 그는 시간이 있는 한 언제나 반가이 만나 주었고 그에게서 재일 동포의 근황을 많이 들을 수 있었다. 특히 그가 담당한 사건은 시간 가는 줄 모르고 열심히 설명하여 주었다.

벌써 오륙년이 넘는 것으로 생각된다. 한번은 재미 동포 중 가장 갑부라는 이종문 회장이 동경에 오시어 만나자고 하면서 강상중 동경대학 교수를 만나게 하여 달라는 것이었다. 수소문한 결과 강상중 교수는 외국에 가 있어 만날 수 없게 되었다. 강상중 교수는 당시 요미우리 신문에 컬럼을 연재하고 있었기 때문에 이종문 회장이 기억을 하고 계신 것이었다. 이에 강상중 교수보다 더 훌륭한 분이 있다 하고 김경득 변호사와 박병윤 선생을 소개하여 드렸다. 한 서너 시간 이들과 대담할 시간을 가진 이종문 회장은 대단히 만족 하시였고 김경득 변호사와 박병윤 선생도 대단히 유익한 시간을 가졌다고 하였다. 당시 대화의 내용을 기억할 수 없으나 김경득 변호사가 곧 병원에 입원할 것이라는 이야기를 들었다.

그 후 몇 개월 만에 동경을 가서 김경득 변호사를 만났다. 병원에 가서 수술을 하였는데 곧 회복할 것이라며 대수롭지 않다고 하였다. 이 말을 듣고 안심은 하였으나 김경득 변호사 입에서 1976년에 있었던 자기 사건에 대하여 어떻게 평가하고 있는 가를 듣고 싶었다. 1970년대 재일동포사회에서 히다찌(日立) 사건과 김경득 사건이 가장 큰 사건이며 이것이 재일 동포의 사회를 전환시키는 대 사건 중의 대 사건일 것이라고 말 문을 열었다.

그러나 김경득 변호사는 히다찌 사건은 참으로 큰 사건이고 시대적인 획을 긋는 사건이지만, 자기 사건은 그것에 비하면 아무것도 아니고 사건도 아니라는 말이었다. 히다찌 사건에는 온 동포 2세들이 참가하였고 양심 있는 일본인들도 참가하여 그야말로 사회운동이었고 거국적인 운동이었기 때문에 결국 승리하게 된 것이며 이것에 비하면 김 변호사 사건은 개인적인 것이며 자기가 항소한 것에 대하여 일본인들이 승복한 것이기에 사건도 아니라는 것이다. 보통 자기의 보잘 것 없는 일이라도 과장하는 것에 비하면 김경득 변호사는 참으로 겸손한 사람이기에 이러한 답을 한 것이다.

그가 자기를 어떻게 평가하든 간에 김경득 변호사의 1976년 변호사 시험에 합격한 후 사건은 참으로 극적인 사건이라 아니할 수 없다. 사법 시험에 합격한 후 사법수습생 채용서류를 제출하자 일본 최고재판소는 김경득 변호사에게 일본의 귀화를 권하였다. 이것은 김경득 변호사 개인에게 전한 것이지만 김경득 변호사 이전에도 변호사 시험에 합격하면 으레히 귀화하는 것이 당연한 것으로 생각하여 왔고 일본 최고재판소는 김경득 변호사에게도 당연한 것을 요구하였던 것이다. 그러나 김경득 변호사는 자기는 한국계 사람으로 한국계 사람을 변호하기 위하여 변호사가 되려는 것이기에 귀화를 하게 되면 그 의미가 상실되기에 한국계 사람으로 변호사가 되게 하여 달라고 호소한 것이다. 이러한 그의 요구에 대하여 일본 최고재판소도 신중하게 생각하게 되었고 무엇보다 일본 변호사협회가 김경득 변호사의 편을 들어주었다. 이에 최고재판소는 외국인도 수습생이 될 수 있다는 법조문을 바꾸어 김경득 변호사로 하여금 한국적을 갖고 변호사가 되게 한 것이다. 김경득 변호사 사건은 김경득 변호사가 말하듯 아무것도 아닌 게 아니다. 오히려 히다찌 사건보다 더 큰 의미를 갖는 사건이라 할 수 있으며 여러 면에서 히다찌 사건과 대조되는 사건 이다.

히다찌 사건과 김경득 변호사 사건은 모두 1970년 대에 있었던 사건이다. 히다찌 사건은 1970년에 시작하여 1973년에 끝나는 3년에 걸친 긴 투쟁이었다. 이것에 비하면 김경득 변호사 항소 사건은 1976년에 단기적인 짧은 사건이었다. 히다찌 사건은 박종석을 둘러싼 시민 운동의 성격을 갖는다. 히다찌가 있는 도시마다 "박종석을 지키는 회"가 성립되는 것과 같이 대중이 동원된 사건이고 많은 사람이 참가하여 협동으로 투쟁한 사건이다. 이것에 비하면 김경득 변호사는 혼자 외롭게 투쟁한 외로운 싸움이었다. 히다찌 사건이 히다찌라는 회사를 상대로 한 사회운동이라 한다면 김경득 변호사 사건은 사법부라는 국가 공권력에 도전한 사건으로 더욱 힘들고 어려우며 감히 일본 사법부에 일개 개인이 대항한다는 당시 일본인의 상식이나 재일 동포의 상식으로는 생각조차 할 수 없는 상식을 뛰어 넘는 힘든 투쟁이었다. 이와 같이 투쟁의 대상에서나 투쟁의 방법에서나 투쟁의 목표에서 히다찌 사건과 김경득 변호사 사건은 대조가 되는 것이었고 오히려 개인이 국가 기관을 대상으로 하는 투쟁이라는 면에서 김경득 변호사 사건은 히다찌 사건의 몇

배 어려운 투쟁이었고 일언지하로 거부당하여도 다시 저항의 길이 없는 외골수 투쟁이었다. 그러나 일본의 법조계와 변호사 협회가 김경득 편을 든 것은 일본의 법조계가 양심을 가진 것이 되고 일본의 양심을 일깨워주었다는 대 김경득 변호사 사건의 진의가 있는 것이라 하겠다.

1973년의 히다찌 사건 승소와 1976년의 김경득 변호사 사건의 승소로 인하여 재일 동포 사회는 큰 전환점을 맞이하게 된다. 이것으로 인하여 가와사기 시와 오사카 시에서 권익운동이 일어났고 이것을 기반으로 민단은 재빨리 권익단체로 변신하여 아동수당, 공공시설 입주권, 복지연금 등 시민권 운동에 앞장 선다.

김경득 변호사는 어려운 문제가 발생할적 마다 재일한국민단 중앙본부의 고문 변호사라는 직함을 갖고 민단을 도와 재일 동포의 권익운동에 참가하여 변호사로서의 역할을 충실히 수행한다. 재일한국민단 중앙본부는 김경득 변호사가 있기 때문에 법률에 관한 것은 물론 이것 이외에도 권익운동의 법적 이론적 근거를 마련하는데 김경득 변호사의 도움을 받았다.

특히 재일한국민단 본부가 김경득 변호사에게 많은 신세를 진 영역이 재일한국인 전후보상처리문제였다. 김경득 변호사는 중앙 본부의 재일한국인전후보상위원회의 위원으로 활약하면서 전후 배상처리 문제의 조목조목 정리하여 주었다. 한편 한국의 국회에서는 김경득 변호사를 재일 한국인 법적지위문제에 대하여 자문을 구하기도 하였다. 몇 차례고 한국의 국회에서 그의 출두를 요구하면 그는 만사를 제쳐놓고 서울로 달려와 자문에 응하였다. 이와 같이 재일한국민단의 고문 변호사 자격으로 혹은 특별위원회 위원으로 활약을 하였고 한국의 국회 외무통일위원회를 위하여 많은 일을 하였으나 김경득 변호사가 만족할만한 정도로 그를 이해하고 그의 말을 들은 것은 아니다. 언제나 그의 말이 옳은 줄 알면서도 그의 뜻을 충분히 이행하지 못하여 김경득 변호사는 언제나 불만스러웠었다. 그러나 김경득 변호사는 매번 부족함을 느끼면서도 또 민단 본부가 요구하면 그에 응하였고 한국의 국회가 요구하면 그에 응하여 왔었다.

이제 김경득 변호사가 유명을 달라하고 나니 새삼스럽게 모두가 아쉬워한다. 재일민단 중앙본부는 말할 것 없이 그가 담당하였던 사건의 주인공은 말할 것도 없이 그를 아는 모든 사람은 그가 너무 단명하게 우리 곁을 떠난 것을 몹시 아쉬워한다. 비록 살아있을 때 김경득 변호사의 체구는 적은 편이었으나 그가 남기고 간 흔적은 너무나 큰 것이기에 그의 서거는 재일 동포 사회의 최대 거목이 사라진 것과 같다.

김경득 변호사는 재일 동포 사회에만 위대한 인물이 아니다. 전 세계 700만 해외 동포 중에서도 손꼽는 위대한 인물에 하나임에 틀림없고 한국 이민사에 큰 족적을 남긴 인물임에 틀림없으며 따라서 한국 근세사에 길이 남을 한국인의 거목임에 틀림없다.

(2007. 10. 30)

15. 김 변호사가 남겨준 부채

이 석 태(변호사, 법무법인 덕수)

김경득 변호사 추모 문집에 실을 글을 써 달라는 청탁을 받은 때는 국제의원연맹이 주관하는 이주노동자 세미나에 참석하러 출국하기 얼마 전인 10월 중순 경이었다. 김변호사가 작고한 무렵부터 어쩐지 김변호사에 대해 갚아야 할 채무를 지고 있는 듯한 느낌을 받아 왔다. 그런데 그 채무의 실체는 분명하지 않았다. 그래서 원고 청탁을 받았을 때 일단은 그 빚의 일부를 갚는 것으로 생각하고 선뜻 승낙했다. 제네바에 머무르면서 김경득 변호사 일을 좀 생각하다 보면 그 부채의 내용을 스스로 알게 되리라 하는 막연한 기대감이 있었다. 그런데 제네바 일은 본래 처음부터 맡았던 것은 아니었고, 다른 어떤 분으로부터 대신 발표해 달라고 부탁을 받은 것이었다. 이주노동자 문제는 말할 필요도 없이 현재의 변화해 가는 한국 사회에서 가장 중요한 인권 문제의 하나다. 동네에서 산책하다보면 종종 이국적인 얼굴들과 맞추친다. 그들은 어느새 우리의 이웃이 되어있다. 몇 해 전 한국에 일하러 왔다가 정신병자로 오인 받아 7년간 한국의 정신병원에 수용되어 있던 네팔 여성의 손해배상 소송을 맡아 한 경험도 있다. 그러나 그 뿐 전문가는 아니고, 평소 따로 공부해 온 바도 거의 없었다.

제네바로 접근하는 비행기 창문으로 보니 근처 하늘은 구름이 짙게 껴 있었다. 막 저녁으로 접어드는 어두움의 기색 속에서 하늘은 한층 더 컴컴해 보이고 빗방울마저 간간히 떨어지고 있었다. 그 회색의, 마음이 저 위로 솟구치는 것을 시샘하는 듯이 여겨지는 그 침잠된 빛깔은 세미나 기간 내내 가셔지지 않았다. 어떻든 세미나 장소로 가는 차 안에서, 세미나를 마치고 안도하며 숙소로 돌아오는 길목에서, 그리고 회의장 커피 브레이크 시간에 다른 참가자들과 떨어져 잠깐 거닐던 인근 잔디밭에서 떠 올려 보았다. 김경득 변호사와 처음 만나던 때를. 그때도 누군가의 부탁으로 대신 만나러 갔었다. 우연히도 그때의 화두 역시 외국인 문제였다.

세 해 쯤 전의 11월초(흐릿한 머릿속에는 여전히 11월로 기억된다. 그러나 제네바에서 돌아와 2004년의 묵은 달력을 펴보니, "8월 24일 오후 3시 김경득 변호사"라고 또렷이 메모되어 있다. 그렇다면 11월이 아니라 8월에 처음 만난 것일까, 분명치 않다.)의 어느 날 명동 로이얄 호텔 로비에서 처음 만나 근처 만두집에 가 김변호사가 사 주는 만두를 저녁삼아 먹은 것 같다. 한국의 민주주의 발전과 외국인의 권리에 대해 얘기해 달라는 김변호사의 부탁으로 (화교를 포함한) 이주노동자 문제를 정리하여 얼마 후 김변호사에게 이메일로 보냈다. 그 뒤 김변호사의 초청으로 일본에 가 그가 마련한 토론회에서 발표를 했다. 발표 당일은 일요일(앞서의 2004년 달력에 그 일요일이 11월 7일로 표시되어 있다) 인데도 청중이 꽤 많았다. 무료가 아니고 주최 측에서 요구하는 일정한 참가비를 내야 하는데도 그렇게 많은 사람이 온 것이 인상적이었다. 장소 이름은 잊었으나 넓은 강당이 꽉 찼다. 신문기자들도 와 취재를 하고 다음날 기사화되었다.

당시 김변호사가 주도한 그 토론회는 일본에서 거주하는 (재일동포를 포함하는) 외국인들의 지방자치 참정권을 보장해 달라는 것이었다. 김변호사의 주요 활동 내용과 그 행사의 취지를 잘 모르고 있었기에 이주 노동자의 노동권 문제를 위주로 간단히 정리하여 보낸 원고는 결과적으로 과녁을 빗나간 화살이 되었다. 더욱이 다소 바쁜 일과의 틈을 내어 급하게 자료를 일별하고 원고를 작성하느라 잘못 쓴 부분이 있어 그 주제의 '전문가'인 김변호사로부터 원고의 일부를 다시 검토해 달라는 요청을 받았다. 같이 참가한 서울대 정인섭 교수로에게서도 다른 부분에서 좀 확인을 요한다는 조언을 들었다. 쉽게 거절을 못하는 성품 때문에 무심코 일을 맡아 낭패를 보는 일이 한두번이 아닌데, 그때도 그랬다. 김경득 변호사로부터 민변에 토론회 참석 요청이 왔는데 마땅히 만나게 할 사람이 없다, 그러니 일본에 간 경험이 좀 있는 변호사로서 대신 만나 토론회 일을 도와주었으면 한다는 부탁으로 참가한 것이었다. 그래도 일단 맡은 이상 제대로 해야 하지 않는가.

김변호사의 기획 의도에 부응하지 못한, '2%'이상 부족한 원고 내용으로 부끄러움과 마음의 께름칙함은 잔존하였지만, 그 우연한 일본행으로 비로소 말로만 들어오던 김변호사의 면모를 약간 알게 되었다. 70년대에 일본에서 귀화를 거부하고 최초로 변호사 자격을 얻은 동포 변호사, 재일 한국인의 인권 옹호를 위해 헌신한 이력과 한국에 유학 와 한국어를 익힌 일, 초기 변호사 개업 시절의 곤궁했던 일화 등을 귀동냥했다. 그 소박한 외형과 성실하고 성의있게 일을 처리하는 모습이 좋았다. 거기에 지치지 않은 열정과 끈기, 용기가 더해 져 하모니를 이루었다. 그에 비해 열 번이 넘게 일본에 왔다갔다하면서도, 또 명색이 인권에 관여한다는 법률가의 한 사람으로서 동포를 위해 한 일이 아무것도 없지 않은가, 조작된 재일동포의 간첩 사건하나 제대로 밝혀낸 일도 없지 않은가 하는 자책감이 들었다. 머지않아, 반드시 … 하고 다짐해 보지만, 착수는 쉽게 되지 않고 이렇다할 성과도 없다.

그 발표에 이어 그 후 명동의 로이얄 호텔에서 (기억이 틀리지 않는다면) 민단이 주최한 행사에서 그를 다시 만났다. 그 호텔에 가득 모인 민단의 사람들을 보고 그동안 일본에서 그를 만나 볼 기회가 없었던 이유를 어렴풋이 짐작할 수 있었다. 그는 그동안 일본에서 민변의 변호사들이 종종 만나 온 사람들 — 재일 동포, 일본인 시민운동가, 변호사들 — 의 한 카테고리 밖에 있었던 것 같다. 그 카테고리 속에 민단의 인사들은 아쉽게도 속해 있지 않았다. 그 카테고리의 지나친 의식과 구별은 종종 알게 모르게 서로에게 거리를 두는 경직된 태도로 나타났을 것이다. 또 카테고리를 뛰어 넘어 카테고리 보다는 사람들 사이의 연대를 중시하는 일을 무색하게 했을지 모른다. 김경득 변호사는 아마도 민단의 인사들과 더불어 또는 민단에서 어떤 지위를 가지고 일을 했어도 (또는 민단이 아닌 다른 어떤 이름의 카테고리에 속했어도) 그 울타리 자체가 그의 목적은 아니었을 것 같다. 그는 보다 높은 이상에 불타 있었을 것이 틀림없다. 그가 사무실 운영에 힘들어하면서도 변호사 일을 하면서 구현하고자 했던 꿈을 그가 생래적으로 가진 또는 후천적으로 속하게 된 민족이나 조직을 뛰어 넘는 어떤 것으로 상정한다면 지나친 일일까. 그 명목과 관계없이 그가 추구한 궁극적인 목표는 보다 보편적인 정의감 또는 올바름이 아니었을까. 그래서 여러 계층의 많은 일본인들이 기꺼이 그를 돕고 그가 하는 운동에 동참한 것이 아니었을까. 그 열정이 이른 나이부터 그의 삶을 거대한 차별의 벽과 싸우게 했을 것이다. 그 작은 육체로부터 솟구쳐 나오는 힘이 주변을 감동시켜 마침내 차별의 거대한 벽들을 차례차례 허물어뜨리게 했을 것이다. 그러나 동시에 그렇게 함으로써 그가 받은 이 지상의 생명의 몫은 때 이르게 다소진되었던 것 같다. 그는 어두운 시대를 살면서 한국 사회의 민주주의와 인권 운동에 투신하다 그보다 이른 나이에－역시 암으로－유명을 달리한 조영래 변호사와 황인철 변호사를 연상하게 한다.

김경득 변호사는 명동에서의 행사 후 국회에 가 의원들을 만나 한국에 거주하는 외국인에게 지방 참정권을 인정해 달라는 로비를 한다고 하였다. 그의 노력에 힘입어 그 후 한국은 영주 외국인에게 지방자치 참정권을 허용하는 법안을 통과시켰다. 일본은 아직 거기에 이르지는 못하였다. 그는 한국에서의 승리를 발판 삼아 일본에서도 머지 않아 정주 외국인에게 지방 참정권을 허용하는 입법안을 반드시 통과시키게 할 것 같았다. 일본에서의 토론회 후 일본을 떠나기 전에 그와 그를 돕는 일본인 교수 등을 따라 일본 국회에 가 의원들을 만나며 로비하는 과정에서 그런 확신이 들었다. 그리고 한국으로 돌아 오면서 이제부터 김경득 변호사에 대하여 좀 더 자세히 알아 보아야 하겠다고 생각했다. 그러나 게으름 탓으로 그 진전은 더디었다.

그러다가 일년 남짓 뒤의 어느 날 돌연 그의 부음을 들었다. 인명은 재천이라더니 그렇게 건강한 사람이 왜 갑자기 하는 충격과 의문이 가셔지지 않았다. 황망한 마음으로 참석한 추모제에서 평소 잘 알고 있는 경수근 변호사를 만나 그로부터 김경득 변호사가 이미 치루어 낸 깊은 병－암의 재발－의 내력을 들었다. 부인을 비롯한 자녀들의 슬픔과 그러나 존경하고 사랑했던 남편이자 아버지의 죽음 앞에서 그 유지를 소중하게 가꾸어 가고자 하는 조용한 결의를 읽을 수 있었다. 민변의 대표 자격으로 몇마디 조사를 읽고 그 자리를 나섰다. 장례식장에서 김변호사의 두 딸이 연주하던 피아노와 클라리넷 소리가 여운으로 귓가에 맴돌았다. 김변호사의 장남은 부친이 입학에 실패한 동경대 법학과에 다닌다고 했다.

2006년 8월부터 6개월간 일본에 있었다. 아마도 이 글을 쓰던 때와 같은 늦가을의 어느 날이었던 것 같다. 잘 아는 재일동포 한 분과 이런 저런 얘기를 하다가 김경득 변호사 말이 나왔다. 그 분 얘기가 김변호사 아들이 이번에 일본 사법시험 합격을 했다고 하였다. 아버지가 살아 계셨다면 좋았을 것을, 두 사람의 입에서 중창이라도 하듯이 같은 말이 나왔다. 아버지 덕에 김변호사의 아들은 일본의 변호사가 되기 위한 투쟁을 면제받았다. 김변호사 아들이 어떤 법률가가 될 지는 모른다. 그러나 그가 무엇을 하던 아버지의 법률가로서의 실력과 참된 성품, 아버지가 품어 온 휴매니즘의 후광 속에서 성장해 나갈 것이다.

제네바에 갈 때는 일본의 헌 책방에서 우연히 발견하여 구입한 김변호사가 저술한 책과 집에 있던 김변호사의 다른 책 한 권을 가방에 넣어 가지고 갔다. 시간이 나는대로 책을 읽어 김변호사에게 지고 있는 부채의 실상이 무언가를 생각해 보고자 함이었다. 그러나 책은 결국 다 읽지 못하고 돌아 왔다. 이 짧은 글을 쓰는 순간에도 김변호사가 생전에 나누고자 했던 재일동포들의 고난과 고단한 삶이 생각난다. 그들에 대한 생각을 잃어서는 안된다는 것, 너의 위치가 어디에 있던 그들을 위해 무언가를 해야한다는 것, 그것이 그가 남겨준 부채였을까. 그의 명복을 빈다.

16. 미나미오사와

정 미 화(변호사, 법무법인 남산)

김경득 변호사는 1991년 여름 무렵 미나미오사와에 마련한 2층짜리의 소박한 타운하우스에서 5명의 가족이 함께 생활하고 있었다. 미나미오사와는 동경교외의 신흥주거지역으로 서울로 따지면 부천이나 광명과 같은 베드타운이었다. 좁은 동경시내와는 달리 상당한 녹지도 확보되어 있고 역에서 주택단지를 따라 보행자를 위한 보도와 자전거 전용도로가 정겹게 배치되어 있었다. 나는 당시 일본의 자유법조단과 세계민주주의법률가회의가 공동으로 개최한 아시아지역 회의에 참여하고 있었다. 농업에 관한 주제발표를 한 후 김변호사와 연락이 닿았다. 그는 내가 재일동포의 법적지위와 관련된 그의 일상과 법률업무수행에 관심이 많은 것을 알고 자신의 사무실과 자택을 방문하여 줄 것을 제안하였다. 잠시라도 함께 지내며 마음을 나누면 모든 것을 알 수 있다는 것이 그의 지론이었다. 자신의 일상사를 보여 줌으로써 백 마디의 말을 대신하는 그의 진솔함이 마음에 크게 다가왔다. 그리하여 회의 마지막 날 황인철 변호사님께 양해를 구하고 일정을 쪼개어 신주쿠에 있는 그의 사무실을 찾아갔다.

김변호사가 신주쿠역에서 기다리기로 했는데, 역에서 내려 그를 찾기는 쉽지 않았다. 그는 특별히 표가 나는 사람이 아니었다. 순박한 동네 아저씨와 같은 용모에다 가늘고 맑은 눈초리를 가지고 있어 재일한국인의 차별금지를 위한 험난한 투쟁을 하는 강력한 투사의 이미지와는 차이가 있었다. 웃으며 다가오는 그의 눈가에 보기 좋은 주름이 생겨났다. 말할 때도 계속 웃음을 머금었기 때문에 눈가의 주름이 사라지지 않았다. 이 웃음과 주름은 그가 투병으로 힘들던 훗날에도 없어지지 않았던 그의 천성이었다. 반갑게 악수를 나누고는 대뜸 등을 돌려 그의 사무실로 나를 안내했다. 간결하고 요점을 찌르는 그의 평소의 자세가 그대로 묻어나는 행동이었다. 그의 사무실도 그의 성품대로 꾸며져 있었다. 길가의 고만고만한 건물의 20평 남짓한 공간에 법률업무만을 위한 사무공간이 마련해 놓았다. 창가에는 고객을 위한 대기의자가 있고, 변호사용 공간은 별도의 칸막이 없이 서가로 구획되어 있었다. 서가 틈으로 변호사용 공간을 들어가 보니 벽면마다 책상이 놓여져 있고 변호사들이 책상마다 벽면을 향하여 앉아 작업을 하도록 되어 있었다. 마치 90년대 당시의 NGO 사무실의 분위기와 같은 모습이었다.

김변호사는 옆 책상의 의자를 끌어와 나를 앉힌 다음 자신의 책상에 있는 의자에 비스듬히 걸쳐 앉아 자신의 업무와 사무실 현황을 소개하였다. 자신이 지금 앉아 있는 자세가 고객과 상담을 할 때의 자세라고 하면서 이렇게 일을 하면 고객도 편안해 하고 자신의 업무능률도 오른다고 하였다. 또, 옆의 책상은 자신과 함께 일을 하는 변호사의 것인데, 사법연수소를 수료한 후배 변호사에게 자리를 주어 2~3년 함께 일하고 독립을 시키는 일본의 전통에 따라 후배 변호사들과 공동으로 일을 하도록 하고 있다고 설명하였다. 한국과 같은 사무장은 없고 여직원이 타이핑을 하거나 전화를 받는 등의 연락업무를 담당하며, 운전사가 딸린 자동차를 사용하는 변호사도 찾아보기 힘들다고 하였다. 또, 경력이 있는 변호사의 경제적 수준은 회사의 중역 정도이고, 대부분은 법률전문가로서 자부심을 가지고 법률업무를 수행하는 것으로 모든 것이 보상되는 것으로 생각하고 있다고 말해 주었다. 변호사가 수십 건의 사건을 동시에 진행하며 이 법정 저 법정을 찾아다니는 일은 상상하기 힘들다면서 소송 사건은 많지 않고 형사 사건은 대부분 국선을 통해서 해결하며 주당 1회 정도 법정기일이 있고 사건의 상당부분은 합의를 통하여 해결된다고 설명하였다. 당시 그는 재일동포의 상속에 관한 준거법 문제를 처리하고 있었고, 지문날인 문제, 참정권 문제, 전후 보상문제 등에 관하여 다양한 조사와 법적 대응을 준비하고 있었다. 조용하고 확신에 찬 실무적인 조사와 군더더기 없는 업무처리방법이 그의 설명을 통하여 드러났다.

김변호사는 자신의 법률사무소를 '우리 법률사무소'라고 이름을 지은 것에 대하여 상당한 소회를 갖고 있었다. 우리를 일본어로 표기하면 참외라는 뜻이 되어 법률사무소의 명칭으로는 적당하지 않은 것처럼 보이지만 이는 순 우리말로서 '우리 집사람', '우리 가족' 등과 같이 관계를 같이 하는 공동체라는 소중한 의미를 갖고 있을 뿐 아니라 집단이나 둥지 등을 말하는 터전의 뜻도 함께 하고 있는 것이므로 재일한국인 공동체를 위한 법률사무소로서는 그 의미가 매우 깊다고 하였다. 그는 이 법률사무소가 자신만의 것이 아니라 한국인 공동체를 위한 인권의 터전이 되기를 원하였던 것이다. 김변호사의 법률사무소에서 업무내용에 관한 상세한 설명을 듣고 우리 민변 변호사들이 서울에서 개설하여 운영하고 있던 법률사무소와 유사한 점이 상당하다는 느낌을 받았다. 우리는 당시 시국변론이나 노동사건 등으로 인하여 몹시 지쳐 있던 상황이라 사건의 건수가 많지 않은 일본의 경우와는 차이가 있었지만 소박한 사무실의 운영이라든지 전철로 출퇴근을 하며 경제적 만족보다는 법률 전문가로서의 사회적 존재에 더 큰 의의를 두고 생활하던 것 등은 크게 다르지 않았다. 앞으로 법률문화가 더 성숙해 지면 소송보다는 법률사무 그 자체를 맡아 처리하면서 사회적으로 의미가 있는 법률활동을 할 수 있을 것이라는 희망을 가지고 김변호사의 설명을 경청하였다.

6시가 되어 사무실을 나섰다. 미나미오사와에 있는 김변호사의 집으로 가기 위해서다. 1시간 정도 전철을 타고 가며 일본에서 한국국적으로 변호사 업무를 하는 것에 관한 이야기를 들었다. 퇴근길의 JR선의 전철은 통근자들로 붐볐다. 김변호사가 전철의 손잡이에 의지한 채 재수시절, 와세다 대학진학과 사법시험 응시의 동기, 한국국적을 유지한 채 사법연수소에 들어가기로 결심한 동기 등에 관하여 얘기를 하던 때가 바로 엊그제인 것처럼 기억에 새롭다. 전철의 주변에 많은 사람이 있었겠지만 김변호사의 얘기에 몰입해 있던 차에 어느덧 미나미오사와 역에 내리게 되었고 육교를 건너 녹지가 우거진 마을 안에 있던 김변호사의 타운하우스에 도착하였다.

김변호사의 집은 김변호사가 일본에서 한국인으로 살아가는 모든 열정과 소망이 실현되는 장소였다. 서울에서 결혼한 손영란 여사와 창호, 미사, 유미의 3명의 자녀가 한국식으로 생활하고 있었다. 손님이 오셨다면서 아이들을 일일이 소개를 해 주었다. 한국식 예절이 몸에 밴 느낌이었다. 아이들은 집에서 아버지와 스스럼없이 어울리는 것 같았다. 창호를 안고 뺨을 부비던 광경이 자연스럽게 눈에 들어왔다. 김변호사는 동경까지 매일 출퇴근하며 일하고 집에 올 때는 일거리를 가지고 오지 않는 것을 원칙으로 삼고 있었다. 자상하게 아들을 대하면서도 훈육에는 절도가 있었다. 5분 정도의 환영 및 소개절차가 끝나고 김변호사는 아이들에게 제 방에 가도록 말하자 아이들은 당연한 듯이 손여사를 따라 각자의 방으로 들어갔다. 손여사는 우리가 온다는 연락을 받고 풍성한 저녁을 준비하였다. 김변호사의 식성을 고려하여 흰 쌀밥과 야채 그리고 생선으로 이루어진 훌륭한 식탁이었다. 정갈한 손여사의 음식솜씨에 감탄을 하자 손여사는 솜씨는 달라진 것이 없는데 일본의 야채가 달고 식자재가 싱싱해서 그런 것이라고 겸손해 하였다. 손여사가 일본에 와서 보니 시장에서 파는 야채와 과일이 대부분 싱싱하고 달아서 속이 상할 정도였다고 한다. 한국의 풋풋한 농산물과 일본의 잘 관리된 농산물의 차이가 적지 않은 현실을 절감하는 말이었다. 저녁상을 물린 후 차를 마시며 손여사의 일본생활에 관한 이야기를 들었다. 김변호사가 자라면서 받았던 차별은 표면적인 차별은 아이들에게는 없는 것처럼 보였다. 김변호사가 이름이 알려진 법률가이기도 하였지만 손여사가 아이들을 위해 사친회 활동을 하는 등으로 헌신적인 뒷바라지를 한 것도 중요한 원인이 된 것처럼 보여졌다. 손여사는 일본인 학부모들이 편하게 대해주기는 하지만 때에 따라서는 속내를 알 수 없는 경우가 많다면서 어려움을 토로하였다. 미나미오사와의 후덥지근한 날씨 속에 김변호사 부부와 대화를 하며 보냈던 그 시간은 외국경험이 처음인 나에게 평생의 기억으로 남아있다.

김변호사는 잠시 집을 둘러보도록 한 다음 목욕준비를 해 주었다. 일본의 여름날씨는 후덥지근하기 때문에 손님에게 목욕준비를 해 주는 것이 예의라고 하여 편안한 마음으로 일본식 욕조에서 피곤을 풀었다. 목욕 후 손여사가 마련해 준 침소에서 잠을 청하려 하는데 목욕탕에서 분주한 소리가 들렸다. 아침에 물어보니 손님이 목욕한 후 집안의 사람들이 차례차례 그 물을 사용하여 목욕하도록 하였다는 것이다. 일본에서는 물을 아끼려는 실용적인 생각에서 흔히 그렇게 하고 있으며, 김변호사의 고향에서도 그렇게 한단다. 그러나 김변호사가 나에게 먼저 목욕을 시키고 자신과 가족들이 그 물을 순차적으로 사용하도록 한 것은 한국에서 온 후배변호사와의 일체감을 간접적으로 표시한 것이라는 것이 내 생각이다. 미나미오사와의 밤잠은 적막 속에서 이루어졌다. 담담한 삼나무 냄새가 나는 방에서 정갈한 침구를 덮고 잠을 이루기 위하여 시계를 보니 10시경이었다. 김변호사는 새벽형 인간의 전형 같았다. 저녁 10시에 소등을 하고 자리에 들고 아침 일찍 일어나 전철로 출근을 해야 하기 때문에 그렇기도 하였으나 어릴 때부터 계속하여 새벽형으로 살아왔다고 하였다. 새벽에 일어나 하루의 일과를 점검하고 준비된 상태에서 생활을 시작하는 김변호사의 모습에서 내가 살던 당진의 농부의 냄새가 묻어 나왔다. 손여사는 아침으로 나물무침과 일본식 청국장(낫또)을 준비해 주었다. 김변호사는 일본식 청국장을 권하며 자신이 먼저 시범을 보였다. 젓가락으로 낫또의 콩을 뒤져어 뭉친 후 한 조각을 떼어내면 실같은 끈적이가 묻어 나오는데 그것을 빙빙 돌려 정리한 후 입으로 넣어 주었다. 처음 보는 것이라 그대로 따라 해 보았는데 잘 되지 않았다. 김변호사는 그런 나를 보더니 빙그레 웃으면서 낫또는 일본에서 드러나는 일본인의 특성을 설명해 주었다. 일본인 들은 낫또처럼 실타래와 같이 얽힌 조직 사회에서 살고, 청국장과 같은 냄새가 없는 대신 담백하고 끈질기게 자신과의 접촉면에서 관계를 이어간다는 것이다. 설명을 듣고 보니 그런 것 같았다.

16년 전의 일이 이렇게 생생하게 기억나는 것은 김변호사를 만나 미나미오사와에 갔던 그 때의 일이 강력하게 머리에 각인되어 있기 때문이다. 그 때의 기억은 사회운동을 하는 변호사의 자세가 어떠해야 하는지를 항상 생각하게 해 주었다. 김변호사가 타계하기 전 마지막으로 한국에 왔을 때 그를 만났다. 평온하고 담담한 모습이었다. 나는 김변호사를 보며 무엇이 그를 이렇게 평안하게 하는지 자문하였다. 아마 그의 천성 때문이었을 것이다. 순간 순간 최선을 다하여 살았기 때문에 지나온 삶에 별다른 후회가 없었을 것이다. 하늘이 부르면 부르는 대로 순

응하기로 한 그의 자세는 이미 이생의 삶을 달관하고 있었다. 상대방이 편안하도록 실무적으로 배려해 주고 소모적인 감상에 빠지지 않도록 해 주는 그의 능력이 이 번에도 여지없이 발휘되었다. 마지막 만남이 있던 날의 저녁도 미나미오사와의 저녁처럼 후덥지근하게 내려앉아 있었다.

17. 체구는 '모스키토급', 불굴의 의지는 '슈퍼 헤비급'이던 당찬 사나이

조 양 욱(일본문화연구소장)

텔레비전 밤 뉴스가 막 끝났다. 설악산의 단풍이 대청봉 아래로 내려오기 시작했단다. 전화가 걸려왔다. 문자판에 숫자가 많을 걸 보니 발신지가 외국인 모양이다. 어딜까? 전화를 받고 나는 나도 모르게 고개가 숙여졌다.

전화는 일본에서 걸려왔다. 전화를 건 분은 김경득 변호사의 부인이신 손영란 여사였다. 정말 오랜만에 손여사의 목소리를 들으며 내 고개가 절로 숙여진 까닭은 지은 죄가 있었던 탓이다. 나는 김 변호사의 별세 소식을 듣고도 위로의 말씀조차 드리지 못했다. 또 나중에 도쿄에서 추모 모임이 열린다는 소식을 아는 이를 통해서 들었으나, 그 자리에도 함께 할 수 없었다. 마음은 한달음에 현해탄을 건너려 들었으나, 내 개인 사정이 발목을 꽁꽁 묶고 놓아주지 않았다. 하지만 이제 와서 이런 변명이 다 무슨 소용 있으랴!

다행히 손 여사의 음성은 예전 그대로 무척 밝았다. 도쿄대학 법학부에 재학 중이던 큰아들 창호가 벌써 사법시험을 패스하고 변호사 수습을 받고 있다는 이야기가 무엇보다 반가웠다. 손여사는 아마도 김 변호사의 수첩에서 내 전화번호를 찾아낸 모양이었다. 우리 가족의 안부까지 묻고 난 뒤, 한국에서 김 변호사의 지인들이 추도문집을 만드는데 나도 좀 거들어주었으면 했다. 이야말로 불감청(不敢請)이언정 고소원(固所願), 이제야 내 마음의 빚을 조금이나마 덜 수 있을 성 싶었다.

그러고 보니 김 변호사와 마지막으로 통화했을 때에도 설악산이 화제에 올랐다는 생각이 얼핏 뇌리를 스쳤다. 어느 날 김 변호사가 나에게 대청봉으로 오르는 최단 코스를 알려달라고 했었고, 내가 되묻자 "창호와 함께 산행을 할까 해서 …"라고 하셨다. 앞으로 어차피 일본이 주 활동무대가 될 수밖에 없는 아들, 그 아들의 가슴에 조국의 멋진 산하를 심어주려는 김 변호사의 깊은 뜻, 나는 내심 그 도타운 부정(父情)을 곰곰 헤아려 보았었다.

자, 이제 내 기억의 태엽을 과거로 돌려 김 변호사를 처음 만났던 그 언저리로 돌아가야겠다. 언제였을까? 어르신들한테 야단맞을 소리지만, 나이 탓인지 요즈음에 와서 부쩍 기억력 감퇴를 절감한다. 1980년대 초반이었던 것 같다. 박정희 대통령 시해사건과 그 이후 꼬리를 문 대사건들이 얼추 잠잠해진 무렵이었다. 일본 교도통신(共同通信)의 햇병아리 기자 신분으로 그 어마어마한 사건을 좇느라 정신 차릴 겨를도 없이 보낸 뒤의 어느 날, 김 변호사가 교도통신 서울지국의 문을 열고 들어섰다.

이 역시 기억력 감퇴와 연관이 있으되, 당시 김 변호사가 무슨 일로 왔던지 도통 떠오르지 않는다. 아무튼 당시 김 변호사는 한국말을 익히려 서울에 와 있었고, 나중에는 삼성그룹의 고문 변호사란 직함도 가졌었지 싶다. 물론 우리는 처음 만난 터여서 김 변호사가 나를 알리 만무했다. 하지만 나는 김 변호사를 잘 알고 있었다. 어떻게?

그 무렵 김 변호사는 이미 한국에서 유명 인사였다. 한국 매스컴을 통해 그의 사연이 대문짝만 하게 보도되었기 때문이다. 그 이야기를 훗날 나는 더 자세하게 김 변호사로부터 듣고 나서 졸저 『일본 리포트』(청한문화사, 1991년 8월)에다 이렇게 썼다.(발췌 요약)

"… 재일동포 2세로 출생한 소년 김경득의 성장기는 찢어지게 가난한 살림과, 일본인들로부터 쏟아진 차별과 냉소에 대한 처절한 투쟁의 연속이었다. 그 무렵 대다수의 재일동포들이 그랬던 것처럼 말이다. 태어나 자란 와카야마(和歌山)에서 고교를 마치고 도쿄로 올라와 사립명문 와세다(早稲田)대학 법학부에 입학, 1972년 졸업했다. 흥미로운 사실은 그가 그 모스키토(mosquito)급 체구로 대학 복싱선수로 뛰었다는 점이다.

'공식 시합에도 10번쯤 출전했는데, 케이오 승 아니면 케이오 패였다. 그러나 같은 급수한테는 지지 않았다.'

언젠가 그가 나에게 살짝 털어놓은 이야기였다. 필경은 이 대학시절부터 그의 뇌리에서 슬금슬금 민족이 자리 잡기 시작했고, 상대 선수를 향한 주먹에 차별과 냉대에 대한 울분이 실렸음이 분명하다. 그러니 죽기 아니면 까무러치기, 케이오로 승패가 나뉠 수밖에 없었으리라.

'대학졸업을 앞두고 취직을 하려고 학내 취업상담소를 찾아갔다. 신문기자가 되고 싶다고 했더니 담당 직원이 설레설레 고개를 저었다. 어림없는 꿈이라는 거였다. 1부 상장기업조차도 안 된다더라. 이유야 뻔했다. 한국인이었기 때문이다. 그러면서 이 양반이 두툼한 노트 한 권을 가져와 이름을 기입해두라고 했다. 무언가 했더니 신체장애자 등 정상 취업이 불가능한 학생들의 명부였다. 집어치워버렸다.'

말인즉슨 '재일한국인=신체장애자'였던 꼴이다. 그것은 비단 그 당시뿐 아니라 지금까지 남아 있는 일본사회의 보편적 인식이다. 어쨌거나 그런 모멸 속에 상담실을 나서는 순간 '인간 김경득'은 조금 전까지와는 판이한 사람으로 바뀌어 있었다. …"

일반 직장에의 취직은 아예 단념한 채 우유배달, 공사판 인부 등 막일을 하며 세운 목표가 사법고시 패스. 그는 이렇게 회상했다.

"그때까지 한국인은 말할 것이 없고 단 한 명의 외국인도 일본 사법고시를 패스한 사람이 없다는 사실은 잘 알고 있었다. 아니, 사법고시에는 합격했으되 일본인으로 귀화한 다음에야 사법연수원에 입소한 사람은 몇몇 있었다. 그렇지만 나는 떳떳이 한국 국적을 지닌 채 변호사가 되리라 결심했다. 무모한 모험일지는 몰랐지만 당시 나로서는 그것밖에 길이 없었다.'

광복 후 30여 년에 걸친 재일동포 차별사(史)에 하나의 상징적 사건이 발생하는 순간이었다. 그로부터 4년 뒤인 1976년, 그는 보란 듯이 어렵고 어려운 일본 사시에 합격했다. 연수원 입소를 위해 서류를 내밀자 당연히 퇴짜를 맞았다. 일본국적을 취득하라는 것이었다.

이 부분부터는 이제 웬만한 한국인들이 다 안다. 그는 차별의 벽과 싸우기 위해 우리나라의 대법원 격인 최고재판소에 이의를 제기했고, 결판이 날 때까지 생계를 위해 모교 와세다대학의 청소부로 일했다. 일말의 양심 탓이었든지, 혹은 세월의 변화 덕이었든지 최고재판소는 그의 편을 들었다. 이로써 그는 일본 사법부가 쌓아놓은 두터운 차별의 벽을 허문 최초의 외국인, 최초의 한국인이 되었다. …"

아무튼 나는 빗자루를 들고 와세다대학 교정에 선 김 변호사의 모습을 신문에서 보아 알고 있었다. 비록 체구는 모스키토급일망정 불굴의 의지는 슈퍼 헤비급을 능가하는 당찬 사나이, 나는 그와 만나게 된 것이 무척 기뻤다. 아전인수의 해석이라고 핀잔을 주어도 어쩔 수 없지만, 김 변호사 역시 나를 나쁘게 보지는 않았던 모양이다. 이후 우리는 틈이 날 때마다 만나 한국과 일본, 그리고 재일동포에 관해 이런저런 이야기를 나누었다. 김 변호사가 '장군의 따님'이신 모국 처녀를 배필로 맞은 뒤에는 함께 처가댁으로 놀러가 어른들께 인사를 드리기도 했다.

내가 교도통신을 그만두고 잠시 월간잡지 '마당'에서 일하던 어느 날, 나는 김 변호사와 더불어 지방 취재여행을 떠났다. 1982년 여름의 일이었다. 대구에 있던 중소(中蘇) 이산가족회란 단체를 찾아갔다. 그곳에서는 사할린 동포들과 본국에 있는 가족들을 연결시켜주는 일을 하고 있었다. 국교가 수립된 지금이야 러시아 어디라도 못갈 곳이 없다지만, 당시에는 달랐다. 사할린은 기후로 보나 심정적으로 따지나 이래저래 동토의 땅 그 자체였다.

징용, 혹은 떼돈을 벌 수 있다는 사탕발림에 속아 머나먼 오지에 끌려갔던 동포들. 일본이 패전했건만 광복된 조국으로 돌아오지 못하고 버려진 동포들. 그들은 간신히 들려오는 KBS 라디오의 국제방송을 들으며 눈물의 편지를 적었고, 그 편지를 사할린에서 어렵사리 벗어난 한 재일동포가 일본에서 받아 한국의 중소 이산가족회로 보내주었다. 김 변호사의 귀띔으로 그곳을 알게 된 나는 기왕이면 동행하자며 소매를 잡아끌어 대구로 달려가 온갖 눈물겨운 사연들을 취재했다. 그리고는 '기왕 여기까지 온 김에 …'하고 또 김 변호사를 꼬드겨 부산에 있던 내 본가로 내려가 하룻밤을 같이 묵은 다음 서울로 돌아왔다.

내가 다시 김 변호사와 수시로 이마를 맞대게 된 것은 1988년부터였다. 이제는 무대가 바뀌어 일본 땅 도쿄였다. 서울올림픽이 끝나자마자 나는 새로 창간하는 국내 일간신문의 초대 도쿄특파원 신분으로 일본행 비행기에 올랐다. 지금은 다소 나아졌는지 모르나 당시만 해도 도쿄는 말만 국제도시였지 속을 들여다보면 전혀 국제도시 같지 않은 구석이 더러 있었다. 외국인에게는 집이나 사무실을 잘 빌려주지 않는 것도 그랬다.

다행히 나는 내 친구인 교도통신 본사의 일본인 기자가 보증을 서주어 쉽게 집을 구했다. 사무실은 김 변호사가 일부러 나와 함께 여러 군데 복덕방을 돌아다녀 주었다. '우리법률사무소 소장 / 변호사 김경득'이라는 명함은 그들에게도 잘 먹혔다. 그런 과정을 거쳐 구한 특파원 사무실이 김 변호사의 우리법률사무소와 걸어서 5, 6분 거리에 있었다.

그러니 우리의 만남은 잦아질 수밖에 없었다. 서로 점심 약속이 없는 날이면 김 변호사가 인근 맛집을 나에게 소개해주었다. 요쓰야(四谷) 3정목(丁目) 인근의 초밥가게 야치요(八千代), 샤브샤브 전문점 만세이(万世) 등이 그랬다. 특히 다다미가 깔린 일본 전통가옥에다, 기모노를 입은 여인들이 서브해주던 만세이는 서울에서 손님이 올라치면 눈요기시키는 단골 코스가 되었다. 내가 하도 선전하는 바람에 도쿄 주재 한국특파원단의 송별 모임 장소로도 가끔 이용했다.

언젠가는 김 변호사가 새로 장만한 교외의 아담한 집으로 나를 초대해준 적이 있었다. 조그만 뜰이 딸려 있었는데, 거기서 바비큐를 해먹으면 기가 막힌다고 김 변호사가 그전부터 은근히 자랑했었다. 일본인들의 집으로 초대를 받으면 사실 약간 부담이 느껴지곤 한다. 하지만 김 변호사는 전혀 그럴 염려가 없으니 나는 냉큼 초대에 응했다. 내가 글머리에 적은 김 변호사의 큰아들 창호를 처음 본 것도 이때였다. 창호가 코흘리개를 갓 면했을 무렵이었으리라.

나는 일본 생활을 시작하면서 김 변호사와 손잡고 하나의 빅 프로젝트(!)를 꾸몄다. 그것이 재단법인이 되었든 사단법인이 되었든, 일본을 연구하는 민간 싱크탱크를 설립하자는 당찬 꿈이었다. 뜻있는 재일동포 젊은이는 김 변호사가 모으고, 지일(知日)을 궁리하는 한국의 젊은이는 내가 규합하기로 했다. 그리고 김 변호사에게는 한 개의 과제가 더 얹어졌다. 만약 누군가가 나서서 재정적인 후원자가 되어 준다면, 한국의 부자보다는 재일동포 1세인 사업가가 안성맞춤이지 싶었다. 차별의 서러움을 겪으면서 악착같이 돈을 모았고, 그 돈을 희사하여 '극복해야할 대상 일본'을 연구하는데 보탠다면 그보다 값진 일이 없을 것으로 여겨졌던 것이다. 바로 그런 독지가 찾는 일까지 김 변호사에게 기대지 않을 수 없었다.

한 번은 이런 일이 있었다. 주일 한국대사관은 해마다 개천절이면 성대한 연회를 개최한다. 원래 다른 나라에 나가 있는 한국대사관은 광복절에 하는데, 일본은 8월 15일이 패전일이라 그 날을 피하여 10월 3일에 연다고 했다. 도쿄 시내 최고급 호텔에서 열리는 이 파티에는 일본 정재계 인사, 도쿄에 주재하는 각국 외교사절, 재일동포 VIP들이 초청되었다. 모르긴 해도 우리들 언론사 특파원들이야 양념삼아 불러준 것이리라.

본시 나는 사람 많이 모이는 자리를 기피한다. 단 기사거리가 되는 경우만 예외다. 연례행사인 개천절 파티는 뉴스가 될 리 없었다. 그런데 김 변호사가 꼭 함께 가자면서 의미심장한 미소를 던졌다. 혹시 우리가 도모하는 빅 프로젝트에 보탬이 될 만한 인사들이 오는 것이 아닐까?

파티장인 데이코쿠(帝國)호텔은 수많은 초청객으로 붐볐다. 나는 아는 이와 마주치면 건성으로 눈인사나 나누면서 왔다 갔다 했다. 연회가 한창 무르익어갈 무렵, 김 변호사가 나에게로 달려오더니 누구에겐가 데리고 가 인사를 시켰다. 솔직히 그 분의 첫인상은 순박한 시골농부 같았다. 옷차림도 여간 수수하지 않았고, 악수하며 맞잡은 손은 노동자처럼 투박했다. 나중에 김 변호사에게 살짝 물어보았더니 신주쿠(新宿)에 빌딩을 몇 채나 가진 재력가인데, 평소 자가용은커녕 택시도 거들떠보지 않고 지하철만 타고 다니는 검소한 분이라고 했다.

그로부터 얼마나 세월이 흘렀을까, 한국신문에 실린 하나의 기사를 읽으며 김 변호사와 나는 터져 나오는 탄식을 그치지 못했다. 그 분, 김희수 선생께서 한국의 중앙대학을 인수했다는 것이었다. 그럴 줄 알았으면, 모국에서 교육사업에 뜻을 둘 줄 진작 눈치 챘더라면, 차라리 일본에다 조총련의 조선대학에 맞설 한국대학을 세우든지, 그도 아니면 우리의 빅 프로젝트에 모셨을 텐데 … 여러 차례 그 분을 만나온 김 변호사도 까마득히 몰랐다니 어쩔 도리가 없었다.

결국 일본생활 네 해만에 나는 귀국을 결심했다. 아쉬움이야 진하게 남았지만 특파원으로서의 단조로운 일상이 성에 차지 않았다. 김 변호사와도 서울에서의 재회를 약속한 뒤 나는 미운 정 고운 정 다 든 일본을 떠나왔다. 1991년이 저물어가던 12월 중순이었다.

내가 귀국한지 얼마지 않아 김 변호사가 연락을 해왔다. 재일동포들로부터 수임하는 사건 가운데 한국 법정에서 처리해야 할 게 많으니 믿음직한 한국 변호사를 한 명 추천해달라는 부탁이었다. 나는 두말없이 내 친구 권영훈 변호사를 소개했다. 권 변호사는 서울법대를 나와 사시를 패스한 뒤 미국의 명문 유펜에서 박사학위를 취득했다. 그로부터 김 변호사가 소송과 관련하여 서울에 오면 종종 우리 셋이 만나 저녁을 먹곤 했다. 물론 그렇지 않은 경우, 예컨대 재일동포의 법적 지위를 다루는 심포지엄 등 회의 참석으로 서울에 올 때도 김 변호사는 바쁜 틈을 타 내게 연락을 해주었다. 도저히 만날 짬을 내지 못할 경우에도 전화 한 통화로나마 안부를 묻곤 했다.

나는 지난 4, 5년 동안 도쿄에 간 적이 없다. 이상하게 갈 일이 생기지 않았다. 매년 연말이면 조선일보가 주최하는 '일본 속의 한민족사 탐방'에 연사 자격으로 참여하여 일본 중남부 지방을 다녀오는 게 고작이었다. 그렇지만 초중고 교사 4백 명을 위시하여 모두 5백 명이 넘는 인원이 이동하는지라 톱니바퀴처럼 꽉 짜인 스케줄에 따라 규슈와 오사카, 교토, 나라 등지를 훑고 다녀야했다. 나 혼자 몸을 빼어 도쿄로 올라간다는 것은 엄두조차 낼 수 없었다.

그러니 아마 그게 내가 마지막으로 도쿄에 갔을 때였으리라. 김 변호사는 나를 만나자마자 암을 무난히 물리쳤노라면서 웃었다. 우리법률사무소에서 만났는데, 나는 김 변호사의 암 정복 스토리가 얼마나 반가웠던지 눈물이 날 지경이었다. 당시 김 변호사는 나에게는 비싼 초밥 도시락을 배달시켜주면서 정작 자신은 집에서 싸온 도시락 보자기를 펼쳤다. 아내인 손여사가 김 변호사의 건강을 배려하여 정성들여 싼 도시락임을 한 눈에 알아볼 수 있었다.

평소 담배는 아예 손을 대본 적조차 없고, 술마저 불가피한 자리가 아니면 가급적 멀리하던 김 변호사. 또 비록 모스키토급이라고 했으되 복싱으로 다져진 건강한 몸매. 첫 번째 위기를 무사히 넘겼으니 이번에도 별 탈 없으리라 믿었던 그가 이리 빨리 우리 곁을 떠날 줄 누군들 상상이나 했으랴?

결코 불의를 용납하지 않겠다는 다짐처럼 빛나던 날카로운 눈초리, 그러면서도 착한 사람들은 죄다 품어줄 것처럼 피어나던 다정한 미소. 당장이라도 전화벨이 울리고 김 변호사의 이런 목소리가 들려올 것만 같다.

"조양욱 씨, 나 서울 왔어요!"

18. 동아시아 평화 공동체를 꿈꾸며

최 봉 태(변호사, 일제강점하강제동원피해
진상규명위원회 전 사무국장)

김경득 변호사님은 제가 동경에서 유학을 하던 때에 인연이 되어 자주 만났고, 많은 가르침을 받았습니다. 특히 당시 김경득 변호사님은 일본군 위안부 피해자이신 송신도 할머니 재판과 재일 동포로 전쟁 중 피해를 당한 진석일 씨 등 재판을 비롯한 많은 전후 보상 소송에서 재일 동포에 대한 일본 국내의 차별 문제와 아울러 한일청구권협정에서 재일 동포 피해자 문제가 누락이 되었다는 점을 들어 그 부당성을 적극 변론을 하였습니다. 그런 재판에 참여를 하는 과정에서 저는 변호사로서 전후 보상 문제가 가지는 의미에 대해 인식을 다시 하게 되었습니다.

이런 재판을 통해 재일 동포에 대해 새로운 시각을 가지게 되었고, 이 재일 동포들은 비록 그 동안 한일 양국간 어느 의미에서는 소외되고 잊혀져 온 존재이지만 이러한 특수한 지위에 있는 재일 동포들이야 말로 한일간에 중요한 사명을 감당할 역사적 존재임을 깨닫게 되었습니다.

그 이후 유학을 마치고 한국에 귀국을 하여 일제 피해자들의 소송에 관여하게 되었고, 진석일 씨 등의 문제점을 한국 사회에 알리기 위해 헌법 재판을 하기도 했습니다.

이 과정에서 한일청구권협정의 해석을 둘러싼 문제점을 다시 인식하게 되었고, 이러한 한일청구권협정의 문제점은 한일 양국간에 제대로 인식되어야 하고, 양국간에 의견의 일치를 보지 못한 부분에 대해서는 새로운 해결을 위해 양국 정부 특히 한국 정부가 반드시 노력하여야 한다는 것을 깨닫게 되었습니다.

김경득 변호사님을 통하여 일본의 좋은 변호사님들도 소개를 받았고 이분들을 통해 전쟁 피해자들의 인권을 보호하는 것이 한일간에 취약한 평화 인프라를 구축하고 강화하는 일이라는 것을 배우게 되었습니다.

일본 유학 초창기에 김경득 변호사님이 집에도 초청을 하여 주시어 오랜 만에 한국 음식을 잘 대접받았던 일이 갑자기 떠오릅니다.

아울러 당시 제가 유학을 하던 대학의 기숙사에서 김경득 변호사님의 처남을 만나게 되어 함께 생활한 관계로 더욱 가깝게 사적으로도 인연을 맺을 수 있었습니다.

김경득 변호사님은 항상 작은 거인으로 여겨졌습니다.

김경득 변호사님은 재일 동포 후세들의 교육 문제에도 많은 관심을 기울였고, 재일 동포들의 참정권 문제에 대해서도 나름대로 국정 참정권과 지방자치단체에 대한 참정권을 분리하여 명문과 실리 어느 쪽에도 치우치지 않는 길로 가야 한다고 강조하셨던 것이 인상에 남습니다. 아울러 이러한 지방자치단체에서 재일 동포들이 참정권을 획득하기 위해서는 한국에서 먼저 정주 외국인에 대해 참정권을 인정하여 일본에 대해 솔선수범하는 것이 효과적이라 하셨고 이를 위해 한국에서도 많은 노력을 하셨습니다.

지난 김경득 변호사님의 인연을 되돌아 보니 동아시아 공동체의 시민으로서 선구자적 이론과 실천으로 주위 사람들에게 많은 가르침을 주었다는 사실을 다시금 깨닫게 됩니다.

현재 한국에서는 일제 피해자들의 권리 주장에 장애물이 되었던 한일청구권협정을 공개하였고, 강제 동원 피해 신고를 국가적 차원에서 받아 그 피해 판정과 진상 조사를 하고 있습니다. 이러한 작업은 김경득 변호사님이 오랜 동안 일본에서 전쟁 피해자들의 인권과 정의를 위해 노력하시며 뿌린 씨앗들이 한국 사회에서 싹을 틔운 것이라 생각합니다.

한국내의 어느 한국인 보다 한국을 사랑하였고, 자신의 아이덴티티를 한국과 일본에 한정하지 않고 항상 더 큰 공동체를 지향하며 찾으셨고, 재일 동포의 역사적 사명을 잊지 않았던 김경득 변호사님.

김경득 변호사님이 살아 생전에 꿈꾸던 국적과 민족을 떠난 평화공동체를 동 아시아에 만들기 위해 인연을 맺은 사람들이 남아서 함께 노력하는 것이 김경득 변호사님의 가르침에 보답하는 길이라 믿고 있습니다.

19. 영원한 투사 김경득

최 영 호(영산대학교 교수
영산대학교 국제학연구소 소장)

필자가 개인적으로 김경득 변호사를 처음 만난 것은 1985년 겨울 즈음에 도쿄에 있는 한국 YMCA에서였던 것 같다. 그때 YMCA에는 재일동포 변호사와 일본인 시민단체 관계자들이 많이 모여들었고 인권문제와 관련하여 수많은 집회들이 열렸다. 마침 필자는 대학원 석사과정에 재학하면서 밤에 YMCA에서 아르바이트를 하고 있었기 때문에 그곳에서 열리는 각종 행사를 자주 참관할 수 있었다. 당시 재일한국인 사회에서는 지문날인 거부 운동이 한창이었던 까닭에 이 문제로 기소된 재일동포 이상호(李相鎬) 씨와 관련하여 법정 투쟁 과정을 보고하는 자리였던 것 같다. 김 변호사에 대한 첫 인상은 조그만 체구에 불구하고 강렬한 투지에 불타는 청년의 모습이었으며, 그의 보고 내용은 기억에 남지 않지만 유독 빠르고 힘찬 언설과 번뜩이는 눈초리가 지금도 기억에 생생하다.

그 후로는 매스컴과 책자를 통해 김 변호사의 활동을 접하다가, 2003년 4월 서울에서 그를 만나 재일동포의 참정권 문제에 대해 많은 이야기를 나눌 수 있게 되었다. 이때 필자는 한일민족문제학회의 임원으로서 한국정부가 제정하여 시행 중이던 재외동포법을 재일동포의 입장에서 어떻게 생각하는지 듣고자 하여 심포지엄을 개최하여 그를 발표자로 초청했다. 우리 모두 거의 20년 만에 훌쩍 나이가 들어버린 중년의 모습이 되어 해후하게 된 것이다. 숭실대에서 열린 이 모임을 위해 그에게 부탁한 발표 주제는 "재일조선인이 본 재외동포법과 향후의 과제"였다. 지금도 생생하게 기억되는 것은 그가 발표하기에 앞서 한국사회가 이제는 재일동포에 대해 '재일조선인'이라고 하는 역사적인 용어를 수용할 만큼 민주화된 것에 대해 무척 기뻐하는 소감을 나타냈던 일이다. 그리고 그가 한 시간 정도의 발표 가운데 자주 사용하던 '우리 한국사람'이라는 말은 약간 어눌한 발음이기는 하지만 강렬한 아이덴티티 표현으로서 그를 생각할 때마다 여전히 생생하게 떠오르고 있다.

심포지엄 발표를 통하여 그는 1948년 정부수립 이전에 해외로 나가 외국 국적을 취득하게 됨으로써 대한민국 국적을 취득할 수 없었던 중국 동포와 러시아지역 동포들을 적용대상에서 제외시킨 형평성에 어긋난 법률이라는 점을 강조했다. 또한 국민의 기본권 보장이라는 관점에서 한국정부가 재외국민으로서의 '재일한국인'에게 본국 참정권을 부여하는 것이 시급한 과제라고 주장했다. 그 자리에서 여러 토론자들이 대체로 휴머니즘의 관점에서 일부 지역의 동포들을 제외시킨 재외동포법을 비판했던 것에 반하여, 필자는 토론을 통해 재외국민에 대해 참정권을 부여하기에 앞서 재외동포법을 우선하여 도입한 정부의 질서 없는 동포정책을 비판했던 것으로 기억한다. 김 변호사의 발제 내용은 『한일민족문제연구』 제5호 (2003년 12월)에 실려 있다.

이때의 만남을 계기로 하여 그 후로 재일한국인의 참정권 문제와 관련하여 김 변호사와 수차례에 걸쳐 연락을 하기도 하고 관련 자료를 주고받기도 했다. 2004년 11월에는 그가 민단 임원들과 함께 재일외국인 지방참정권 실현을 위한 활동의 일환으로 한국에 방문함에 따라 서울 명동의 한 호텔에서 그를 만난 일이 있다. 결국 이것이 그의 생전에 마지막 만남이 되고 말았다. 그의 얼굴에서는 이때 이미 지난날의 펄펄 넘치던 에너지가 거의 사라지고 병마와 피로에 지친 모습이 역력했다. 그런 상황에서도 그는 법률사무소 웹사이트 등을 통해서 지치지 않는 투지를 보이고 있었다. 재일동포에게 욕설을 퍼부으며 재일동포들을 비하하고 장난치는 일본 네티즌과 직접 일일이 대응하며 싸우는 그의 정열을 필자는 목격할 수 있었다. 죽는 날까지 그는 보수 우경화 되어가는 일본사회와 온몸으로 부딪혀 싸우는 외로운 청년 투사의 모습을 잃지 않고 있었던 것이다.

2005년 12월 말 한국과 일본의 언론들이 그의 서거 소식을 알렸다. 필자는 김 변호사의 지병 사실을 알고 있지 않았던 까닭에 그의 죽음 소식을 갑작스럽고 당혹스러운 사건으로 받아들이지 않을 수 없었다. 필자는 2004년 1월부터 웹문서를 통하여 한일관계 현안과 관련한 시사평론『한일시평』을 작성해 오고 있던 터라, 그의 서거 뉴스를 접하자마자 곧장 그에 대한 추모의 글을 쓰게 됐다. 그의 죽음을 애도하기에 앞서 그가 이루어놓은 업적과 세상을 떠나기 직전까지 자신의 일에 충실했던 그의 모습을 한국 사회에 알리고 싶었다. 그리고 두 달 후에 도쿄에서 열린 추모 모임에 참석하여 조문객들 틈에 끼어 그의 명복을 빌었다. 아래에 김 변호사 서거 직후에 필자가 쓴 추모문과 도쿄 추모 모임 참관 직후에 기록한 글을 첨부한다.

고 김경득 변호사를 추모함

(『한일시평』 第89호, 2006년 1월 2일)

지난 12월 28일, 재일한국인 변호사로 동포들의 인권 향상을 위해 노력해 온 김경득 씨가 자택에서 숨을 거두었다. 지병에도 불구하고 평소 몸을 돌보지 않고 무리하게 업무에 임해온 것이 가장 큰 원인이었을 것이다. 유족으로는 부인 손영란 씨와 2남 2녀가 있다. 장례는 고인의 뜻에 따라 12월 30일 가족들만 참석한 가운데 조촐하게 치러진 것으로 알려지고 있다.

김경득 씨는 1949년에 재일한국인 2세로 태어나 1976년 사법시험에 합격했으나 외국인으로서는 사법연수원에 입소할 수 없다고 하는 제도적 차별에 부딪치게 되면서부터, 그는 죽음에 이르기까지 이어지는 인권투쟁의 여정을 시작했다. 한국 국적 보유자로 일본의 첫 번째 변호사가 된 그는 재일한국인 국민연금소송, 외국인 지문날인 거부운동, 일본군 위안부 전후보상 소송, 도쿄도(東京都) 관리직 수험자격 확인소송 등을 담당했다. 생활을 영위하기 위한 변호 업무를 담당하면서도, 그는 최근에 민단이 추진하는 재일한국인 지방참정권 요구 운동에 적극 관여했으며, 민족공생 교육을 주창하는 시민운동을 주도하기도 했다. 이 밖에도 수많은 강연과 투고 활동에도 정열을 쏟았다. 서거 직전에 그의 저서, 『재일코리안의 아이덴티티와 법』이 발간된 것은 그의 생전의 성실함을 잘 말해 주고 있다.

여기서는 생전에 그가 남긴 자신의 일생에 관한 기록을 일부 소개하고 재일한국인의 역할과 과제에 관한 그의 논조를 요약 정리하여 되새기면서 그를 추모하고자 한다. 출전은 『도쿄보호자협회 NEWS』 4호 (2000년 9월)와 5호 (2000년 12월). 이 뉴스 레터는 그가 도쿄의 '우리 법률사무소'를 통해 운영하던 '민족공생 교육을 추구하는 도쿄 보호자의 모임'에서 발행한 것이다.

가. 자신의 체험으로부터 (4호)

나는 1949년 와카야마(和歌山)시에서 태어났으며 공립 초중고교를 다니면서 일본 이름을 사용했다. 1968년에 와세다 대학에 입학했는데 거기에서도 일본 이름을 사용했다. 그러나 대학 4년간 일본인으로 가장하며 지낸 일이 잘못된 것을 깨달았고, 대학을 졸업할 때 본명을 밝혔으며 외국인등록증에서도 통명(일본이름)을 삭제했다. 차별로부터 도피하여 한국인적인 것을 없애왔던 나는, 한국인으로서 자기 자신을 확립하기 위해서는 민족차별의 벽에 도전해야 한다는 것을 자각하고, 사법시험에 도전하기로 결심했다. 시험에 합격하더라도 변호사가 되기 위해 거쳐야 하는 사법연수생에 일본 국적으로 갖지 않은 자는 채용되지 않는다는 것이 민족차별의 전형이라고 생각했기 때문이다.

1976년에 시험에 합격하여 일본 최고재판소로부터 귀화하지 않으면 연수생으로 채용할 수 없다는 통고를 받았지만, 나는 귀화를 거부하고 한국 국적 상태로 연수생으로 채용하도록 요청했다. 많은 사람들의 지원을 받아 1977년 한국 국적을 가진 채 연수생에 채용되었으며, 1979년에 변호사가 되었다. 차별과의 싸움을 통하여 형성된 민족적 아이덴티티를 보다 충실하게 하기 위해서, 나는 1981년에 한국에 유학(遊學)했다. 일본사회의 차별과의 맥락에서 재일한국인으로서의 자신을 주장하는데 그치지 않고, 본국의 언어, 역사, 문화 등의 관계에서도 자기표현이 가능한 인간이 되기 위해서였다. 한국에서는 일본어밖에 할 수 없는 사람들과 이야기할 때를 제외하고는, 일본어를 사용하지 않겠다고 결심했다.

이제 와서 생각하면 머리로만 움직인 것인지 모르겠지만, 민족적 콤플렉스로 인해 대학 졸업 때까지 한국어, 한국사 등, 한국적인 것으로부터 도피했던 체험과, 한국에 대한 일본인의 우월감과 당시 한일관계를 생각할 때, 한국에서 재일동포인 내가 일본어를 사용한다는 것이 윤리적으로 용납되지 않았기 때문이다. 한국에서 태어나고 자란 한국인과 1983년에 서울에서 결혼했으며 1984년에 장남을 낳았고 1985년 봄에 가족과 함께 도쿄로 돌아왔다.

나. 재일동포의 역할 (5호)

재일한국인은 일본에서는 지역주민으로서 사회참여와 공헌을 해야 하며, 동시에 재외국민으로서 본국의 발전에 공헌해야 하는 존재입니다. 그것은 한일양국의 교류와 상호 이해를 통한 평화가 유지되어야만 비로소 가능한 일입니다만, 재일한국인은 양국간 평화의 사자(使者)로서 가교의 역할을 다해야 합니다. 또한 재일한국인은 남북분단 극복에도 예지를 모아야 합니다. 이상과 같은 역할을 달성하기 위해 저는 재일한국인 사회에 필요한 몇 가지 제안을 하겠습니다.

첫째, 재일한국인의 남북 자유왕래를 실현하는 일입니다. 일본 국적으로 바꾸면 남북에 갈 수 있는데 '한국적' '조선적'을 유지하게 되면 한쪽 국가 밖에 방문할 수 없는 아이러니컬한 현상을 속히 끝내야 합니다. '조선적' 동포의 한국 방문이 가능하게 된 것은 다행입니다만, '한국적' 동포의 북한 방문도 속히 가능해지도록 해야 합니다.

둘째, 재일한국인 사회에 남아있는 창씨개명을 극복해야 합니다. 여전히 재일한국인의 80% 이상이 일상생활에서 일본 이름을 사용하며 일본에 귀화한 동포의 경우 거의 100%가 일본 이름을 사용하고 있는 것이 현실입니다. 이것은 일본의 민족차별 때문이긴 합니다만, 일본인의 차별의식과 역사인식을 시정해야 하는 역할을 가진 재일한국인은 지금이야말로 몸에 밴 창씨개명의 극복에 힘써야 합니다.

셋째, 재일한국인 자제의 민족교육을 재정립해야 합니다. 민족학교는 남북분단의 정치적 이념 대립을 반영해 왔습니다만, 앞으로는 대립을 초월하여 재일한국인 전체의 학교로서 운영해 가야합니다. 앞으로 민족학교는 민족교육과 함께 인간교육, 국제인 양성에도 힘을 쏟아야 하며, 일본 국적을 취득한 동포는 물론 일본인들도 배우고 싶어 하는 학교로 변모해야 합니다.

넷째, 일본 각지에 재일한국인이 중심이 되어 한일 국제교류 문화센터를 만들어 갈 것을 제안합니다. 재일한국인은 일본 각지에 민단과 조선 총련의 본부 및 지부를 가지고 있습니다. 그러한 동포들의 공유재산을 살려서 지역의 일본인에게도 개방하여 한반도와 일본 간의 교류와 문화활동을 위한 마당으로 만들어가는 노력이 필요합니다.

다섯째, 재일동포의 국적에 따른 갈등을 극복해야 합니다. 현재 '한국적' '조선적' 동포와 함께 일본에 귀화하거나 일본인과의 사이에 태어난 자녀로서 일본 국적을 취득한 동포들이 있습니다. 재일동포 사회는 이제까지 일본 국적 동포들의 민족적 아이덴티티에 대해서는 관심을 가지지 않았습니다만, 앞으로 그러한 동포들의 민족의식 각성과 동포사회에 대한 참여를 위해 노력해야 합니다.

마지막으로, 21세기에도 대한민국, 공화국, 통일 후 통일한국의 국민으로서 살아갈 재일동포에 대해서 국정참정권 부여 등, 재외국민으로서의 권리 확립을 위한 본국 정부의 배려가 필요합니다. 재외국민으로서 정당한 권리가 보장될 때 비로소 동포 2세, 3세 이하의 세대에 대해서도 한국국민으로 살아갈 것을 재확인할 수가 있는 것입니다.

고 김경득 변호사 추모 집회 참관기

(『한일시평』 제94호, 2006년 2월 27일)

2006년 2월 26일 토요일 오후, 도쿄 간다스루가다이(神田駿河台)에서 고 김경득 변호사를 추도하는 모임이 열렸다. 김 변호사는 일본에서 민족차별 정책에 정면으로 투쟁하면서 다문화 공생사회 실현을 위해 헌신적으로 노력해 온 한편, 한국에도 재일동포의 역사와 현실 문제를 알리는데 적극 앞장서 왔다. 그의 투쟁의 삶을 지켜본 일본과 한국의 많은 사람들은 할 일 많은 나이에 당한 그의 죽음을 안타깝게 여기지 않을 수 없다. 필자는 한국의 재일동포 연구자들 모임인 한일민족문제학회를 대표하여 이 추모 모임에 참가했다.

지난 12월 28일 김경득 씨가 세상을 떠나자 이틀 후에 그의 유언에 따라 가족과 친척만으로 조촐하게 장례식이 치러졌다. 그 후 생전에 그와 가까이 활동하던 지인들을 중심으로 실행위원 (世話人)이 결성되었으며 세부적인 추도회 행사가 기획되었다. 고인이 생전에 대표를 지냈던 'J&K법률사무소'가 추도 모임의 계획과 실행을 위한 행정업무를 담당했다. 이를 위해 배중도(裵重度) 가와사키시 후레아이관 관장이 재일동포측 대표를 맡았으며, 다나카 히로시(田中宏) 류코쿠대학 교수가 일본인측 대표를 맡았다.

이날 도쿄에는 하루 종일 날씨가 흐렸으며 아침부터 간간이 가랑비가 내렸다. 젠덴쓰(全電通) 노동회관 강당에서 열리는 추도회에 일본 전국으로부터 또는 한국으로부터 총 600명에 달하는 추모객이 참가했다. 실행위원들이 예상을 뛰어넘은 참가 인파로 행사장 좌석 부족과 장내 정리로 고심하는 일이 일어나기도 했다. 또한 행사의 원활한 진행을 위해 행사 전날까지 지원 찬조금을 받았는데, 그 결과 250명이 넘는 사람과 단체로부터 십시일반 모은 것이 총 897만 엔에 달하는 것으로 발표되었다.

오후 1시 조금 넘어 시작된 추도회 행사의 사회는 김경득 변호사의 친구로 민단에서 다년간 문화활동을 하고 있는 김총령(金總領) 씨가 담당했다. 사회자의 안내에 따라 묵도로 추도 모임이 시작되었으며 영화감독 오덕수(吳德洙) 씨가 편집한 김경득 변호사 생전의 영상물이 10분간 정도 상영되었다. 이어 나종일 주일한국대사를 비롯하여 5명이 추도사가 낭독되었다. 이 가운데는 바로 전날 중앙대회가 열릴 때까지 민단 단장을 역임한 김재숙(金宰淑) 씨의 추도사도 있었다.

이어 김경득 씨의 장녀와 차녀가 추도 음악을 연주했으며, 김경득 씨와 절친했던 10명이 그의 어린 시절에서부터 임종에 이르기까지의 과정을 에피소드 중심으로 술회하는 시간을 가졌다. 이 가운데 그의 큰형 김경화(金敬和) 씨가 아우의 자립심 강한 성장과정을 담담하게 이야기하고나서, 자신이 하고 싶은 일을 끝까지 하다가 한 순간에 숨을 거둔 아우를 추도하고 싶지 않다고 역설적으로 슬픔을 표현한 것은 많은 사람들에게 깊은 감명을 주었다. 또한 도쿄도 관리직 수험거부 소송에서 김경득 변호사와 법정투쟁을 함께 해 온 정향균(鄭香均) 씨가 시종 사별의 비애를 절실하게 표현함으로써 참관자 모두를 슬픔에 잠기게 했다.

마지막 순서로 김 변호사의 장남 김창호(金昌浩) 씨가 유족을 대표하여 간단하게 한국어와 일본어로 인사말을 낭독했다. 추도회를 마치고 참가자 전원이 한 사람씩 미소를 짓고 있는 고인의 영정 앞에 나아가 헌화했다.

실행위원들은 오후 4시부터 장소를 근처의 호텔 주라쿠(聚樂) 2층으로 옮겨 헌배(獻杯)하는 행사를 열었다. 재일동포 인권운동의 지도자로서 유명한 이인하(李仁夏) 청구사(青丘社) 이사장이 헌배의 말을 남겼다. 그는 도쿄대학 법학부에 재학 중인 김창호 씨를 예로 들어 김경득 변호사의 위업을 이어받아 일본 사회의 각 방면에서 노력하고 있는 재일동포에게 희망찬 내일을 기원하면서, 한국어로 '위하여'라고 선창했다. 이어 한국 무형문화재 살풀이춤을 이수한 재일동포 무용가 조수옥(趙壽玉) 씨가 진혼을 위한 무용을 피로하여 장내 분위기를 숙연하게 했다.

추도회를 마치면서 실행위원들은 곧 바로 해산하는 일이 없이, 올해 말 1주기까지 조직을 계속 운영하며 김경득 씨의 유고집을 발간하는 등, 추도 관련 활동을 계속할 것이라고 했다. 죽음 직전까지도 재일동포 권익 옹호를 위한 메시지를 발신해 온 용감하고 성실한 전사(戰士) 김경득 씨는 육신적으로 이제 우리 곁에서 멀어져 갔다. 그러나 그가 남긴 자유와 정의의 메시지는 앞으로도 재일한국인 역사에 오랫동안 살아 움직일 것이다.

20. 남의 나라 법정에서 싸운 '우리 변호사'

한 승 헌(변호사, 법무법인 광장)

이런 상상, 이런 현실을 앞세워 본다.

김경득 변호사가 안계셨거나 일본인으로 귀화했더라면-

우리 재일동포가 차별이나 피해를 이유로 제기하는 소송에서 정작 우리 동포는 옥외의 시위 현장이나 법정의 방청석에만 있게 되고, 법정투쟁을 직접 벌이는 일은 전적으로 일본인 변호사들에게 의존하게 된다. 우리를 대변하는 사람은 일본인이다.

그런데 김경득 변호사가 한국 국적을 견지하고 등장했기 때문에 -

법정의 소송대리인석에 한국인 변호사가 당당하게 주역의 소임을 다한다. 재판의 그라운드에 한국인 선수가 하나도 없는 경우와 비교하면, 얼마나 자랑스럽고 자부심이 우러나는 일인가. 그는 법률상으로는 소송대리인이지만, 정신적으로는 바로 소송당사자가 아닌가? 그의 주장과 변론은 남의 처지를 전달해주는 그런 차원이 아니다. 일본인 변호사에만 의존하는 법정투쟁과는 그 의미가 너무도 다를 수밖에 없다.

아마도 이 문집 필자의 대부분이 그러하겠지만, 나 역시 김경득 변호사를 일본 국적을 갖지 않은 채 일본 사법연수소에 들어간 최초의 한국인으로 주목을 하게 되었다. 일본 최고재판소의 '사법연수생 선발요강'에 일본 국적을 갖지 않은 사람은 연수생이 될 수 없다는 명문이 있었는데도 불구하고 그는 청원서를 내고 뜻을 같이 하는 일본측 인사들과 함께 끈질긴 투쟁을 벌인 끝에 마침내 당초의 뜻을 관철하였다는 것.

나는 김 변호사의 남다른 민족정신과 차별 철폐를 위한 신념에 경의를 표하지 않을 수 없었다. 동시에 그를 지원한 일본인들과 결격요건을 정한 규정을 무릅쓰고 그를 채용한 일본 최고재판소 당국의 결정 또한 평가할만한다고 보았다.

'최초'란 언제나 기념비적이고 아름답다. 일본에서 한국인 변호사가 일제 때부터 몇 사람 있었지만, 그들은 그냥 일본(국적의) 변호사였을 뿐이다. 그리고 그들에게 한국(조선)인들은 그저 고객에 지나지 않았다. 말하자면, 민족적인 아이덴티티를 찾아보기는 어려웠던 것이다. 오히려 일본인 변호사들이 한국 사람을 변호하고자 자진해서 법정에 나서는 감동적인 일이 있었다. 일제시대에 박열(朴烈) 등 조선의 애국지사들을 변호한 후세다쓰지(布施辰治) 변호사, 한국인 화물차 운전사의 무고함을 밝히기 위해 스스로 피고인이 되기까지 했던 마사끼히로시(正木昊) 변호사 같은 분들이 그런 범주에 드는 인물이다.

이처럼 한국인을 위해 자진 변호한 일본인 변호사들은 있었는데, 한국인의 권익을 지키기 위한 투사로 나선 한국인 변호사가 있었다는 말은 들어본 적이 없다. 어느 직역보다도 정의감에 투철해야 할 지사가 바로 변호사이건만, 일본 안의 한인 변호사들은 그저 고소득의 전문인 내지 법률기술자로 안주하지 않았나 싶다.

그런 풍토에서 귀화조차 거부한 '최초'의 변호사 김경득의 몸짓은

'최초'의 기록에 걸맞는 반가운 충격이었다. 그래서 "아! 이 사람은 뭔가 다르구나"하는 신선한 기대가 따르게 되었다.

김 변호사가 어학 연수를 겸해서 서울에 왔을 때, 나는 소위 김대중 내란음모사건으로 복역 후 변호사 자격이 박탈된 채 무직상태에 놓여 있었다. 따라서 법원 근처나 변호사회관에도 나가지 않을 때여서 김 변호사와 만난 일이 있었는지 확실치 않다. 그 후 1983년 가을 복권이 되고나서 내가 다시 법률사무소를 열고 법정에 드나들면서 간혹 변호사회관에서 그를 만날 기회가 있었다. 그의 서툰 우리말이 오히려 대견스러웠고, 과묵하면서도 진지한 성품이 믿음직스러웠다. 그는 모국에 체류하면서 비단 우리말 뿐 아니라 한국사회와 한국인의 실상을 많이 알게 되었을 것이다. 법조계 선배들과의 친교 또한 소중한 수확이었음에 틀림없다.

김 변호사는 일본으로 돌아간 뒤, 차별 받는 동포를 위하여 자신의 전문 역량을 발휘하는 변호사가 되었다. 그와 나는 재일 동포의 지문날인 강제제도 철폐를 위한 싸움의 현장에서 합류하게 되었다. 1985년 5월 한일 두 나라의 NCC(교회협의회)가 도쿄에서 위에 말한 지문날인 강제문제를 다루는 공동 심포지엄을 열었을 때였다. 나는 한국기독교교회협의회(KNCC)의 인권위원과 재일한국인 위원을 겸하고 있는 처지여서 "외국인 지문날인제도와 일본의 국익"이라는 제목의 주제 발표를 했다. 그 자리에는 한국인 성직자(목사, 신부) 서너 분과 김 변호사가 나왔고 참가자 중에는 놀랍게도 일본인들이 훨씬 더 많았다. 국내에서는 해외 동포의 권익문제에 무관심한 터였는데, 오히려 일본인들이 자기네 정부를 질타하면서 한국인에 대한 차별정책의 철폐를 외쳐 왔던 것이다.

재일 외국인의 지문날인 강제문제는 실인즉 그 90%를 차지하고 있던 재일 한국인에 대한 규제와 다름 아니었다. 그것이 하나의 제도이자 법적인 문제였던 만큼 그 차별의 피해자인 한국인 중에서 한국 국적의 변호사가 버티고 나섰다는 것은 매우 고무적인 일이었다. 일본의 양심적 인사들과 손잡고 운동(내지 투쟁)의 대열을 이끌어가는 김 변호사는 여러 면에서 자랑스럽고 고귀한 존재였다.

앞서의 심포지엄이 열린 날, 뜻밖의 사태가 일어났다. 지문날인 강제 거부에 관한 증언을 하기로 되어 있던 가와사키(川崎) 거주 이상호(李相鎬) 씨가 그날 아침 일본 경찰에 체포되었다는 것이었다. 우리 동포에게 지문찍기를 강요하는 '외국인등록법 위반'으로 구속되었다는 뉴스였다.

심포지엄 참석자들은 모두 가와사키로 달려가서 항의집회에 참석하였다. 집회장에는 재일 동포들 뿐 아니라 많은 일본인들이 자리를 메우고 있는데 놀랐다. 이 씨의 체포에 항의하는 전보가 일본 각지와 서울에서는 물론이고 멀리 미국과 독일에서도 날아들었다.

그 집회에 나온 이상호 씨의 부인이 단상에 올라가자 장내가 떠나갈 듯한 박수가 터졌다. 그 부인은 참으로 감동적인 말을 했다. "나는 남편이 옳은 것을 끝까지 옳다고 주장하다 붙들려간 것을 정말 자랑스럽게 생각한다" 다시 한 번 뜨거운 박수가 장내의 열기를 더해주었다.

그뿐인가. 이번엔 일본인이 외쳤다. "권력은 자기 편의대로 법을 운용한다는 것이 이번에 드러났다. 이것은 일본의 수치다. 그러므로 우리 일본인들이 선두에 나서서 싸워야 한다." 일본인의 입에서 이런 말이 나오다니, 나로서는 무척 놀라운 일이었다. 그 사람은 가와사키시 직원 노동조합의 대표라고 했다.

김 변호사는 그 뒤 이상호 씨의 사건 변호를 맡아 명 변론을 펼치는 등 크게 활약을 하셨다고 들었다.

그 무렵 재일 동포 사회에서는 이인하, 최창화, 강영일, 배중도 등 기독교의 성직자들이 지문찍기철폐운동을 이끌고 있었다. 놀랍게도 지문 반대는 재일 한국인들만의 운동이 아니었다고 앞서 말했지만, 심지어 일본의 공무원들까지 나서서 반대운동에 참여했던 일은 매우 감동적인 사례였다. 지문 채취사무를 맡고 있는 지방자치단체의 공무원들이 협의체를 만들어 지문 강제의 폐지를 중앙정부에 건의하였는가 하면, 그런 규정을 두고 있는 외국인등록법의 개정을 건의한 지방의회가 1천 개를 훨씬 넘었다. 놀랍게도 그들은 자신들의 그러한 집단적 결의가 한국인의 입장을 돕는다기보다는 바로 일본의 문제를 바로잡기 위한 일이라고 말했다.

그 후 1980년대 후반을 맞으면서 재일동포의 법적 지위문제, 즉 이른바 '91년 문제'가 대두되어 재일 동포사회를 긴장시켰다. 재일동포 3세 이하의 일본 영주권문제가 해결되지 않은 채 1991년이 다가오고 있었던 것이다. 나는 이 문제로 이광규, 백충현 두 교수와 함께 일본 오사카에 가서 강연을 하였고, 국회 외무통일위원회의 공청회에 나가 진술인으로 견해를 밝히기도 하였다.

한국인에 대한 일본 정부의 차별문제에 대하여 김 변호사는 하나도 놓치지 않고 그 시정운동에 나서서 선도적 역할을 다했다. 즉 지문강제 철폐와 재일한국인 3세의 법적 지위문제는 물론이고, 재일 한국인의 전후 보상문제, 소위 '종군 위안부'문제, 지방참정권문제 등 전반에 걸쳐서 김 변호사의 입김과 발길이 닿지 않은 곳이 없을 정도였다. 재일동포사회는 말할 것도 없고 일본인사회에서도 김 변호사는 존경의 대상이 되었고, 시민운동의 중심인물이 되어 있었다.

그는 본국의 정부나 민간단체에 재일 한국인문제를 이해시키고 지원을 얻기 위해서 서울에도 자주 왕래했다. 나는 나대로 일본에 가는 기회가 늘어갔다. 그 때마다 우리는 서로 만나서 많은 이야기를 나누었다. 주로 재일동포 사회의 당면문제에 관한 의견 교환이었다. 일본에서 내가 주관하거나 초청하는 모임에서 나는 자랑스럽게 그를 소개하거나

치하하고 격려했다. 서로 저서나 글을 주고 받았으며, 필요하면 전화로 긴 시간 통화를 하기도 했다.

도쿄 요쓰야(四谷)에 있는 그의 '우리법률사무소'에 전화를 걸거나 찾아가면 우선 우리 말로 응대를 해주는 직원이 있어서 매우 기분이 좋았다. 자택으로 전화하면 언제나 '여보세요'였다. 서울에 온 재일교포가 호텔에서 일본말로 전화를 받는 사람이 드물지 않고 보면, 예사로 넘길 이야기가 아니다.

나는 김 변호사를 존경하면서, 아울러 그를 이해하고 뜻을 같이하여 도와주고 발걸음을 함께 해주신 일본 측 인사들에게 감사를 드리지 않을 수 없다. 타나카히로시(田中宏) 교수, 하라고산지(原後山治) 변호사, 니이미다가시(新美隆) 변호사 등의 이름이 생각나는데, 나도 그분들에게서 많은 것을 배우고 깨달음을 얻을 수 있었다.

그리고 지문 찍기 거부의 첫 깃발을 올리고 재일동포의 성명권을 비롯한 권익 보호를 위해 선구적인 노력을 기울이다 갑자기 가신 최창화 목사님을 추모하는 마음 간절하다.

이제 김 변호사가 뿌리고 가꾸어놓은 싹과 줄기와 열매가 재일동포 사회에 귀한 종자가 되고 더욱 번성하여 풍요로운 수확을 거둠으로써 영원한 민족의 에너지로 뻗어나가기를 빈다. 다행이 일본에는 한국인 변호사가 수십 명에 이른다고 하니, 아무쪼록 김 변호사의 그 숭고한 뜻을 이어받아 결집된 힘을 발휘함으로써 그분의 염원을 이루어주기를 간절히 당부하고 기대한다.

삼가 김 변호사님의 명복을 빌고, 유가족 여러분께 위로의 말씀을 드린다.

Ⅵ. 김경득 연보

▪출 생

1949년 1월 12일 일본 和歌山縣 和歌山市 中之島 556에서 출생.

▪가족사항

부 金石九(1908-1985), 모 朴淳祚(1914-1988)의 3남 3녀 중 차남(第5子).
큰 누나 敬子(1936년 생)
형 敬和(1938년 생)
둘째 누나 光子(1942년 생)
셋째 누나 英子(1946년 생)
동생 敬雄(1952년 생)

▪연 보

부 金石九는 경상북도 군위군 의흥면 파전동에서 출생하여, 1927년 도일. 1933년 귀향하여 朴淳祚와 혼인 후 다시 도일. 모 朴淳祚도 1934년 도일. 일제말 전시와 전후 혼란으로 가정 경제가 어려웠음. 장남 김경화는 1956년 和歌山상업고등학교를 졸업하였으나 한국적이라는 이유로 대기업 취직이 어려웠음. 이후 판매업, 생명보험영업 등 여러 직업에 종사하며 가계를 지원함.

1955년 4월 : 김경득은 和歌山市立 中之島 小學校에 식민시대 창씨인 金澤敬得으로 입학. 대학 졸업 때까지 이 이름을 사용. 1961년 3월 소학교 졸업.

1961년 4월 : 和歌山市立 紀之川 中學校 입학. 농구부에서 활동. 1964년 3월 중학교 졸업.

1964년 4월 : 和歌山縣立 桐蔭 高等學校 입학. 농구부에서 활동 계속. 팀이 縣대회와 近畿 대회에서 우승하였으나, 國體에는 출전하지 못함.

1967년 3월 : 동경대학 입시에 실패.

1968년 4월 : 와세다 대학 법학부 입학. 권투부에서 활약.

1972년 3월 : 와세다 대학 법학부 졸업. 신문기자로 취업을 원하였으나 외국인은 채용하지 않는다는 것을 알고, 일본 내 취업차별의 구조에 도전하기 위하여 사법시험 응시를 결심. 아울러 본명인 金敬得의 사용을 결의.

1973년 - 1975년 : 동경과 고향에서 노동 등 각종 아르바이트로 학비를 벌며 시험을 준비.

1976년 10월 : 일본 사법시험 2차시험 합격. 10월 18일 사법수습생 채용서류를 제출하자, 다음 날 최고재판소 인사국 임용과장으로부터 일본국적으로의 귀화를 조건으로 입소를 허용할 수 있다는 통보를 받음. 이후 原後山治 변호사를 중심으로 "金敬得君을 지원하는 회"가 결성됨. 11월 20일 한국국적으로 사법수습생 채용을 요청하는 청원서를 최고재판소에 제출함.

1977년 3월 23일 : 일본 최고재판소 재판관회의는 외국적이라도 상당한 이유가 있는 경우 사법수습생으로 채용하기로 결정하고, 외국적 제1호로 김경득의 사법연수소 입소를 허용.

1979년 6월 : 연수소를 마친 후 동경 제2변호사 소속으로 변호사 등록. 原後綜合法律事務所에 입소.

1979년 7월 : 재일한국인 金鉉釣의 국민연금 소송 변호인단에 참여. 이 소송은 후일 1983년 10월 동경고등재판소에서 승소.

1979년 : 사할린 잔류 한국인 귀환청구소송(1975년 12월 1일 제소)의 변호인단(原後山治, 高木健一, 泉博 변호사 등)으로 참여. 일본변호사연합회 인권옹호위원회내 사할린잔류한국인문제위원회 위원으로 참여하여 1981년 7월 18일 발표된 "樺太歸還在日韓國人會事件 제1차 조사보고서"의 원안을 집필. 이 소송은 원고의 사망 및 귀환으로 1989년 6월 15일 취하됨.

1981년 9월 : 한국어 및 한국법의 공부를 위하여 서울 유학. 서울변호사회 명예회원.

1983년 1월 30일 : 김주수 교수의 가족법 대학원 강의 수강중 알게 된 손영란과 혼인. 삼성 그룹 법무실에 근무하며, 지원을 받음.

1984년 6월 9일 : 장남 昌浩 출생.

1985년 2월 19일 : 한국 유학을 마치고 일본 동경으로 귀환.

1985년 5월 4일 : 지문날인 거부.

1985년 5월 : 재일한국민단 중앙본부의 "지문날인철폐위원회" 위원장으로 피임.

1985년 10월 : 지문날인을 거부하여 기소된 李相鎬의 변호사로 선임(今村嗣夫, 新美隆 등 참여). 李相鎬는 외국인등록법 개정으로 1989년 동경고등재판소에서 면소 판결을 받음.

1985년 가을 : 동경에서 "우리법률사무소"를 독립 개소함.

1985년 : 재일한국민단 권익옹호위원으로 취임(-2005년).

1986년 3월 10일 : 장녀 美紗 출생.

1987년 6월 : 재일한국민단 중앙본부의 "재일한국인종합연구위원회" 위원(법적지위 분과위원장)에 피임. 1989년 3월 중간보고서 제출.

1988년 9월 24일 : 차녀 裕美 출생.

1989년 5월 : 한국 외무부 재일한국인자손문제 자문위원으로 피촉(-1991년 4월).

1989년 11월 : 재일한국민단 중앙본부 전후보상연구회에 참여하며, 우리법률사무소에서 자료집 작업.

1990년 2월 : 재일한국민단 중앙본부의 "재일한국인전후보상위원회" 위원으로 피임.

1990년 3월 13일 : 한국 국회 외무통일위원회 재일한국인 법적지위문제 진술인으로 초빙되어 진술.

1990년 4월 : 新潟大學 법학부 비상근강사(-2000년).

1991년 4월 12일 : 일본 중의원 법무위원회 출입국관리특례법안 심의시 참고인으로 초빙되어 진술.

1992년 4월 7일 : 일본 중의원 법무위원회 외국인등록법 개정안 심의시 참고인으로 초빙되어 진술.

1992년 8월 : 재일한국인 구 일본군속 石成基의 장애연금지급거부 취소소송 제기. 이 소송은 최종적으로 2000년 4월 5일 최고재판소에서 청구기각됨.

1992년 11월 24일 : 차남 仁浩 출생.

1993년 3월 : 재일한국인 정신대 피해자 宋神道의 국가배상 청구소송 제기. 이 소송은 최종적으로 2003년 3월 최고재판소에서 청구기각됨.

1994년 5월 8일 : "민족공생교육을 위한 동경연락회" 결성에 참여. 공동대표.

1994년 5월 : 재일한국민단 중앙위원으로 피임(-2006년).

1994년 9월 16일 : 동경도 공무원 鄭香均의 관리직 수험거부에 관한 수험자격 확인 및 손해배상 소송 제기. 이 소송은 최종적으로 최고재판소에서

2005년 1월 26일 패소.

1995년 4월 : 一橋大學 사회학부 비상근강사(-1997년)

1995년 5월 28일 : "민족공생교육을 위한 동경보호자회"를 결성, 대표.

1996년 : 재일본한국 YMCA 이사 및 고문변호사.

1997년 : 재일한국민단 중앙본부 고문변호사로 피임.

1998년 4월 : 一橋大學 법학부 비상근강사(-2002년).

1998년 6월 : 학교법인 동경한국학원 이사 피임. 2006년 6월부터 부이사장.

2000년 5월 30일 : 일본 중의원 총무위원회 "평화조약 국적이탈자 등의 전몰 자유족등에의 조위금등 지급법안" 심의시 참고인으로 초빙되어 진술.

2000년 9월 9일 : 재일한국민단 중앙본부 "재일동포 21세기위원회" 대표로 취임.

2000년 10월 : 암 발견, 입원 수술.

2004년 1월 : 우리법률사무소를 J&K법률사무소로 개칭.

2004년 9월 14일 : "정주외국인의 지방참정권을 실현하는 日韓在日네트워크" 결성, 공동대표.

2004년 11월 7일 : 정주외국인의 지방참정권 실현을 위한 요청서를 일본 각 정당, 국회의원에게 제출.

2004년 11월 24일 : 한국 정부 및 관계요로에 지방참정권 실현을 위한 요청서 제출.

2005년 2월 : 가칭 코리아국제학원 설립연구회 참여.

2005년 8월 : 암 재발 발견. 제거수술 불가로 판정.

2005년 12월 28일 : 동경 자택에서 사거. 향년 56세.

2006년 2월 25일 : 동경 全電通 홀에서 김경득 추모집회 개최, 약 600명 참석.

2007년 1월 23일 : 대한민국 국민훈장 무궁화장 추증.

2007년 2월 24일 : 동경 재일본한국 YMCA에서 1주기 추모집회 개최. "辯護士 金敬得 追悼集" 발간(新幹社).

■ 저 서

『指紋制度撤廢への論理』(今村嗣夫·金敬得·田中宏·新美隆 共著, 新幹社, 1987)

『韓國·北朝鮮の法制度と在日韓國·朝鮮人』(金敬得 · 金英達 編, 日本加除出版, 1994)

『在日コリアンのアイデンティティと法的地位』(明石書店, 1995)

『(新版)在日コリアンのアイデンティティと法的地位』(明石書店, 2005)
『日・韓の共生社會の展望』(田中宏・金敬得 共編, 新幹社, 2006)
『わか家の民族教育』(編著, 新幹社, 2006)

정인섭
서울대학교 법과대학 및 대학원 졸(법학박사, 국제법)
현 서울대학교 법과대학 교수
서울대학교 법학연구소장(2005.12-2007.10)
국가인권위원회 위원(2004.12-2007.12)

저 서
재일교포의 법적지위(서울대학교 출판부, 1996)
국제법의 이해(홍문사, 1996)
국제인권규약과 개인통보제도(사람생각, 2000)
국제인권조약집(사람생각, 2000)
해외법률문헌조사방법(서울대학교 출판부, 2000, 2005 개정)
Korean Questions in the United Nations(Seoul National University Press, 2002) 외

이 책은 재외동포재단의 지원에 의해 발간되었음.

작은 거인에 대한 추억
在日辯護士 金敬得 追慕集

초판 인쇄 ‖ 2007년 11월 29일
초판 발행 ‖ 2007년 12월 5일

엮은이 ‖ 정인섭
펴낸이 ‖ 한정희
펴낸곳 ‖ 경인문화사
출판등록 ‖ 1973년 11월 8일 제10-18호
책임편집 ‖ 신학태

주소 ‖ 서울특별시 마포구 마포동 324-3
전화 ‖ 718-4831
팩스 ‖ 703-9711

ISBN 978-89-499-0536-5 03810
값 15,000원

*잘못된 책은 교환해 드립니다.
*편자와의 협의에 의해 인지를 생략합니다.